企业海外并购与母国技术进步研究

庞 磊 著

科学出版社

北 京

内 容 简 介

本书利用我国 1990~2014 年企业海外并购数据及 OECD 国家层面数据，从理论与实证两个角度研究了企业海外并购与母国技术进步之间的作用机制，进一步从 OECD 国家层面及我国省际层面的数据实验研究企业海外并购与母国技术进步问题，同时，对比和研究企业海外并购与绿地投资对母国技术进步的影响。经研究得出结论：母国技术进步受到本国人力资本存量、研发资金投入与企业对外投资等多方面因素的影响，企业海外并购通过逆向技术溢出（包括逆向研发资金溢出与逆向人力资本溢出）方式带动国家技术进步，其对母国技术进步影响显著。

本书适于国际贸易理论与政策、国际直接投资、世界经济与技术创新等方面学者及全国各大中专院校经济学师生阅读和研究。

图书在版编目(CIP)数据

企业海外并购与母国技术进步研究 / 庞磊著. —北京：科学出版社，2018.11
ISBN 978-7-03-055790-2

Ⅰ．①企… Ⅱ．①庞… Ⅲ．①企业兼并-跨国兼并-关系-技术进步-研究-中国 Ⅳ．①F279.214②F124.3

中国版本图书馆 CIP 数据核字 (2017) 第 298685 号

责任编辑：华宗琪 朱小刚 / 责任校对：江 茂
责任印制：罗 科 / 封面设计：陈 敬

科 学 出 版 社 出版
北京东黄城根北街16号
邮政编码：100717
http://www.sciencep.com
四川煤田地质制图印刷厂 印刷
科学出版社发行 各地新华书店经销
*

2018 年 11 月第 一 版 开本：B5（720×1000）
2018 年 11 月第一次印刷 印张：13 1/4
字数：270 千字
定价：98.00 元
（如有印装质量问题，我社负责调换）

前　　言

　　改革开放以来，我国经济实现快速发展，在 2001 年提出"走出去"战略政策后，企业对外直接投资取得长足的发展。企业对外直接投资包含企业海外并购与绿地投资两大部分，自 2006 年企业海外并购总额明显超过绿地投资总额后，企业海外并购始终处于领先地位，其数量与金额方面均有大幅度提升，但是仍然出现了一系列的问题。其中，企业海外并购后的技术获取能力不强、在东道国经营状况不佳，是目前我国企业对外直接投资面临的突出问题，因此，研究企业海外并购对我国经济发展具有重要意义。此外，目前关于我国企业对外直接投资对东道国经济及企业技术进步影响的研究相对较多，大多数文献都关注跨国公司的进入对东道国的经济增长、就业、出口、产业结构和技术进步等的影响，随着数据的翔实和可获得性增强，也有少部分文献开始关注跨国公司对母国经济发展的影响。但是针对企业海外并购的特殊研究比较少，尤其是从实证分析的角度研究企业海外并购与母国技术进步问题的文献尚属少见。因此，本书从理论和政策两个角度探讨中国企业海外并购对中国经济的影响，并进一步分析企业海外并购对中国技术进步、价值链延伸及跨国企业全球生产网络构建与布局的影响。

　　基于这一思路，本书研究经济合作与发展组织（Organization for Economic Co-operation and Development，OECD）国家层面企业海外并购及我国省际层面企业海外并购与母国技术进步的问题，同时，对比和研究企业海外并购与绿地投资对母国技术进步的影响。得出结论：母国技术进步受到本国人力资本存量、研发资金投入与企业对外投资等多方面因素的影响，企业海外并购通过逆向技术溢出（包括逆向研发资金溢出与逆向人力资本溢出）方式带动国家技术进步，其对母国技术进步影响显著。母国人力资本存量与研发资金投入为企业海外并购设置了最低门槛值，企业海外并购数量超过最低门槛值时，母国对并购企业获得的先进技术存在同化吸收作用；反之，企业海外并购数量低于最低门槛要求时，母国对并购企业获得的先进技术存在异化排斥作用。因此，企业海外并购受到母国固有研发资金存量与人力资本水平的影响，其存在门槛效应。

　　第 1 章导论，本章介绍本书的研究背景，以及研究思路、方法与框架，进一步介绍本书的创新之处等。第 2 章文献综述，本章对现有企业海外并购的研究进行文献评述，包括企业海外并购理论方面的介绍，进而对企业海外并购的研究发展、企业技术转移理论、技术溢出理论、企业海外并购对东道国技术进步研究等进行综述。第 3 章简要介绍全球与中国企业海外并购现状及发展历程。第4章介绍全球企业海外并购与母国技术进步的机理分析和 OECD 国家的实证分析，测算 OECD 国家及我国海外并购企业的全要素生产率，并对 OECD 国家企业海外并购与母国技术进步进行理论推导与实证检验。第5章在前文的基础之上进行稳健性检验，对中国企业海外并购与母国技术进步进行实证方面的分析。第6章对比与分析企业海外并购和绿地投资两种企业对外直接投资方式对母国技术进步的影响。第7章，首先，建立企业海外并购全球生产网络形态的选择机制；其次，分析我国企业海外并购全球生产网络空间集聚与母国技术进步问题；最后，对该问题进行实证检验。第8章，总结本书的研究结论，并结合"一带一路"倡议指出进一步的研究方向。

本书得出的主要结论有以下几点。

(1) 企业海外并购技术转移度低于绿地投资技术转移度，因此，企业海外并购获得的逆向技术溢出(包括逆向研发资金溢出与逆向人力资本溢出)高于绿地投资的逆向技术溢出效应。企业海外并购数量、研发资金流量与人力资本存量对我国技术进步具有促进作用，而过量的绿地投资对我国技术进步具有抑制作用，使得我国成为技术的净输出国。通过对企业海外并购与绿地投资的实证分析，笔者得出我国对外直接投资中企业海外并购对母国技术进步的作用大于绿地投资对母国技术进步的作用。

(2) 母国研发投入资金与人力资本水平分别为企业海外并购和绿地投资设立了最低与最高门槛值，企业海外并购数量超过最低门槛值与绿地投资低于最高门槛值均会带动母国技术进步，即在该种情况下，增加企业海外并购与绿地投资均会加强母国对目标企业先进技术的同化和吸收，促进母国技术进步；反之，两者都抑制母国技术进步。因此，基于以上结论，为满足门槛值的要求，我国应增加企业海外并购并降低绿地投资在对外直接投资中的比重，尤其应加大我国拥有先进技术企业海外并购的份额，以提高我国技术进步程度、调整产业结构与布局，向"中国智造"迈进，改变我国"两头在外，中间在内"的格局，使经济快速、稳健发展。

(3) 在行业方面，分为零部件密集型行业与总部密集型行业，对零部件密集型行业的并购为技术输出，不利于母国公司的技术进步，而对总部密集型行业的并购对母国技术进步作用显著；在地区方面，企业海外并购面向发展中国家与发达国家，其对发展中国家企业海外并购不利于母国技术进步，而对发达国家企业海外并购更容易获得逆向研发资金与人力资本溢出，利于母国技术进步。

本书的撰写与出版，首先要感谢我的恩师陈建国教授，老师严肃的科学态度、严谨的治学精神、精益求精的工作作风，深深地感染和激励着我。同时，感谢南开大学的朱彤教授、盛斌教授、蒋殿春教授、李坤望教授、张晓峒教授、戴金平教授、李荣林教授等，他们讲授的课程使我受益颇多。其次，感谢李磊老师、廖利兵师兄、罗军师兄、闫世军师兄、庄媛媛师姐及各位同门的支持与帮助，在本书的写作过程中，他们为我付出了宝贵的时间和精力。从本书的问题提出、结构安排到定稿，从具体概念界定、相关资料收集到最终观点论证，每个环节都离不开老师的无私栽培和同学的帮助。他们的博学、严谨、睿智与谦逊的学者风范深深地感染和影响着我，也将永远激励我不断进取！我还要感谢我的家人，她们在我撰写书稿的过程中给予我大力的支持，使得本书得以顺利完成。

本书出版得到了国家社会科学基金、国家自然科学基金、云南省基础研究青年项目(2018FD019)和云南省哲学社会科学规划青年项目(QN2017010)的共同资助。

由于时间仓促、水平有限，书中难免存在不足之处，恳请广大读者批评指正。

庞 磊

2018 年 3 月于昆明

目　录

第1章 导 论

1.1 本书研究背景及问题提出

1.1.1 研究背景

近年来，中国企业海外并购投资数量总额剧烈增长，"走出去"的速度逐渐加快，一方面，以往企业海外并购与对外直接投资方面的研究大量集中于其对东道国经济增长、就业、出口与技术进步问题的研究，较少文献关注企业海外并购与对外直接投资对母国经济增长及技术进步问题；另一方面，企业海外并购作为企业对外直接投资最重要的方式，给东道国带来经济增长的同时，亦能促进母国经济增长、技术进步，进而带动产业升级，而不仅是单纯的产能转移。企业海外并购十分重要，研究企业海外并购类型、集聚分布与技术进步，测量其对母国技术进步的影响程度具有重要意义。具体展开来看，包括以下几点。

第一，从现有的海外并购文献来看，基本都关注的是跨国公司对东道国经济发展的影响，而关注企业海外并购对母国经济发展影响的文献却不多。例如，大多数文献都关注跨国公司的进入对东道国的经济增长、就业、出口、产业结构和技术进步等指标的影响。随着数据的翔实和可获得性增强，也有部分文献开始关注跨国公司对母国经济发展的影响。本书从理论和政策两个角度探讨中国企业海外并购对中国经济的影响，并进一步分析企业海外并购对中国企业价值链延伸、升级及中国技术进步的影响。

第二，中国是企业对外直接投资的"后来者"，属于"后发型经济体"。随着中国经济实力的不断增强，企业对外投资开始大量增加。由于中国与发达国家在技术水平上还存在着较大的差距，研究企业海外并购对中国企业价值链的延伸不仅具有理论价值，也具有现实意义。中国是吸收跨国企业投资的大国，跨国企业的投资对中国产业升级具有积极的作用。但是，研究中国企业的海外并购对中国企业价值链衍生的影响往往关注不够。本书的研究将全面、系统、深入地分析企业海外并购对中国技术进步的影响，其具有重大的学术价值。

第三，从目前国内研究中国企业海外并购的实证文献来看，国内研究大多是案例研究。案例研究只是针对一个或几个企业，其得到的结论不具有一般性。另外，大多数案例研究的都是国有企业，私营企业的案例研究还存在诸多不完善之处，本书对该问题的深入研究具有重要的学术价值和理论价值。

第四，研究海外并购与企业空间集聚的关系，是本书的重点之一。虽然已有一些文献研究发达国家的海外并购与企业空间集聚之间的关系，但由于发达国家的企业市场环境相对成熟，而且是世界市场上的"老牌企业""在位厂商"，这和存在政府干预、刚刚迈入世界市场的中国企业截然不同，中国企业的特殊性必然决定了中国的海外并购与企业空间集聚之间关系的特殊性，本书对这一问题的研究具有重要的学术意义。

1.1.2 问题提出

第一，中国企业海外并购的主要目的之一是借助国外的先进技术和研发能力，提升中国本土企业的市场竞争力和生产效率。中国企业海外并购是否存在显著的逆向技术溢出效应？中国企业海外并购是否通过逆向技术溢出提升了生产效率和市场竞争力？在中国企业大规模"走出去"的背景下，弄清这些问题具有重要的现实意义。

第二，经过几十年发展，中国经济总量已居世界第二位。从微观上看，中国企业不断崛起，2012年中国企业占世界500强企业的数量也居世界第二位。然而，中国在世界500强的企业大多是国有企业，民营企业较少。虽然中国经济总量在不断扩大，但中国却没有诞生一批像丰田汽车公司、苹果公司等世界一流的本土制造业企业。在这样的大背景下，本书通过研究中国企业(特别是中国本土制造业企业)海外并购的方式探寻中国本土企业的成长路径及影响中国本土企业成长的关键因素无疑具有重要的现实意义。

第三，中国自2001年实行"走出去"战略以来，企业海外并购数量逐年增加，但是仍然出现了一系列的问题。其中，企业海外并购后的技术获取能力不强、在东道国经营状况不佳是目前中国企业对外直接投资的突出问题。解决这些问题对改善中国企业海外并购的政策环境、提高中国企业在东道国市场的适应能力、促进中国中小型企业的海外并购、帮助中国企业获取更多的国外先进技术及推动中国经济的长期发展都具有重要的现实意义。

1.2 本书研究思路、方法与框架

1.2.1 研究思路

依据现有的企业海外并购文献，大部分文献都集中于企业海外并购对东道国经济增长、出口及就业等问题的研究，少部分文献关注企业海外并购对母国经济及技术进步的影响。本书基于现有文献研究的现状，对企业海外并购与母国技术进步的问题展开研究。

首先，本书介绍研究企业海外并购的理论意义、现实意义，以及企业海外并购问题的研究进展。其次，本书在介绍全球企业海外并购及中国企业海外并购现状的基础上，对 OECD 国家和中国企业海外并购与母国技术进步进行了机理和实证分析，试图说明企业海外并购与母国技术进步之间存在的内部联系。再次，本书建立理论模型，推导企业海外并购与绿地投资对母国技术进步的影响程度大小，对比和分析中国企业海外并购与绿地投资两种企业对外直接投资方式和母国技术进步的关系，随后，本书利用扩展的新–新贸易理论，从企业类型(即零部件密集型与总部密集型)和集聚区域(即发达国家与发展中国家)角度分析企业海外并购空间集聚方式对母国技术进步的影响。最后，本书结合理论模型推导结论及企业海外并购、绿地投资与母国技术进步实证分析结论和企业海外并购空间集聚的实证分析，提出了企业海外并购在"一带一路"倡议背景下的政策思考与建议。

1.2.2　研究方法

首先，本书在调研阶段，从多种渠道收集相关数据，包括借助公开发表的年鉴、企业年报与研究报告，同时深入企业进行实地调研与问卷调查，力求一手资料与二手资料相互补充印证，弥补资料来源单一所产生的不足。本书在归并和整理调研结果的过程中综合运用主成分分析、聚类分析等多元统计方法提炼出反映我国企业对外直接投资(企业海外并购与绿地投资)的综合性指标，并通过不同时点、不同地区、不同行业之间的横向与纵向比较对指标进行系统性的分析和解构。

其次，本书在理论分析阶段，结合不同类型企业面临的各类约束，综合借鉴国际经济学、管理经济学及公司治理理论等研究思路，以博弈论、委托–代理理论及激励理论为核心框架设计相关的数理模型，对猜想进行科学论证。

最后，本书在实证检验阶段，综合运用统计学、计量经济学及案例分析等多种论证方法对所提出的理论假说进行实证检验，以求各种检验方法之间相互弥补和印证，减少单一的检验方法所带来的结果上的片面性。

具体而言，本书采用以下研究方法。

(1)文献解析法。本书主要是通过对海外并购的现有理论和经验文献进行解析，提炼出考察企业对外直接投资影响我国技术进步的基本思路和研究方法，为本书的分析提供辅助作用。

(2)事实分析。本书主要采用指标分析方法，计算本土企业规模指标，分析其发展趋势，判别发展趋势是否具有统计显著性；利用分类和分组分析方法，将不同所有制企业、不同行业企业、不同地理区域企业分类、分组分析，比较同组别企业成长差异性，利用 t 值、均值分析这种差异是否具有显著性；利用核密度分析方法，将不同年份指标进行核密度分布分析，利用非参数方法分析其总体发展趋势、分布特点等。

（3）机制分析，本书主要采用理论方法分析。本书借鉴相应的理论框架，根据中国现实情况(如政府对企业行为的干预、企业处于国际化初级阶段、国内市场面临大量的外资企业竞争等)进行适当的修正，从而使国外理论模型符合中国现实情况。

（4）经验分析，本书主要采用计量分析方法。本书利用恰当的指标刻画企业类型和企业海外并购行为；综合考虑全要素生产率、逆向研发资金溢出、逆向人力资本溢出、母国研发资本存量与人力资本存量等指标对模型进行构建，将政府干预、开放程度、市场结构与企业自身情况作为控制变量；采用普通最小二乘法（ordinary least square，OLS）、工具变量方法进行回归分析。另外，考虑到企业海外并购的行为从无到有，类似于政策执行前后情况，因此，本书也考虑使用倍差法进行分析，并采用配对倍差法控制企业海外并购对母国技术进步影响的内生性等。

1.2.3   研究框架

本书以中国企业海外并购现状和中国宏观经济现状为背景，结合国际贸易理论、国际直接投资理论和产业集聚理论，研究中国企业海外并购对母国技术进步的影响。本书以中国企业海外并购背景和政策为基础，分析了中国企业海外并购对中国技术进步、企业成长和价值链的延伸。本书结合中国企业海外并购的所处地位、福利效应和发展潜力进行综合评价，分析中国企业海外并购逆向技术溢出(包括逆向研发资金溢出与逆向人力资本溢出)对母国技术进步的影响，探讨其对中国技术进步的意义，力求对中国企业海外并购进行有效评估并提出可借鉴的政策建议。

本书对中国企业海外并购与绿地投资进行对比和研究，利用理论与实证研究的方式，对中国 1990~2014 年企业海外并购和绿地投资两种企业对外直接投资方式与母国技术进步的关系进行横向比较及探讨分析。在此基础上，本书分析中国企业进行海外并购时的空间布局与战略选择、企业海外并购时不同地区和不同行业并购对母国技术进步的影响，以及企业构建全球生产网络对中国企业本身技术进步及对上游与下游企业价值链的影响。因此，本书总体框架和结构如图 1.1 所示。

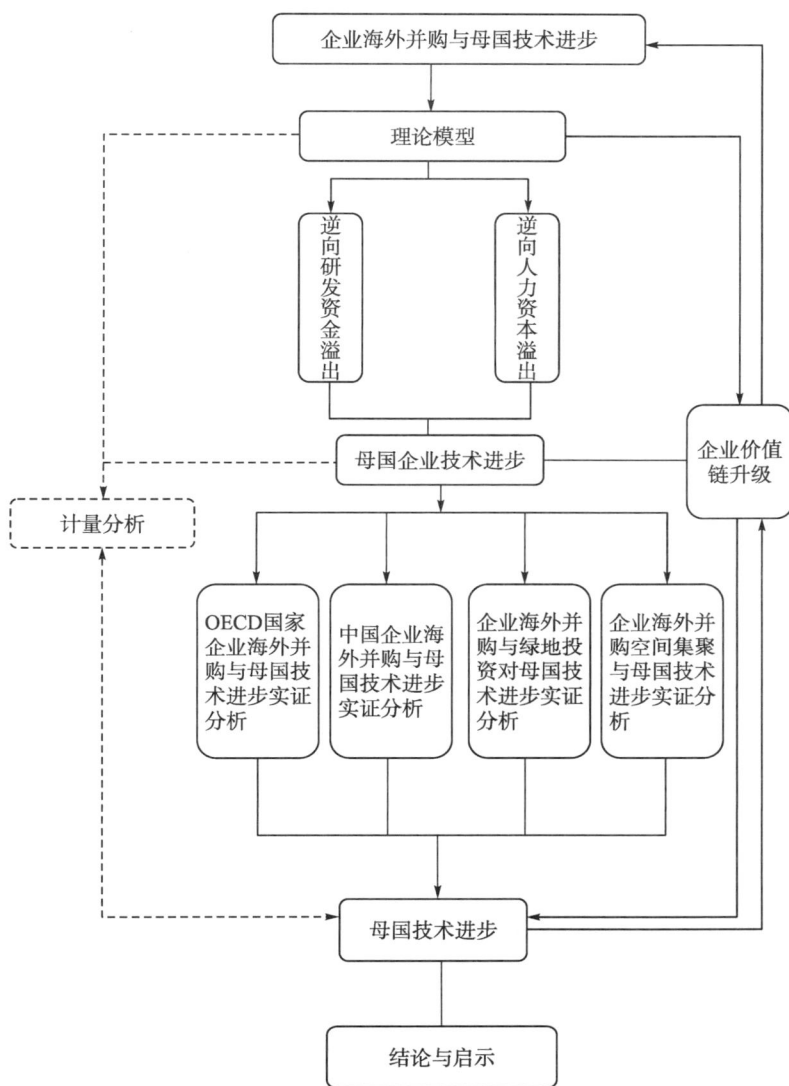

图 1.1　本书总体框架和结构

1.3　本书重难点问题和主要创新点

1.3.1　重难点问题

近年来，企业海外并购在我国企业对外直接投资中具有重要的地位，自 2006

年企业海外并购投资总额明显超过绿地投资以后，企业海外并购无论从总量还是增长幅度都处于领先地位，从横向角度对比来看，我国企业海外并购增长幅度在全球中处于领先水平，而从纵向的角度来看我国企业海外并购亦呈现出逐年增长的趋势。因此，本书对企业海外并购展开研究的重难点包括以下几个方面。

第一，建立企业海外并购对母国技术进步影响的理论框架与实证分析。本书融合我国特有的传导机制，利用理论传导机制分析建立理论模型，并通过逆向研发资金溢出与逆向人力资本溢出两种途径分析企业海外并购对母国企业技术进步的影响，同时对 OECD 国家及中国企业海外并购与母国技术进步问题进行实证分析，尝试说明企业海外并购与母国技术进步之间的内在联系，以期望在理论基础上给出翔实说明。这是本书竭力突破的重点。

第二，通过建立理论模型并推导企业海外并购与绿地投资技术输出、转移比率及获得逆向技术溢出(包括逆向研发资金溢出与逆向人力资本溢出)的比例，建立计量模型进行实证分析，对比和分析中国企业海外并购与绿地投资这两种企业对外直接投资方式对母国技术进步的影响程度，旨在说明企业海外并购与绿地投资对母国技术进步影响的差异。这是本书的重点。

第三，本书的难点在于利用何种数据验证企业海外并购与母国技术进步的关系，侧重研究中国企业海外并购对母国企业技术进步的影响，需要企业层面的并购数据。但由于中国企业的海外并购刚刚起步，这类数据的可获得性较差，数据的质量和连续性也不够完美，这是本书需要克服的一个难点。因此，本书数据一方面来源于"我国企业境外并购"课题、毕威迪信息咨询服务(北京)有限公司(Bureau van Dijk，BVD)、加拿大汤姆森公司与英国路透集团的海外并购数据；另一方面则采用实地调研和问卷调查的方法获取。

第四，目前国内从价值链及生产网络角度对我国企业的海外并购的研究是零散和不成体系的。因此，本书尝试系统地研究企业价值链对企业海外并购活动的影响，从价值链的层次分析企业并购的动因、决策、整合和评价，更为有效地体现企业的技术进步，从而为企业海外并购获得显著的绩效献计献策。本书从价值链的横、纵两向考虑全球生产网络的构建与布局，因此，要注重企业内部纵向价值链、横向价值链的空间集聚整合与协调。这也是本书需要解决的难点。

1.3.2 主要创新点

第一，理论方面的创新。本书基于企业对外直接投资理论等对企业海外并购与母国技术进步展开研究，建立了企业海外并购的逆向研发资金溢出与逆向人力资本溢出理论模型，在此基础上，通过对目标企业逆向研发资金溢出和逆向人力资本溢出的同化吸收与异化排斥效应，分析企业海外并购与母国技术进步之间的关系。与此同时，笔者尝试性地建立企业海外并购与绿地投资技术输出和技术溢出获取的理论模型，对比和分析了企业海外并购与绿地投资两种企业对外直接投资方式对母国技术进步影响程度的大小，并对其进行了理论方面的探讨，提出了企业海外并购在技术输出方面小于绿地投资，而在技术溢出获取方面大于绿地投资。基于中国经验对企业海外并购与母国技术进步的研究丰富了企业对外直接投资理论，并为企业海外并购与母国技术进步问题的研究奠定了一定的基础。

第二，经验方面的创新。笔者在建立企业海外并购与母国技术进步理论模型分析的基础上，利用 OECD 国家层面的数据与中国企业海外并购企业层面 1990～2014 年的数据，构建了较为精巧的企业海外并购与母国技术进步的实证分析模型，其中包括企业海外并购逆向研发资金溢出与母国技术进步实证分析模型、企业海外并购逆向人力资本溢出与母国技术进步实证分析模型。通过实证分析，得出并验证了企业海外并购与母国技术进步具有内在联系这一结论。另外，从企业海外并购获得目标企业的研发资金溢出和人力资本溢出两个方面对企业海外并购与母国技术进步问题进行了较为深入的探讨，得出了与对应的理论模型一致的结论。

第三，研究方法方面的创新。由于中国是一个吸收和利用外商直接投资（foreign direct Investment，FDI）规模非常庞大的国家，现有文献基本都关注中国吸收和利用外商直接投资对我国经济发展的影响，较少文献关注中国企业海外并购如何影响母国的经济发展与技术进步。本书对企业对外直接投资相关理论与研究加以综合化和系统化，将发展经济学、企业理论、国际贸易和国际直接投资理论等结合起来，并引入产业集聚理论的最新要素和新-新贸易理论的最新进展，将企业海外并购与母国技术进步的内容综合在比较统一的研究框架内对其进行研究。

1.4 本书结构安排及主要研究内容

在中国鼓励企业"走出去"的政策背景下，中国企业海外并购事件的实际发生数量与交易金额均有大幅度的上升，企业海外并购在企业对外直接投资中占比越来越大，自 2006 年企业海外并购投资总额明显超过绿地投资以来，其始终处于领先地位。学者对于企业海外并购的研究主要存在于企业海外并购对东道国经济增长、就业、出口与技术进步等方面，而对企业海外并购对母国经济影响的研究较少，因此，本书研究企业海外并购与我国技术进步问题，旨在对我国企业对外直接投资具有一定程度的指导意义。全书共分如下 8 章。

第 1 章，导论。本章介绍本书的研究背景，以及研究思路、方法与框架，进一步介绍本书的创新之处等。

第 2 章，文献综述。本章对现有企业海外并购的研究进行文献综述，包括企业海外并购理论方面的介绍，如对垄断优势理论、内部化理论、区位优势理论、国际生产折衷理论、市场势力理论、规模经济理论、效率理论、委托-代理理论等进行说明，进而对企业海外并购的研究发展进行综述，对企业技术转移理论、技术外溢理论、企业海外并购对东道国技术进步影响等多方面问题进行研究和综述。然而，学者对我国企业海外并购与我国技术进步影响方面的研究尚属少见，因此，本书在以上的综述基础上，对企业海外并购与母国技术进步进行展开研究。

第 3 章，全球与中国企业海外并购现状及发展历程。首先，本章分析了全球企业海外并购现状，说明了 2006～2014 年，非洲、东欧、欧盟、远东及中亚、中东、北美洲、大洋洲、中美及南美洲、斯堪的纳维亚九个地区(组织)的企业海外并购数量；其次，本章介绍了我国企业海外并购的现状与发展历程，从行业、地区及所有制视角分析了中国企业海外并购的现状；再次，本章对中国企业海外并购的特征、类型与发展历程做出详细的说明；最后，本章对我国现在的企业海外并购审批机构与审批流程进行了说明和介绍，对我国企业海外并购分布的地理区位与行业分布进行了总结和说明，并给出了股权并购与资产并购的对比和分析及我国十大行业企业海外并购成功的经典案例。

第 4 章，全球企业海外并购与母国技术进步的机理分析和 OECD 国家的实证分析。本章研究企业海外并购与母国技术进步的关系，由于母国技术进步以全要素生产率指标进行测算，本章首先对全要素生产率测定方法进行了简单的概况与说明，随后研究企业海外并购对母国技术进步的理论传导机制并进行理论推导。本章通过企业海外并购中两种溢出(即企业海外并购获得目标企业研发资金溢出与人力资本溢出)机制分析我国企业海外并购对母国技术进步的推动作用，将企业海外并购与母国技术进步从理论上分为四种情况，并对此进行门槛效应分析。然后，本章对企业海外并购与母国技术进步的路径进行经验分析，同时，以 OECD 国家数据对企业海外并购与母国技术进步问题的实证分析进行验证，得出企业海外并购对母国技术进步具有促进作用，但同时存在门槛效应。当企业海外并购突破门槛时，对我国技术进步具有同化吸收作用；反之，则具有异化排斥作用。

第 5 章，利用上述理论机制，对中国企业海外并购与母国技术进步进行实证分析，本章是全书的重点。首先，问题的提出，说明企业海外并购与母国技术进步研究的必要性，给出中国区域及省际全要素生产率的测算结果。其次，本章对我国企业海外并购与母国技术进步进行实证分析，包括对企业海外并购中研发资金溢出与人力资本溢出两种效应进行实证分析，得出结论：企业海外并购对我国技术进步具有正向促进作用，其中，研发资金溢出与人力资本溢出对母国技术进步均有促进作用，但同时仍存在着本国固有的研发资金存量与人力资本存量的门槛限制。因此，应促使我国企业海外并购跨越门槛，加大企业海外并购的力度，增加企业海外并购投资数量，只有这样才能获得更多逆向技术溢出(包括逆向研发资金溢出与逆向人力资本溢出)，从而对我国技术进步具有促进作用。最后，总结本章所用的研究方法，对实证研究所得到的结论进行分析，提出利用企业海外并购促进母国技术进步的政策建议。

第 6 章，本章结合企业海外并购对我国技术进步的正向促进作用，区分企业对外直接投资（包括企业海外并购与绿地投资）两种方式对我国技术进步影响作用的大小。首先，本章分析了我国企业海外并购与绿地投资 1990～2014 年的发展状况，对比企业海外并购与绿地投资这两种企业对外直接投资方式，说明企业海外并购对企业对外直接投资方式的优势。其次，本章对我国企业海外并购与绿地投资两种方式对母国技术进步进行理论模型的推导，说明企业海外并购相比于绿地投资能够获得更多的研发资金溢出与人力资本溢出，进而获得更多的技术溢出效应，企业海外并购对母国技术进步促进作用大于绿地投资所带来的技术溢出效应。最后，本章对企业海外并购与绿地投资进行实证分析，对比两种投资方式对母国技术进步的影响程度，得出结论：企业海外并购对母国技术进步的影响大于绿地投资对母国技术进步的影响。本章提出我国鼓励企业"走出去"应以企业海外并购为主，并主要集中于高新技术行业，促进我国企业技术与发达国家技术不断融合，促进我国企业技术的改革、创新，进而提高我国企业所属行业上游与下游企业的技术进步，带动企业所在行业整体的技术进步，达到整个产业链条的技术进步。产业链平行式的进步提高了我国整体的技术进步程度，要不断优化我国产业结构、促进产业升级、调整经济结构以使经济在新常态下稳健发展。

第 7 章，我国企业海外并购的区位选择分析，基于第 2～6 章的内容，提出我国企业海外并购的战略布局，对我国企业海外并购地理位置与空间集聚进行分析。首先，本章介绍我国企业海外并购空间集聚效应，对行业与地域进行分析，我国企业海外并购主要集中于亚洲、北美洲、欧洲等地区的发达国家；其次，本章以理论模型对我国企业海外并购布局进行分析，得出企业海外并购有四种方式，即在外外包、在外一体化、在内外包与在内一体化；最后，本章对我国企业海外并购空间集聚与空间布局进行实证分析，提出我国利用海外并购促进母国技术进步的政策策略，零部件密集型行业企业海外并购不利于母国技术进步，而总部密集型行业企业海外并购有利于母国技术进步。

第 8 章，企业海外并购政策启示与研究展望。本章总结本书的研究方法与研究结论，在此基础之上，对海外并购的宏观经济战略提出相应的政策建议，同时，提出本书研究的缺陷与不足，并提出本书进一步的研究方向，展望未来企业海外并购的前景，对未来企业海外并购研究重点与难点进行说明，以便开展下一步的研究。

以上为本书的内容与结构安排，通过对企业海外并购与母国技术进步理论和实证的分析，旨在深入分析我国技术进步的影响因素，进而为我国企业"走出去"的长期发展战略提供有力的政策建议。

第2章 文 献 综 述

2.1 企业海外并购理论研究文献综述

2.1.1 企业海外并购动因研究理论

1. 企业海外并购

企业海外并购属于企业对外直接投资的一种形式,是指一国企业为了达到某种目的,通过一定的渠道和支付手段,将另一国企业的部分或全部资产及足以行使经营控制权的股份购买下来的行为。企业海外并购是国内企业并购的延伸,是涉及两个国家以上的企业、市场及不同政府控制下的法律环境而形成的并购。企业海外并购涉及两个或两个以上国家的企业,一国企业是并购企业,另一国企业是被并购企业,也叫目标企业。并购的渠道包括两种:一种是并购企业直接向目标企业投资;另一种是通过目标国所在地的子公司进行并购。并购的支付手段包括现金支付、从金融机构贷款、以股换股和发行债券等方式。

企业海外并购作为世界经济整合的重要手段,一直是国内外学者研究的重点,这也是本书研究企业海外并购与母国技术进步的重要原因之一。在现实经济发展中,企业对外进行海外并购的原因往往是母国内部经济发展的需要,其原因存在多样性,但多数学者认为企业跨境进行海外并购是为了促进母国经济发展。

企业海外并购动因早期研究的理论思路是以寡头垄断、垄断竞争与完全垄断为前提条件,并依据产业组织理论等内容进行研究。其主要包括国外学者提出的垄断优势理论、巴克莱(Buckley)的内部化理论及中国学者提出的国际生产折衷理论。垄断优势理论在不完全竞争市场假说的基础上解释企业并购,将其概括为先进技术、规模经济、组织管理能力、大规模资本、信息网络优势和全球市场营销六个方面,该理论将先进技术作为企业海外并购中最为重要的动因;内部化理论认为企业海外并购的原因是企业内部转移技术及劳动和其他生产要素具有成本优势,这是由于市场本身存在信息不对称及外部性等内生性的缺陷,即企业可以较低的成本在企业内部转移自身技术,这正是企业海外并购的重要原因;国际生产折衷理论是以垄断优势理论、内部化理论及产品生命周期理论为前提，将三者有机地结合在一起，其观点认为企业海外并购是企业将自身的所有权优势、区位优势与内部化优势结合于自身企业与并购企业的结果，这是企业进行海外并购的重要原因与外在表现。

2. 企业海外并购动因研究理论的继承与发展

在早期理论成果的基础上，加之交易成本、合同理论、产权理论、非对称信息理论和博弈论等成果，企业海外并购理论有着长足发展，进展十分迅速。一些学者指出企业特有性因素将直接影响"走出去"企业对企业海外并购和绿地投资这两种投资方式的偏好与选择，其会根据自身优势的不同而做出不同的选择，企业管理与组织能力较强，则企业更倾向通过海外并购来实现对外直接投资，而企业技术能力较强(具有先进科学技术或产品生产和销售过程中不可替代的技术)，则企业更倾向通过绿地投资的方式对外进行直接投资；学者们在折衷理论的基础上，发展了直接投资的寡占优势理论，在寡占优势理论中还考虑了企业在东道国政府谈判中获取让步或激励政策的特殊能力。部分学者在产品生命周期理论的基础上，增加了产品创新因素、市场占有率因素及生产成本因素，以及产品生产规模、标准和差异等市场与成本方面的因素，用来解释说明企业海外并购的动因与企业资本在国际的流动，在一定程度上弥合并改进了产品生命周期理论的不足。学者们普遍认为经济的增长影响企业海外并购的供给和需求，母国的经济增长和繁荣会直接提高收益水平与股本价格，提高母国企业自身对外直接投资的总量与规模。

3. 企业海外并购动因研究理论的最新成果

近年来，由于我国经济的持续高速发展及我国企业海外并购潮的出现，越来越多的国内外学者把注意力转移到对我国企业海外并购的研究上，并以全新的视角诠释了企业海外并购的动因。有学者在 *Inward and Outward FDI in China* 中指出中国企业海外并购的动因主要有：企业避开欧美等发达国家设置的贸易壁垒(如进口配额等)；由于国内市场太小，企业通过海外并购寻求海外发展机遇(特别是机械和电器行业)；企业通过海外并购，寻求技术创新和专利所有权；企业通过海外并购，获得自然资源(如石油、天然气)，在这类并购中，国有企业占主导地位(如中国石油化工集团公司、中国石油天然气集团公司、中国远洋控股股份有限公司)。该类研究主要以国有企业海外并购为对象，其目的是帮助国有企业获取目标企业的市场与资源等要素。

2.1.2　企业海外并购风险与绩效研究

长期以来，国内外学者除了对企业海外并购动因深入研究以外，还将很多注意力放在了企业海外并购的风险和绩效的研究上。

1. 关于企业海外并购风险及评价的研究

部分学者运用事件研究法这一主要的企业并购绩效研究方法，对企业并购中所存在的系统风险进行了分析，结果显示，运用事件研究法及其他的一些市场模型的方法并不能准确地测量并购风险。一些学者通过具体案例分析得出导致企业并购失败的两个主要原因：①企业在并购之前未对并购中存在的风险给予足够的重视，并购计划存在较大缺陷；②目标企业的选择错误，目标企业不一定符合并购企业的长期发展需要。部分学者认为导致企业并购风险产生的原因主要有两方面：一方面是双方企业在并购后经营管理方面的互补性弱、协调性差；另一方面是并购企业在并购前未制订出整套详细、有效的并购计划和应对方案。Henderson 等(2002)对股票支付和盈余支付的或有支付进行了研究，研究结果表明目标企业是一家从事服务业的企业或从事高科技研究的企业时，并购企业需要极其重视并防范东道国在法律实施和投资者保护等方面的或有支付。学者们通过相关分析得出，企业进行非混合型的海外并购可以降低并购过程中的非系统性风险，但这对系统性风险的降低作用不大。学者们对企业海外并购中的风险套利行为进行了研究，得出了企业海外并购过程中的风险套利交易的信息流程。

国内学者关于我国企业海外并购风险的研究主要集中于风险的类别、评价及防范等方面，并且研究多局限于定性研究，对风险的定量研究，如对风险分类、评价和防范的研究较少。

2. 风险分类研究

一些学者对企业在海外并购前、海外并购过程中和海外并购后这三个阶段存在的风险进行了具体分析，认为我国企业海外并购面临的主要风险有法律风险、市场制度风险、融资风险、目标企业定价风险、反并购风险、并购整合风险、政治风险、决策风险和信息风险。另外一些学者认为我国企业海外并购过程面临的主要风险有政治风险、法律风险、财务风险、经营风险和整合风险，其中，财务风险主要有融资风险、偿债风险及流动性风险；整合风险主要包括企业海外并购后母国企业与并购企业文化和人员方面的风险等。

3. 风险防范研究

一些学者认为中国企业海外并购的主要风险有政治风险、法律风险、财务风险和整合风险，并提出了应对此类风险的措施，强调政府应该尽快出台支持企业海外并购的法律法规体系和政策支持体系。我国企业海外并购需要熟悉海外并购的投资银行、律师事务所等中介咨询机构，因此应该大力发展中介咨询机构、培养专业人才。一些学者在分析企业海外并购动因的基础上，认为中国企业海外并购面临的主要风险有政治风险、法律风险、财务风险、金融风险和整合风险，其针对各种主要风险提出了规避措施,指出尤其是要妥善化解政治风险。企业在进行海外并购时,不仅要做好市场评估还要注重做好政治风险评估。

西方和国内众多经济学家采用不同的方法对企业海外并购的绩效进行了大量的实证研究,得出以下两种结论:一种结论认为企业海外并购是有效的,其绩效为正,企业海外并购给国内企业和股东带来正的效益;另一种结论认为,企业海外并购绩效是负的,企业海外并购并没有带来想象中的协同效应,反而使企业背上了"包袱",损害了股东的利益。

4. 企业海外并购无效论

部分学者认为,企业海外并购后相当数量的并购企业绩效没有显著提高甚至出现下滑,他们对一段时期内发生在欧洲的企业海外并购活动进行了研究,结果发现并购方股东的累积超额收益接近于零,并利用 1996~2003 年发生的 220 起银行海外并购的交易及银行资产负债表的数据对海外并购的特征和目标银行的经营绩效进行了研究,结果发现在银行海外并购后的两年内,相比于国内控股的金融机构,目标银行的经营绩效没有得到提升。学者通过对 2001~2003 年发生的 13 个中国企业海外并购案例的实证分析,研究了企业在海外并购后四年的经营绩效盈利能力、偿债能力、运营能力和主营业务状况,发现海外并购业务发生后两年,企业的经营绩效是下降的,且在第一年达到谷底,第二年起虽然有所好转,但不尽如人意,到第四年仍然没有达到海外并购前的状态。

5. 企业海外并购有效论

另外一些学者认为企业海外并购对参与双方都有积极的作用。部分学者对 1975~1991 年发生的 1814 个企业海外并购案例进行研究后,得出时间窗内目标企业的累计超额收益为 35%,通过研究发现,并购之后目标企业的经营性现金流收益率明显提高。学者经过研究中国上市公司海外并购,发现无形资产在企业海外并购过程中意义重大,企业恰当运用无形资产的转移,充分发挥无形资产优势,可以使企业海外并购产生协同效应,提高企业经营绩效。学者通过对海外并购企业进行研究,得出企业在进行海外并购的发生年份,企业绩效结构突变,明显好于未发生并购的年份。学者通过多个案例对企业海外并购研究,发现企业海外并购后并购企业和目标企业各项指标均有显著提升,企业经营绩效明显提高。

2.1.3 企业海外并购与全球价值链理论研究

目前,由于全球经济一体化进程的快速推进,跨国企业与价值链和产业链的联系也越来越紧密。因此,在本书的分析中也会从企业价值链和产业链的视角分析与解读中国企业的海外并购，并基于价值链的微观视角，详细分析企业海外并购在全球范围内生产网络的构建及其对母国技术进步的影响。

有关价值链的研究由来已久。美国哈佛商学院著名战略学家波特在其 1985 年出版的《竞争优势》一书中最早提出了价值链的概念。波特将价值链定义为生产者在生产商品时从原材料的购买到最终产品的形成中每一个生产、销售、交易和产品增值的过程，包括生产出的产品或服务价值增值的每一个环节，其中价值链涵盖了五个最为主要的生产营销活动(进货后勤、生产作业、出货后勤、营销、销售与客户服务)和四种与之相关的活动(原材料采购、研究与开发、人力资源管理、企业基础设施建造)。波特的价值链理论和价值链分析方法也为本书研究中国企业的海外并购提供了一种新的视角，国内一些学者开始提倡用价值链理论来指导我国企业的海外并购实践。一些学者指出，我国企业海外并购失败率居高不下的一个重要原因在于并购成本过高，并基于价值链的视角提出了我国企业海外并购成本优化的相关对策。一些学者指出，我国企业目前在高调扩张的过程中掉入了"廉价"的陷阱，他们认为寻求价值链协同是我国企业海外并购的关键。一些学者从价值链的角度对企业并购与剥离进行了分析，同时指出企业并购和剥离的最终动机是优化与整合企业价值链。一些学者以广州本田汽车有限公司为例，进行企业海外并购价值链整合的剖析，并以全球价值链为基础，分析了金融行业之间海外并购的基本流程，其涵盖并购之前的准备阶段、并购过程中的有机融合阶段及并购后的管理阶段，为金融行业的海外并购提供了理论分析体系。总体来看，目前国内学者从价值链角度对我国企业的海外并购研究是零散和不成体系的，其研究的重点在企业海外并购后价值链的整合问题，研究的领域也仅限于汽车、银行等个别行业。因此，本书尝试系统地研究企业的价值链与全球生产网络构建对企业海外并购活动的影响，基于新-新贸易理论，从价值链的横、纵两个方向分析母国企业海外并购的形成与发展原因、绩效等，并从产业、行业和国家三个方面分析企业海外并购及跨国企业在全球范围内集聚的影响因素。其具体包括：产业生产效率水平、产业研发投入、产业平均规模及产业密集度等产业方面的因素；零部件密集型行业与总部密集型行业等行业方面的因素；东道国市场规模、东道国制度环境、东道国技术水平及工资水平等国家方面的因素。本书基于以上这三个角度，分析企业海外并购如何在地理空间内建立企业自身的全球生产、交易及销售网络，并从这三个角度分析企业海外并购对母国技术进步的影响，即产业影响因素、企业所属行业及东道国各项指标环境对企业海外并购的促进与抑制作用，同时，分析何种产业、所属行业及国家环境对母国技术进步具有积极的影响和意义。

如果将研究的视角从企业转向更为宏观的国家产业层面，本书也可以从国家产业链升级的角度解读现阶段我国的一种宏观经济现象——并购潮。目前，国内学术界对产业链并没有明确的定义，但还是存在着以下的共识：产业链是建立在劳动分工与协作的基础上的，它包含了产业上游与下游之间产品从原料到消费者的完整过程，上游与下游企业之间因技术联系和投入产出关系而相互联系。产业链可以看成是企业价值链的延伸和拓展。一些学者具体阐述了产业链融合中的不同类型与原因，其中包括为获得当地市场、产品品牌、产业链上下游技术等因素，并在此基础上提出不发达国家应采取适合的产业政策，以避免产业链水平较低。这些学者提出打造产业链是跨国企业资源并购的新主题，他们认为跨国企业之间，拥有产业链的优势，就会在竞争中取得更大的主导权；拥有产业链优势，容易提高产业集中度，把资源的配置效率提高到最高程度，然后把资源优势变成产业优势，进而变成经济优势，最后变成行业内的竞争优势。他们分析了企业海外并购在产业链延伸中的作用，其包括形成规模经济、实现产业链前向和后向一体化、进入新行业等，并考察了企业海外并购推动产业链国际延伸的机制。就我国目前产业发展的实际情况来看，一方面，我国作为"世界工厂"供应着全球的市场需求量，就应该在全球寻找资源和原材料，这也是我国企业"走出去"的动因之一；另一方面，我国目前处于国际产业链的低端制造环节，延伸产业链，改善我国产业链"两头在外，中间在内"的生产状况，通过产业链上游和下游的延伸使得产业链不断改善，上至产品生产与技术研发，下至产品销售与市场获取，也是我国实现产业链优化升级、在全球的国际分工中争取有利地位的现实途径。因此，本书详述了企业海外并购全球生产网络的构建与空间集聚，并且分析了不同类型企业海外并购与母国技术进步的关联性。企业海外并购的研究、继承与发展，多集中于对企业海外并购的动因、风险、绩效与东道国经济增长、出口与就业等方面的研究，其派生出的企业海外并购理论主要有以下几个：垄断优势理论、内部化理论、区位优势理论、国际生产折衷理论、市场势力理论、规模经济理论、效率理论与委托-代理理论。

1. 垄断优势理论

垄断优势理论由 20 世纪 60 年代海默与金德尔伯格提出的，这一理论认为垄断企业能够克服成本障碍、规模障碍及地域障碍等外因，同时，企业具有垄断优势，能够获得超额经济利润，正是这些因素导致企业具有额外资金选择企业海外并购与绿地投资方式对外进行直接投资。国内企业在具有垄断地位时，其获得自有资金、利润及企业规模上均具有相对于外部企业独有的优势。企业的这种垄断优势通常导致其进行横向的海外并购时能获得目标企业的股权，扩大其规模并获得目标企业创新能力以稳固企业的垄断地位。因此，垄断企业具有海外并购的能力与优势，同时具有进行企业海外并购的动机，所以，早期发生的大规模的企业海外并购事件多以垄断企业为主。

2. 内部化理论

内部化理论认为，企业发生海外并购事件是企业生产的最终产品存在差异性而导致的，其本质原因是企业拥有差异性的科学技术，而这种差异性导致了其各类产品具有优势,因此,规模较大的企业具有海外并购的动机以获得目标企业先进科学技术,并与并购企业现有的科学技术进行有机整合,进一步扩大并购企业的生产规模,使其获得规模报酬递增效应。目标企业则以利润最大化为目的,在并购企业将"经济蛋糕"做大的同时,目标公司能够从中获得经济利益,该类企业愿意接受并购企业的邀约。总之,内部化理论认为引起企业海外并购的原因是最终产品市场的不完全性与企业所拥有的科技和营销知识等中间产品市场存在不完全竞争优势。

3. 区位优势理论

企业海外并购能够获得目标企业的人力资本、研发资金及技术条件等重要生产要素,同时,并购目标企业后亦能够获得目标企业所处东道国的区位优势。区位优势理论认为,企业处于不同的地域导致其先天要素禀赋具有差异性优势,而企业海外并购能够将具有不同先天要素禀赋优势的企业的技术与资源进行跨国性的转移,将这些优势整合于同一企业内部,进而利用两地的先天要素禀赋优势加快企业技术进步和进一步发展的速度。因此,区位优势理论认为企业发生海外并购主要由于母国与东道国之间存在着不同的区位优势。

4. 国际生产折衷理论

国际生产折衷理论由中国学者于 1977 年提出,其认为企业进行海外并购必须同时拥有三种优势,即所有权优势、区位优势和内部化优势。只有满足上述三种优势的企业才能够进行海外并购,其中,所有权优势是指并购企业具有目标企业不具有的先进科学技术、管理经营手段及企业规模等优势,这种优势为企业海外并购奠定了基础;区位优势是指并购企业不具有目标企业的地域优势,包括目标企业所处国家的政策优势、贸易条件等因素;内部化优势是指并购企业在市场信息不完全对称的情况下,能通过海外并购将外部成本内部化,进而减少企业因信息不对称而导致的成本,保证企业的生产与交易优势。只有企业具有上述三种优势,企业才能够对外进行海外并购。

5. 市场势力理论

市场势力理论认为企业海外并购的主要目的在于获得东道国的市场资源,对目标企业的经营环境进行控制并能够形成规模优势或垄断优势,同时,并购企业能够利用母国与东道国的优势(包括利用不同原产地优势)合理避开贸易壁垒,提高企业的市场集中度。企业海外并购的收益是企业集中度提高的结果,它还会导致共谋和垄断,所以企业海外并购的动因可以用企业试图提高市场占有率、减少竞争对手并获得市场力量来解释。

6. 规模经济理论

规模经济理论是指企业扩大规模进行海外并购，不仅能够获得目标企业的先进技术，而且能够获得规模经济效应。企业扩大生产及销售规模，能降低企业生产的平均成本，进而获得更高的收益与利润。母国的企业通过海外并购获得目标企业研发资金、人力资本及生产技术等重要因素，在短期内扩张其生产规模、提高生产效率，同时节约生产成本，进而达到规模报酬递增的效果，使并购企业和目标企业在一定程度上共赢，将"经济蛋糕"进一步做大做强。并购企业因规模变大带来的收益与利润的双向增加，进而获得生产规模经济效应和经营规模经济效应。

7. 效率理论

效率理论认为企业通过海外并购能够获得协同效应(包括战略协同、财务协同、管理协同等)，并购企业与目标企业统一管理经营，能够达到优化资源配置的作用，进而降低并购企业与目标企业的生产成本，同时能够给社会收益带来一个潜在的增量，并购企业与目标企业也均会在一定程度上获得对方的人力资本、技术等生产要素，加大企业自身生产能力，进而增加企业的产出。效率理论认为，企业海外并购能够通过两种方式提高并购企业与目标企业的效率：一种方式是改进管理层的经营业绩，提高并购企业与目标企业的管理效率，使并购企业与目标企业的管理模式有机融合，提高企业管理和生产效率；另一种方式是协同效应，协同效应增强了并购企业与目标企业的核心竞争力。协同就是具有两个以上业务单位的企业在确定长期目标、发展方向和资源配置的战略管理过程中，将拥有的技能、资源在企业内部通过沟通和交流的方式形成核心竞争力，并使核心竞争力在各个业务单位之间转移和共享，从而获得企业整体业绩的提升。通常"1+1>2"是对协同效应的一种简单描述。企业海外并购能够整合两个企业的优势，将并购企业与目标企业的优势进行整合，使企业获得规模效应，并能够将两个企业研发资金与营销渠道进行有机融合，进而使企业获得技术上的进步，并产生协同效应，提高企业生产及销售的效率。

8. 委托-代理理论

委托-代理问题产生于管理者和股东之间或股东与债券所有者之间的冲突。企业所有者需要付出一定的成本来监督管理者，避免管理者出现有悖于股东利益的行为，这就产生了委托人与受托人冲突的代理成本。因此，委托-代理理论认为企业海外并购将目标企业内部化，一定程度上减少了企业的监管成本，并能够在一定程度上改善企业管理者与股东之间的委托-代理成本。

上述关于企业海外并购研究的理论综述，包括企业海外并购动因、风险及绩效理论并涵盖海外并购有效论与海外并购无效论，同时，将研究企业海外并购问题过程中产生、继承及发展的相关理论进行了综述与总结。

2.2　企业海外并购与技术溢出理论

改革开放至今，我国经济飞速发展，其中，"引进来"与"走出去"政策的大力推动与发展，使我国在实现经济腾飞的同时，技术进步程度也在不断提高。早期大量研究外商直接投资的文献都集中于外商直接投资对我国经济的影响，20 世纪 90 年代至今涌现出外商对我国进行绿地投资与海外并购所带来的技术转移和技术进步，其中，对外商直接投资的研究主要集中于三个方面：第一是外商直接投资通过跨国公司的形式进行技术转移，推动我国技术进步；第二是外商直接投资的技术外溢通过对上游和下游企业产生影响带来技术进步；第三是外商直接投资中的绿地投资与海外并购带动我国技术进步。改革开放 40 年后的今天，鼓励"走出去"的政策使中国经济发生了翻天覆地的变化，我国企业对外直接投资，尤其对外进行海外并购的数量剧烈增长，然而却少有研究从企业的层面分析我国企业进行海外并购给母国经济带来的影响。因此，本书从企业层面分析我国企业海外并购对我国技术进步的影响，并对其进行理论与实证方面的研究，探讨我国企业海外并购的路径问题，并提出如何提升目标企业技术转移的动力。

一是技术转移理论。国外学者于 1961 年创立了国际技术差距理论，阐述了母国与东道国的跨国公司之间存在技术差距，因此，技术在母国与东道国之间存在转移现象。随后建立在国际技术差距理论上的研究大量涌现，一方面为对企业之间技术转移动因的研究，其中包括商品周期贸易模型、市场不完全竞争下的技术转移内部倾向模型、国际生产选择模型等，以及一些学者于 1987 年首次建立的对外直接投资与国际技术转移的局部均衡模型。该模型对并购企业和目标企业之间的技术转移进行分析，得出这种技术转移数量为东道国资本存量的单调递增函数。另一方面为对外商直接投资区位选择模型的研究。Saggi（2002）讨论了外商直接投资技术转移程度受东道国股权的制约，这种股权限制为外商实行技术转移的减函数。上述两方面的研究缺陷为假定技术转移的成本为零，未考虑外商技术转移的成本。

二是技术溢出理论。在上述研究的基础之上，关于外商直接投资溢出效应与东道国技术进步的研究大量出现。国外学者在 20 世纪 60 年代最先开展了对外商直接投资溢出效应的研究，随后大量学者对此展开并进行了大量实证研究，这些研究主要包含了两个方面的内容：一方面围绕不同的地区与国家外商直接投资溢出效应是否存在进行研究，其中又包括产业间与产业内两个层次的研究；另一方面为影响外商直接投资溢出效应大小的因素与其度量方法及传导机制的研究。其中，第一方面包括学者们对澳大利亚外商直接投资进行的研究，发现外商直接投资对与之相关联的产业全要素生产率具有促进作用，说明存在外商直接投资溢出效应，随后进行了大量国家外商直接投资溢出效应的研究，发现这些国家均存在外商直接投资溢出效应；与之相反，有些学者对此进行研究发现了相反的结论，其对欧洲地区内的部分国家的研究与对摩洛哥跨国公司的研究，均得出没有产生显著的外商直接投资溢出效应，甚至一些学者对委内瑞拉的研究发现外商直接投资对其全要素生产率的提高具有反向作用。第二方面的研究包括影响外商直接投资溢出效应大小的因素，其包含企业吸收能力理论(Cohen et al.，1989)、并购与目标企业技术差距理论、东道国研发资金存量与跨国公司对外直接投资中技术溢出的相关理论、东道国引进对外直接投资开放度高低理论、跨国企业类型与选择直接投资地区经济水平理论，以及我国学者对外商直接投资影响因素、传导机制和技术进步的度量的研究，如以多变量的单方程模型对外商直接投资溢出效应大小进行测度的研究及以全要素生产率作为技术进步的替代变量对外商直接投资溢出效应进行的研究(袁诚 等，2005)。上述研究都对外商直接投资影响因素及测量方法传导机制和技术外溢现象进行了理论与实证的研究。

三是企业海外并购对东道国技术进步影响的研究。关于企业海外并购对东道国技术进步影响的研究主要集中于两种态度：第一种态度认为企业海外并购能够促进东道国技术进步；与之相反，第二种态度认为企业海外并购抑制了东道国技术进步。其中，持第一种态度的研究有：Cohen 和 Levine 于 1989 年提出的吸收理论，认为企业海外并购能够促进东道国研发能力的不断提升进而提高技术进步；除此以外，部分学者也得出了相似的结论。同时，持第二种态度的学者得出企业海外并购抑制了东道国的技术进步。

鉴于对企业海外并购对母国技术进步的研究尚属起步阶段，以实证分析角度研究企业海外并购与母国技术进步问题较为少见，尤其对其影响因素、内在机理及影响路径等方面的研究更属少见。同时，技术进步是经济增长的重要来源，越来越多的企业选择从外部获取先进知识技术，进而带动了大量海外并购的发生。因此，本书从企业海外并购的角度研究母国技术进步问题(表 2.1)。

表 2.1　文献综述分类整理

理论与研究	主要内容
技术溢出理论 (于 1960 年创立)	外商直接投资溢出效应存在性的研究
	影响外商直接投资溢出效应大小的因素与其度量方法及传导机制的研究
技术转移理论 (于 1961 年创立)	企业之间技术转移动因的研究
	外商直接投资区位选择模型的研究
企业海外并购对东道国技术进步影响的研究 (于 1989 年创立)	企业海外并购能够促进东道国技术进步
	企业海外并购抑制了东道国技术进步
企业海外并购对母国技术进步的研究(于 1991 年创立)	企业海外并购通过逆向技术溢出效应推动母国技术进步

2.3　企业海外并购与东道国、母国技术进步综述

2.3.1　企业海外并购与东道国技术进步综述

近年来，企业对外直接投资的流动数量大量增加，大多数发达国家对其产生激烈的辩论与热议。海外并购构成当今跨国投资的主要份额，并在过去 20 年里急剧上升。在多年的海外并购浪潮中，海外并购总额占据了全球外商直接投资总额的 80%，在 2007 年全球海外并购交易额达到 1 万亿美元。部分学者指出生产率高的企业决定"走出去"，而生产率低的企业选择在国内生产和销售。

企业海外并购对东道国技术进步影响的研究由 Cohen 和 Levine 于 1989 年创立，其主要存在两种观点：一种观点是企业海外并购促进了东道国的技术进步，该类研究人员认为国家应鼓励、促进、引进企业海外并购，这有利于国家技术进步，其中包括 Cohen 和 Levine(1989)关于企业海外并购与东道国技术进步的研究；另一种观点是企业海外并购抑制了东道国的技术进步，该类研究人员认为国家应实行保护主义，降低或减少外来企业的海外并购份额，以控制国家技术水平不因受企业海外并购行为的影响而降低。在贸易文献中，国际海外并购作为企业对外直接投资的一种形式，越来越受到人们重视(Nocke et al.，2008)，但对跨国公司并购问题的实证研究较少，并且多数研究都是关于海外并购对目标企业的影响，很少有实证研究清晰地分析其对并购企业的影响。分析并购企业在海外并购中受到的影响无论从理论还是从经济政策的角度上来看都是十分重要的，原因有以下几点：第一，近些年来关于海外并购企业研究强调异质性企业特点与其进入外国市场背后选择的动机(Nocke et al.，2008)；第二，较少的企业海外并购实证分析从交易量的角度研究和对比国内与国外海外并购动机的不同。在现有文献中罕有关于企业海外并购对母国经济影响实证分析的文献，本书弥补了这一缺陷且旨在研究企业海外并购对本国经济增长及企业全要素生产率提高的影响。从经济政策的角度研究企业海外并购与母国技术进步的问题十分重要。

一些学者研究认为，国内企业投入产出效率会在企业参与海外并购中不断得到提高，他们研究认为企业参与海外并购最主要的动机为获得该地市场力量和组织效率，并认为企业海外并购获得目标企业先进技术益于并购企业组织效率提高。Jovanovic 和 Rousseau(2008)研究认为企业海外并购的再分配效应使产出与科技进步更为有效。部分学者研究认为企业海外并购的动机有很多种，最主要的动机是提高企业的产出效率。学者们通过实证研究提出了企业海外并购是管理者效用最大化及偏好扩张的外在表现，而效率在企业海外并购后不一定提高，他们研究认为管理

者对自由资金的再投资偏好大于回流其资金，并通过实证分析研究得出，企业海外并购的联合体生产效率得到提高的结论。这些研究认为企业海外并购对于取消贸易伙伴之间不透明合同提供了一个重要的机会。另外一些学者研究认为企业海外并购发生后，并购企业生产效率的提高归功于劳动力的减少，他们研究发现企业海外并购在目标企业中存在劳动力递减趋势，而美国却与此相反，导致这两种背道而驰现象的原因是两个国家或地区的劳动力活跃程度不一致和它们劳动力变化趋势相反。一部分学者研究认为企业海外并购在平均交易量上大于国内未进行海外并购企业的交易量，并且并购目标企业常为上市公司。Bertrand 和 Zuninga(2006)研究认为企业海外并购具有更高的不确定性与更高的失败风险，而其高成本是文化差异与机构不同导致的。因此，并购企业通常需要一个更高的预期回报率。Frey 和 Hussinger(2011)研究认为以科技型企业为并购目标的企业的交易量通常高于国内其他企业的交易量。部分学者研究认为外商直接投资能够刺激总部的市场与 R&D，投资会使产出扩张，亦会促进并购者母国经济的增长。有学者研究认为海外并购企业亦会因纯策略原因进行并购，国内外两家企业效率的不同导致海外并购，这也导致了企业参与跨国际的生产。

以下研究均从机构的角度说明企业海外并购对东道国经济增长、技术进步产生的影响。学者将机构定义为博弈规则，即对市场行为产生重大影响的组织。发达国家最近的研究表明，与政府和社会相比，新兴市场经济体对企业海外并购的影响更强。大量实证分析的文献关注于政府在企业海外并购扩张中的干预作用，这些研究得出结论：海外并购企业组织行为与政府对外直接投资中的干预和政策具有密切的联系(Luo et al.，2010；Rui et al.，2008)。许多研究表明政府机构对企业海外并购活动的干预过多，企业海外并购行为应更多地受市场经济因素的影响而不是政府的影响(Calomiris et al.，2010)，良好的市场组织能够有效地使厂商或个人及组织参与到海外并购的浪潮中来，而并不会导致过高的成本与风险，同时能够增加厂商的收益；然而，不良的市场环境或过度的干预则会增加企业在海外并购中的成本，不仅如此，带有过多政府干预的企业海外并购会对并购企业本身的价值造成损害(Ang et al.，2008)；如果企业本身为了市场经济目标进行海外并购，有效配置资源，能够带来企业价值的不断增加(Tian et al.，2008)。部分研究认为，企业进行海外并购时应以利润最大化为目标来决策企业的并购行为。部分学者通过对中国企业海外并购问题的研究，以企业本身决策与政府干预两方面因素建立了实证分析模型，得出政府与企业两者在企业海外并购中均有显著的作用。政府机构能够影响公司结构及其战略选择和竞争力，企业海外并购和扩张行为亦受国内政府机构的影响，因为政府机构能影响企业海外并购的成本、信心、法律环境等。

2.3.2 企业海外并购与母国技术进步综述

1. 国外研究现状

对于企业海外并购的研究存在诸多争议与讨论，部分研究认为企业在母国以外的国家进行绿地投资并建厂和生产产品来完成企业自身的战略目标，以这种方式实现企业生产的难度要高于其在国内生产的难度。

对于企业海外并购方法的研究也层出不穷，研究认为企业有很多种方式进入东道国进行对外直接投资，包括绿地投资、企业海外并购及兼并重组、强强联合投资等，用以拓展其海外市场进行企业经营（Reuer et al.，2004）。国际竞争不断加剧，加速了企业海外并购的步伐，同时企业也面临着对海外并购策略的选择，以保持在竞争企业中处于优势地位。跨国企业为了应对这种激烈竞争带来的压力，会加速其技术转移与技术创新投入，以便稳固其在国外企业的生产优势与经营能力（Luo，2004），并从对外直接投资中获得充分的信息与机会，便于未来进一步投资，跨国企业为并购提供了一种跨越国界式的快速扩张的方式（Nadolska et al.，2007）。

近些年来企业海外并购活动数量与交易额急剧增长，引起了多个学科学者的注意。现存关于企业海外并购文献研究的缺点是海外并购相关研究不集中，同时，较少研究将企业海外并购作为调查集团（Haleblian et al.，2006），此外，企业海外并购的现有知识主要是非美籍企业的海外并购行为（Vermeulen et al.，2002）。

一些学者认为企业海外并购迅速发展，因此，关于企业海外并购理论与实证方面的研究非常必要，他们整合文献并组织学习与先前企业海外并购相关的研究，通过研究企业海外并购国际经验来预测国际跨国公司的并购行为，这些研究对企业海外并购的决策行为具有十分重要的意义。他们根据专业知识和技能，通过对企业并购过程发展的研究，帮助后续企业进行海外并购策略选择，从这一角度来看，组织与研究当前企业海外并购活动和过程来指导未来企业海外并购的决策行为是非常必要的。因此，企业可以获得学者们的知识与经验来改进其并购路线及程序（Amburgey et al.，1992；Haleblian et al.，2006）。研究表明，接触多样化的环境和挑战的企业组织更为开放，能够获得并吸收新信息和先进知识技术（Crossan et al.，1999），企业组织学习过程中产生的新知识将会带来企业性能的改变，并使其具有竞争优势，这些经验为企业进行海外并购提供了具体的路线与程序，这就叫干中学（Kolb，1984）。在特定领域的经验能够使企业更有效率地获取信息并得到进入该区域的机会（Yelle，1979），研究表明，企业参与海外并购活动能够提高其组织和学习能力（Finkelstein et al.，2002；Haleblian et al.，1999）。具体来说，企业参与海外并购活动，通过尽职调查、交易谈判、融资和提高其知识和技能（Finkelstein et al.，2002），能够获得并购过程中有关的知识并有效地评估和整合。

研究表明，路径依赖在并购过程的学习中发挥着重要作用（Amburgey et al.，1992；Jansen，2004），企业可以在国内或国际并购活动过程中干中学，它们还依赖之前开发的并购过程来指导现行海外并购的交易，并完成并购交易和收购后的整合活动，因此，企业海外并购具有重复的惯性（Haleblian et al.，2006；Nadolska et al.，2007）。例如，先前的研究表示在类似行业中多次发生了相似性的企业海外并购行为（Finkelstein et al.，2002）。因此，企业应该学习操作如何在不同的制度和文化背景下进行海外并购（Vermeulen et al.，2002）。处于不同阶段的企业都要投入时间和资源来管理新的企业，雇佣和培训新的劳动力，确定合适的并购候选企业，谈判和完成并购和整合新并购业务，国际扩张也要求并购企业适应目标企业的系统、流程和组织及结构设置等因素。

　　2. 国内研究现状

　　我国对企业海外并购研究的文献现状如下。我国学者对我国 2000～2005 年 63 家高新技术产业的并购模式与绩效进行研究，分析并购后的绩效与并购前技术、资产收益率、无形资产等因素的影响。部分学者通过 Fama-French 三因子模型（Fama-French 3-factor model，FF3FM）及市场模型对 1994～2009 年我国的 157 个企业海外并购事件进行分析，得出我国企业海外并购市场绩效具有明显的正向效应；其通过 1995～2011 年我国全要素生产率及研发资本存量等指标对外商直接投资带来的技术进步进行实证分析，得出外商直接投资对我国企业海外并购具有正向作用。一些学者利用 1990～2004 年外商直接投资与企业对外直接投资两种方式对我国技术进步进行经验分析，得出外商直接投资与企业对外直接投资均能够给我国带来技术进步。学者运用上海电气集团股份有限公司案例分析的方式，以 3L-3E 模型分析了我国企业的技术创新，发现在企业海外并购中存在创新效应。学者通过对 19 个行业（包括药业、电子行业、机械行业等）进行分析，得出企业兼并重组、并购对我国技术进步具有促进作用。一些学者利用 26 个东道国资本存量分析了企业对外直接投资中逆向研发资金溢出对母国技术具有正向促进作用，其利用 1992～2006 年的数据，对我国企业对外直接投资的两种方式（即绿地投资与企业海外并购）进行了对比分析，得出绿地投资与企业海外并购对我国技术进步都有促进作用，并且绿地投资对母国技术进步的促进作用稍大于企业海外并购。部分学者利用 1991～1999 年的企业海外并购数据，以海外并购增长率和技术进步率为指标，对我国技术进步与企业海外并购的关系做了相关性分析，得出企业海外并购对我国技术进步影响较大，同时提出国家应制定鼓励企业"走出去"的相关政策。部分学者利用文献及案例的研究方式，阐述了海外并购能够带动企业技术创新这一机理。部分学者通过对企业海外并购与母国技术进步互动机理进行分析，得出两者之间相互促进、相得益彰。部分学者运用四个制造业企业的案例对我国企业海外并购与企业技术的创新能力的关系进行研究，得出企业海外并购促进了母国的企业的创新能力。部分学者对我国企业对外直接投资与逆向研发资金溢出进行研究，发现这种溢出对我国技术进步具有正向促进作用。

关于企业海外并购获取技术资源的动因方面，大量学者进行了研究，发现技术获取驱动企业进行海外并购，也有部分研究认为企业海外并购目的是获得当地的市场资源。

2.3.3　企业海外并购与技术进步问题文献评述

1. 企业海外并购研究的不足

总体来看，目前国内学者从价值链角度对我国企业的海外并购的研究是零散和不成体系的，研究的重点在于海外并购后价值链的整合问题，研究的领域也仅限于汽车、银行等个别行业。具体而言，企业海外并购研究的不足包括以下三个方面：第一，企业海外并购研究的缺陷为假定技术转移的成本为零，未考虑外商技术转移的成本；第二，最近理论贡献强调异质性企业特点与企业进入外国市场背后选择的动机，企业海外并购实证分析较少从交易量的角度研究和对比国内与国外海外并购动机的不同；第三，在现有文献中罕有关于企业海外并购对母国技术进步实证分析的文献，也没有从经济政策的角度研究企业海外并购与母国技术进步问题。

2. 关于企业海外并购问题的研究展望

基于现有文献研究发现，系统地研究企业价值链与国家产业链构建对海外并购活动的影响，将是未来研究的重要方向。本书基于新-新贸易理论，从价值链的横、纵两个方向分析母国企业海外并购的形成与发展原因、绩效等，并从产业、行业和国家等方面分析企业海外并购及跨国企业在全球范围内集聚的影响因素。其具体包括产业生产效率水平、产业研发投入、产业平均规模及产业密集度等产业方面的因素；零部件密集型行业与总部密集型行业等行业方面的因素；东道国市场规模、东道国制度环境、东道国技术水平及工资水平等国家方面的因素，这些研究将是未来我国研究企业海外并购问题的具体方向。同时，本书基于以上这三个角度分析企业海外并购如何在地理空间内建立企业自身的全球生产、交易及销售网络，并从这三个角度分析企业海外并购对母国技术进步的影响，即产业影响因素、企业所属行业及东道国各项指标环境对企业海外并购的促进与抑制作用，并分析何种产业、所属行业及国家环境对母国技术进步具有积极的影响和意义。

3. 企业海外并购文献述评

依据现有文献分析，企业海外并购理论研究主要包括两个方面：一方面为大量的关于企业海外并购与东道国经济增长、出口及就业等方面关系的理论研究；另一方面为较少的关于企业海外并购与母国经济之间问题的理论研究。大量研究几乎都关注于企业对外直接投资对东道国的影响，抑或对比分析企业对外直接投资中企业海外并购和绿地投资对东道国经济的影响。其中，对企业海外并购与东道国技术进步的研究，大致分为两个方面：一方面研究认为，企业海外并购促进了东道国的技术进步；另一方面认为，企业海外并购抑制了东道国的技术进步。因此，基于以上文献的分析，笔者认为，企业海外并购可能促进或抑制东道国的技术进步，即企业海外并购能够使目标企业的技术更好地外溢，同时，目标企业如果能够及时组织学习、同化吸收并购企业的先进技术，积极促进企业并购后技术的有机融合，则企业海外并购将促进东道国技术进步；反之，企业海外并购将抑制东道国的技术进步，而据此研究企业海外并购对母国经济增长、技术进步的文献较少。其中，研究企业海外并购对母国经济的影响，多数研究都集中于企业海外并购获取目标公司市场、当地的要素禀赋、资源，以及企业海外并购的目的、战略，同时，通过企业海外并购实现并购企业与目标企业的资源双向传导，带给母国资源及生产要素等，研究企业的类型也多以国有企业为主。较少的文献从母国技术进步这一角度研究企业海外并购问题，然而，企业海外并购对于母国而言亦将带给目标企业技术、生产资源等重要的生产要素。如何在海外并购目标企业、输出本国资源与技术的同时，获取目标企业的先进技术，从而促进母国的产业链升级、产业结构优化，这将是未来研究的重点问题。

2.4　本　章　小　结

综上所述，本章首先对企业海外并购理论的继承与发展进行了分析和总结，其中包括企业海外并购的动因、绩效与风险等多方面的研究综述；其次，对企业海外并购理论与技术溢出理论的创立、继承与发展进行了分析与说明，包括技术转移、技术外溢等；再次，对企业海外并购与东道国技术进步、企业海外并购与母国技术进步问题进行了总结性的综述；最后，通过对文献的研究与总结，对现有研究企业海外并购对东道国、母国的技术进步问题进行了对比分析，并给出了企业海外并购与东道国、母国技术进步研究的评述，总结说明了研究企业海外并购对母国技术进步的重要意义。

第3章　全球与中国企业海外并购现状及发展历程

3.1　全球企业海外并购现状分析

2014 年我国提出 "一带一路" 倡议, 世界各个国家和地区均在关注我国的政治策略及对外投资的经济政策。其中, 企业海外并购作为企业对外直接投资中最为重要的一部分, 是各个国家和地区关注的焦点, 为此本书对我国企业海外并购进行分析, 旨在分析企业海外并购的目的及未来实施企业海外并购的重点方向, 同时从理论传导机制及实证分析两个角度研究我国企业海外并购给本国技术进步带来的影响。下面给出全球企业海外并购数量统计, 如表 3.1 所示。

表 3.1　全球企业海外并购数量统计　　　　　　　　　　单位：件

地区(组积)	2006 年	2007 年	2008 年	2009 年	2010 年	2011 年	2012 年	2013 年	2014 年
非洲	2 033	1 799	1 555	1 277	972	1 183	1 353	1 609	2 180
东欧	5 720	9 023	9 167	10 612	10 353	8 516	8 722	11 354	12 279
欧盟	40 868	33 423	26 268	25 597	23 952	24 692	25 695	31 884	33 206
远东及中亚	11 693	18 083	20 387	23 581	23 564	22 918	22 987	24 127	28 522
中东	1 019	1 392	1 619	1 430	1 645	1 181	1 148	1 443	1 257
北美洲	23 126	25 603	22 049	18 845	18 262	19 950	21 308	21 108	25 501
大洋洲	4 899	5 673	3 606	3 996	5 042	5 722	6 083	6 573	6 341
斯堪的纳维亚	5 930	5 177	4 195	4 393	3 832	3 659	3 797	4 408	4 213
中美及南美洲	3 891	4 129	4 703	4 743	4 123	4 729	4 294	4 642	4 868
总计	99 179	104 302	93 549	94 474	91 745	92 550	95 387	107 148	11 8367

资料来源：Zephyr 数据库。

本节将 2006～2014 年全球企业海外并购发生事件数量按照九个地区(组织)进行统计，包括非洲、东欧、欧盟、远东及中亚、中东、北美洲、大洋洲、斯堪的纳维亚和中美及南美洲。通过上述统计可以看出，2006～2010 年全球企业海外并购数量部分地区呈现下降趋势，尤其是 2007～2009 年受金融危机影响，企业海外并购数量不断下降，而 2011～2014 年企业海外并购数量不断攀升，由此可见，全球经济已经逐渐走出经济危机的影响，呈现复苏趋势。全球企业海外并购发展态势分析，如图 3.1 所示。

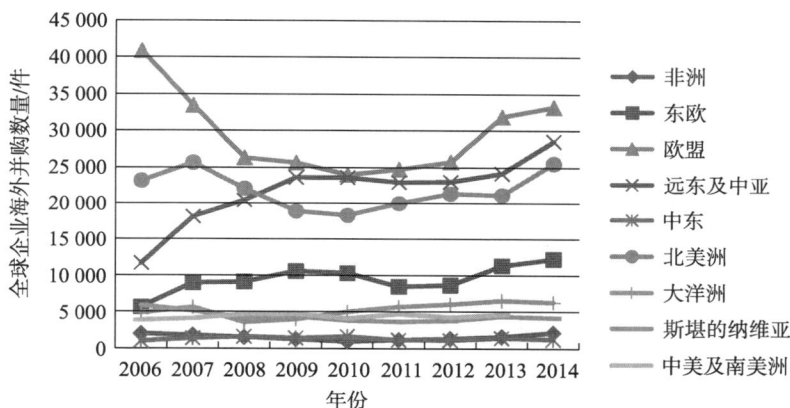

图 3.1　全球企业海外并购发展态势分析

从图 3.1 可以看出，欧盟在统计的九个地区(组织)中，其企业海外并购发生事件总量占据领导地位，尤其在 2006～2007 年及 2012～2014 年其领先地位更为明显，而在 2008～2011 年由于金融危机带来的影响，欧盟企业海外并购事件出现低迷状况，但其企业海外并购事件总量仍然高于其他地区。远东及中亚和北美洲发生的企业海外并购事件数量仅次于欧盟，并且远东及中亚海外并购数量一直呈现攀升趋势，由此看来远东及中亚受金融危机的影响并不明显,自 2008 年远东及中亚企业海外并购事件数量超过北美洲后，其一直处于领先北美洲的趋势，并且这种领先趋势呈现加大的状况。不难看出，北美洲受金融危机的影响较大，2007～2010 年企业海外并购数量不断下降，直到 2011 年其增长趋势才转负为正，并且始终保持增长趋势。相比之下，非洲及中东地区处于落后地位，这两个地区企业海外并购成交数量维持在972～2033 件，相比其他地区其数量较少、均值较低且方差稳定。而大洋洲、中美及南美洲与斯堪的纳维亚三个地区不相上下，其企业海外并购趋势也较为平稳，每年企业海外并购数量平均在 5000 件左右，变化不大。东欧在九个地区中处于中间水平，介于大洋洲及北美洲之间，其企业海外并购数量在 2006～2010 年呈现上升趋势，2010～2011 年有所下降，而后迅速调整，保持上升趋势。总体来讲，除远东及中亚外，全球范围内各个地区海外并购均受到金融危机的影响，下面给出了累加的全球企业海外并购发生事件，如图 3.2 所示。

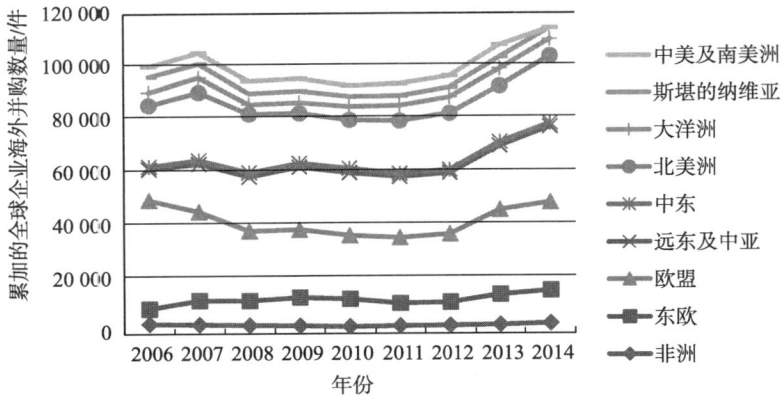

图 3.2　累加的企业海外并购发生事件

从图 3.2 可以看出，由下至上，本节给出了累加后的全球范围内企业海外并购事件发生的数量，得到统计的九个地区企业海外并购事件总量，本节发现，在 2006～2014 年，2010 年全球范围内发生企业海外并购事件总量最低，为 91 745 件，而 2014 年最高，达到 118 367 件，预计这种上升趋势会继续保持下去。不难看出，受金融危机的影响，在 2007～2008 年全球企业海外并购事件发生数量急剧下降，经济呈低迷趋势并且持续到 2012 年才呈现复苏趋势。2012～2014 年全球范围内企业海外并购数量不断攀升，预计这种攀升趋势会继续保持下去。据此，本书选择 OECD 国家为样本，分析全球企业海外并购与母国技术进步问题。

从全球企业海外并购的交易数量来看，企业海外并购在全球范围内正在快速发展，企业海外并购虽受金融危机短暂影响，但在全球范围内仍然保持着持续稳健的增长态势。对于经济全球化不断深化的今天，企业对外直接投资不断增加，其中，企业海外并购与绿地投资均在一定程度上得到了大幅度的提高和发展，尤其企业海外并购在企业对外直接投资中的份额不断攀升，这也是全球经济逐渐融合、跨国公司不断发展与深化及商品生产流程全球化的国际分工导致的。全球价值链的分离与重新自由组合，为跨国企业的建立与发展，以及企业海外并购的持续增长提供了有利条件。因此，企业海外并购在全球范围内将会有进一步的发展，在经济全球化发展的今天与未来及全球价值链拓展的基础上，其交易金额与数量会稳步提升。

3.2　中国企业海外并购现状分析

3.2.1　中国企业对外直接投资概况——产业分布及趋势

中国企业对外直接投资在主要经济体的产业分布情况，如表 3.2 所示。对此本书给出了如下四个方面的投资分布。

(1)研发方面投资：美国、德国、日本、新加坡和韩国。

(2)商业服务方面投资：俄罗斯、加拿大、新加坡和德国。

(3)农林牧渔及能源矿产方面投资：美国、俄罗斯及澳大利亚。

(4)房地产方面投资：美国、德国、澳大利亚、韩国及俄罗斯。

表 3.2　中国企业对外直接投资在主要经济体的产业分布

地区	研发	商业服务	批发零售	能源矿产	房地产	农林牧渔	制造业
美国	★★★	★	★★	★★	★		
德国	★★★	★★			★★		
日本	★★★		★				
俄罗斯	★	★★★	★★	★			
新加坡	★★	★★	★				
韩国	★★				★	★★	
加拿大		★★★					
俄罗斯		★	★	★	★	★★★	★★
澳大利亚				★★	★★	★★★	

资料来源：中国社会科学院世界经济与政治研究所《2013 年中国对外投资报告》。

通过表 3.2 可以看出，我国企业对外直接投资(包含绿地投资与企业海外并购)主要集中在研发与商业服务方面，尤其在研发方面，可见我国企业对外直接投资正在由以往的制造业与能源矿产等行业向高新科学技术产业不断转化，以实现国家宏观战略目标。通过企业海外并购获得发达国家企业所具有的先进科学技术，同时获得逆向技术溢出(包括逆向研发资金溢出与逆向人力资本溢出)，带动并购企业技术进步；通过企业海外并购后获得的先进科学技术与我国企业现有的科学技术有机整合，进而提高我国企业经营和管理能力及科学技术，推进我国企业的技术进步。企业的技术进步带动所处行业上游与下游企业的共同进步，进而带动我国整个产业链的升级与进步，产业链平行式的进步将带动母国技术不断发展和进步。

3.2.2　中国企业并购、海外并购现状分析——行业、所有制及地区视角

1. 中国企业并购、海外并购现状分析

　　企业对外直接投资包括绿地投资与企业海外并购，近年来，企业海外并购作为对外直接投资的一种主要形式,无论从交易金额还是并购数量方面增长都相当迅速，自 2006 年企业海外并购交易总额明显超过绿地投资交易总额后，均处于领先地位。2000 年，企业海外并购交易总额占企业对外直接投资总额的 90%之多，虽然受金融危机的影响，但我国企业海外并购交易总额及其占企业对外直接投资交易总额比例均领先于绿地投资。同时，我国企业海外并购的对象多以发达国家为主，企业海外并购规模逐渐变大，并且呈现出并购方式多元化、并购行业分布广泛化、并购目标及功能多样化等特征。中国企业海外并购区域、产业集聚化，以国有企业为主角，行业领域都相对集中在先进技术与能源类行业；并购方式多元化，从以现金为主到现今许多金融机构广泛介入到企业海外并购的浪潮中来。我国企业海外并购的目标国以亚洲国家为主，区位选择更为合理，近年来，在北美洲和大洋洲的企业海外并购更为集中与活跃，但从总量上看亚洲国家仍居于首位。中国企业海外并购具有很多优势，导致中国企业海外并购数量与金额不断攀升；第一，中国有廉价的劳动力，劳工成本低廉在制造业中是绝对优势，因此，我国具有人口红利的优势；第二，国有企业通常享有国家政策的支持,能够容易地享受到国有商业银行给予的信贷支持，因此，国有企业"走出去"的容易度较高；第三，中国企业海外并购具有相对较低的融资成本及相对充裕的资金支持，因此，企业海外并购具有先决条件与优势；第四，改革开放至今，中国经济经历了飞速发展，中国企业积累了大量的剩余价值，公司业绩增长率高，为企业海外并购奠定了基础；第五，中国高额的外汇储备也为企业海外并购提供了有力的资金支持。因此，中国企业海外并购成功率不断上升，其成功源自战略的科学性、拥有良好的行业基础及中国企业具有可持续发展的能力等因素。中国参与海外并购的企业已经是行业内的翘楚企业，这些企业对行业内的运行规则十分熟悉，在并购前，对自身的实力和管理能力都有客观的评价，其能明确海外并购的目标、必要性及战略意义，对被并购的目标企业能够做出正确评估，控制其核心资源，管控经营中面临的各种风险；在并购后，这些企业拥有较强的整合及管理跨国机构的能力，有一批业务能力强、善于跨国文化管理的国际运营人才。这些原因均在一定程度上促进了我国企业海外并购成功率的不断提升。下面给出发生在中国的企业海外并购数量统计表与统计图，如表 3.3 和图 3.3 所示。

表 3.3　中国企业海外并购数量统计表　　　　单位：件

项目	2006 年	2007 年	2008 年	2009 年	2010 年	2011 年	2012 年	2013 年	2014 年
并购交易数量	2989	4549	5481	7498	7385	6490	5987	7210	6599

资料来源：Zephyr 数据库。

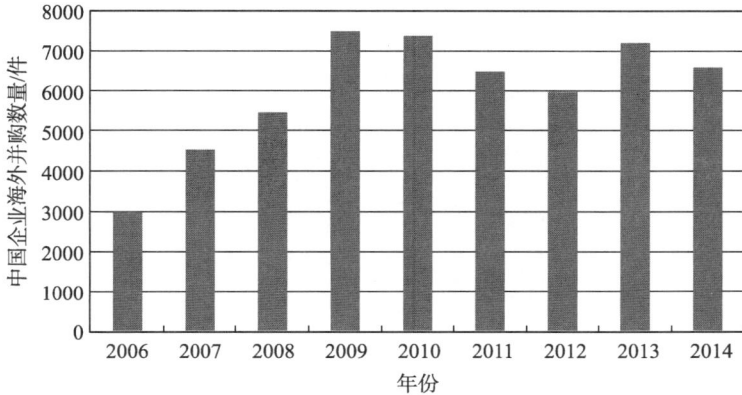

图 3.3　中国企业海外并购数量统计图

资料来源：Zephyr 数据库

　　2006～2014 年，我国企业海外并购数量最低为 2006 年的 2989 件，最高为 2009 年的 7498 件，在 2006～2009 年其一直处于持续攀升趋势。2010～2012 年我国企业海外并购数量不断下降，到 2012 年底达到 5987 件，而后 2013 年相比于 2012 年，我国企业海外并购数量上涨到 7210 件，2014 年同比于 2013 年又有所下降。我国经济进入新常态阶段，经济处于稳增长、调结构的状态，预计后续我国企业海外并购会在 2014 年势头的基础上不断攀升，"一带一路"倡议的提出使我国企业海外并购数量急剧上升，投资领域也将逐步放开，重点在高科技、能源等行业，对该类企业的并购会逐渐增多。

　　中国企业一直响应国家"走出去"的发展战略，企业海外并购交易金额从 2002 年的 1.05 亿美元快速增长到 2013 年的 51.5 亿美元，并且在 2013 年，中国企业共参与海外并购近百件，中国企业海外并购的交易金额及数量都在快速发展，不断创造历史新高。目前，全球经济正在发生着非常大的变化，中国的企业也正在面临着非常难得的战略机遇，中国企业应当充分利用这样的机遇，大力促进自身的转型升级，进而在竞争力方面有一个较为明显的提高。中国企业选择海外并购，能够较好地实现中国市场规模优势与国外技术品牌优势的有机结合，既有利于中国企业，也有利于国外企业，进而实现双赢。

　　自 1984 年之后，我国企业开始逐步进行海外并购，海外并购初期，规模小、次数较少,并且目标企业也局限于美国、加拿大、印度等国家,涉及的行业均以钢铁、石油化工、航空等垄断行业为主。下面给出我国企业海外并购历年交易数量及金额的统计,如表 3.4 所示。

表 3.4　中国企业海外并购交易数量与金额统计

项目	1990 年	1991 年	1992 年	1993 年	1994 年	1995 年	1996 年	1997 年	1998 年
数量/件	4.0	6.0	10.0	22.0	19.0	7.0	9.0	30.0	24.0
金额/亿美元	6.0	0.8	57.3	48.5	30.7	24.9	45.1	79.9	127.6
项目	1999 年	2000 年	2001 年	2002 年	2003 年	2004 年	2005 年	2006 年	2007 年
数量/件	10.0	12.0	19.0	34.0	31.0	44.0	35.0	38.0	61.0
金额/亿美元	10.1	47	45.2	104.7	164.7	112.5	527.9	1490.4	1869.9
项目	2008 年	2009 年	2010 年	2011 年	2012 年	2013 年	2014 年		
数量/件	69.0	97.0	57.0	110.0	112.0	99.0	246.0		
金额/亿美元	5215.0	4260.0	3800.0	4290.0	6690.0	5150.0	5690.0		

资料来源:Zephyr 数据库及历年《世界投资报告》。

表 3.4 对 1990~2014 年中国企业海外并购交易数量及金额进行了统计,从表 3.4 中可以看出,我国企业海外并购无论从数量还是其交易金额上均有明显提高,而 2008 年中国实行 4 万亿元投资,导致结构突变,使得企业海外并购数量急剧增加。为了清晰地描述企业海外并购交易数量及其金额的增长形势,本节利用中国企业海外并购交易金额趋势图进行分析(图 3.4)。

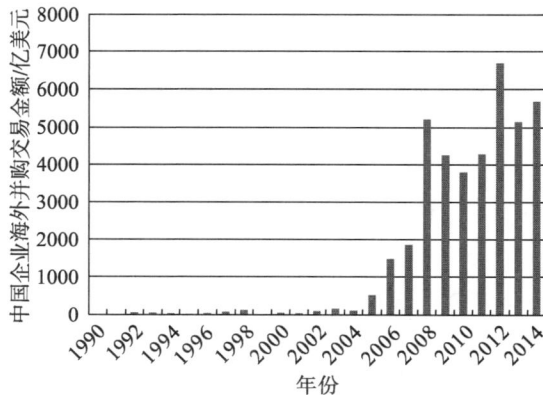

图 3.4　中国企业海外并购交易金额趋势图

资料来源:Zephyr 数据库及历年《世界投资报告》

从图 3.4 可以看出，中国企业进行海外并购按照发展时间及交易金额可以分为三个阶段。

第一阶段(1990～2001 年)：萌芽与准备阶段。这一阶段中国企业海外并购交易具有规模小、数量少、目的地局限、行业单一等特点，1992 年邓小平南方谈话后，我国企业海外并购才渐进展开，酝酿规模化与专业化并购，包括企业横行并购、纵向并购与混合并购，涉及多个行业与地区的规划和设计。

第二阶段(2002～2006 年)：起步阶段。中国企业海外并购初见雏形，企业海外并购活动不断完善，在规模、专业化程度等方面均有明显的进步，数量也有了大幅度的增长，同时企业海外并购活动无论从交易金额还是数量上逐渐与国际接轨，尤其 2005 年和 2006 年两年，企业海外并购交易金额呈现大幅度增长。

第三阶段(2007～2014 年)：成熟阶段。国家经济政策鼓励企业"走出去"，放开了企业海外并购的管制，企业海外并购交易数量剧烈增长，尤其在 2008 年我国施行 4 万亿元投资带来了企业海外并购交易金额的第一次高峰，受 2009 年金融危机的影响，2009 年和 2010 两年企业海外并购交易金额呈现小幅下降，然而，从交易金额的绝对值上可以看出，其交易金额仍为 2007 年之前的数倍。2011 年经济逐渐复苏，企业海外并购交易金额同比小幅增长，直至 2012 年，企业海外并购交易金额达到峰值(6690 亿美元)，2013 年以后我国企业海外并购处于平稳增长阶段。

从图 3.5 可以看出，我国企业海外并购交易数量呈小幅波动、稳步上升的趋势。我国企业海外并购无论从交易金额还是交易数量上来看均有大幅度增长，统计数据显示，2007 年之前，我国企业海外并购年交易数量均处于 50 件以下，直到 2007 年达到 61 件，之后呈稳步上升趋势。从图 3.5 可以看到，2007～2009 年企业海外并购数量呈几何指数增长，受金融危机的影响，2010 年同比 2009 年有所下降，后于 2011 年继续保持平稳增长的态势。2014 年中国企业海外并购从交易数量上看，达到了历

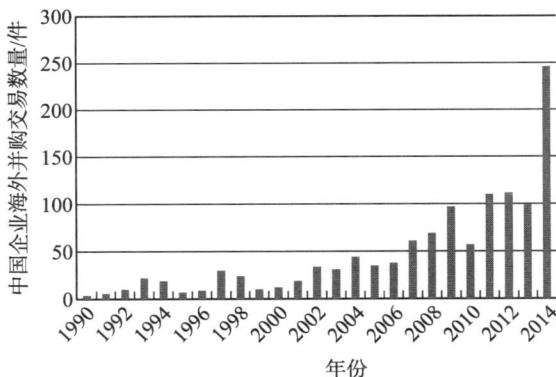

图 3.5　中国企业海外并购交易数量趋势图

资料来源：Zephyr 数据库及历年《世界投资报告》

史上的最高值 246 件，同比增长率达到 148%。总体而言，我国企业海外并购经过了
萌芽与准备阶段及起步阶段后剧烈增长，预计这种增长态势会继续保持，交易金额与
交易数量仍会稳步上升，而企业海外并购形式也将呈现主体多元化、地区多样化、领
域从上游到下游等理性化特点。

2. 中国企业海外并购——行业视角分析

本节对我国企业海外并购的主要行业进行了统计，其中包括高科技、工业、消费
相关行业、原材料、金融服务、房地产、能源电力及医疗健康和其他，从表 3.5 与
图 3.6 分析可得，高科技、工业、消费相关行业与原材料并驾齐驱，成为我国企业海外
并购的主力军，金融服务行业崭露头角，这体现了我国宏观经济政策的走向与趋势。

表 3.5　中国各行业企业海外并购金额统计　　　　　　单位：亿美元

行业	2008 年	2009 年	2010 年	2011 年	2012 年	2013 年	2014 年
高科技	37.2	31.0	32.0	39.5	35.2	40.4	76.6
工业	52.9	42.8	47.5	57.5	43.9	43.4	65.9
消费相关行业	52.2	38.1	44.6	50.0	40.2	40.0	56.8
原材料	66.4	53.9	61.4	66.8	57.0	42.9	55.0
金融服务	35.8	10.6	13.7	25.2	26.4	30.0	50.1
房地产	43.2	40.4	36.9	38.4	27.3	31.5	37.2
能源电力	24.1	25.3	24.8	27.2	20.3	23.5	35.3
医疗健康	19.4	12.0	17.9	19.0	17.6	16.7	29.6
其他	30.8	64.2	69.8	50.8	27.4	29.5	46.9

资料来源：Zephyr 数据库。

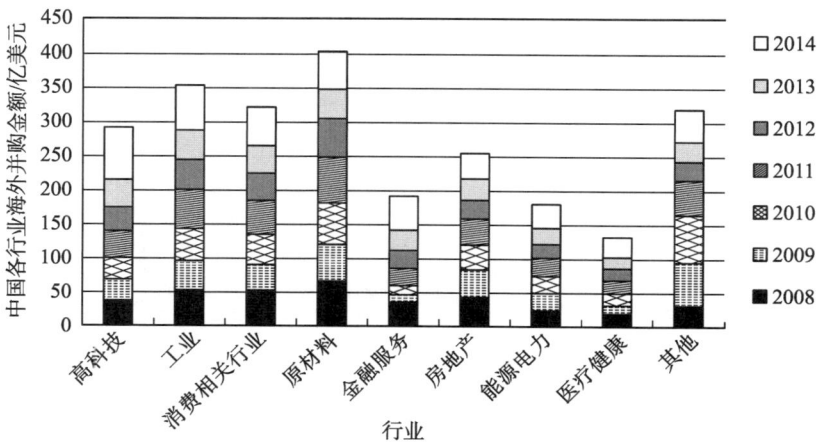

图 3.6　中国各行业海外并购分析

资料来源：Zephyr 数据库

3. 中国企业海外并购——所有制视角分析

中国企业海外并购的性质,可从民营企业和国有企业两个角度来进行对比分析,本节得出,民营企业参与海外并购的交易数量较多,而国有企业参与海外并购的交易金额强势,即民营企业参与企业海外并购的交易数量多但交易金额较少,而国有企业由于资金力量雄厚,虽然交易数量不多,但其交易金额却占有绝对的优势。本节统计了 2008～2014 年国有企业及民营企业披露的交易数量与交易金额,并直观地给出其变化趋势, 如表 3.6 所示。

表 3.6　不同所有制企业海外并购统计分析

项目	2008 年	2009 年	2010 年	2011 年	2012 年	2013 年	2014 年
国有企业交易数量/件	27	45	24	48	48	40	66
国有企业交易金额/亿美元	69	268	314	336	404	395	412
民营企业交易数量/件	42	52	33	62	64	59	180
民营企业交易金额/亿美元	37	66	66	93	260	120	157

本节将表 3.6 制作成柱状图进行分析,如图 3.7 所示。

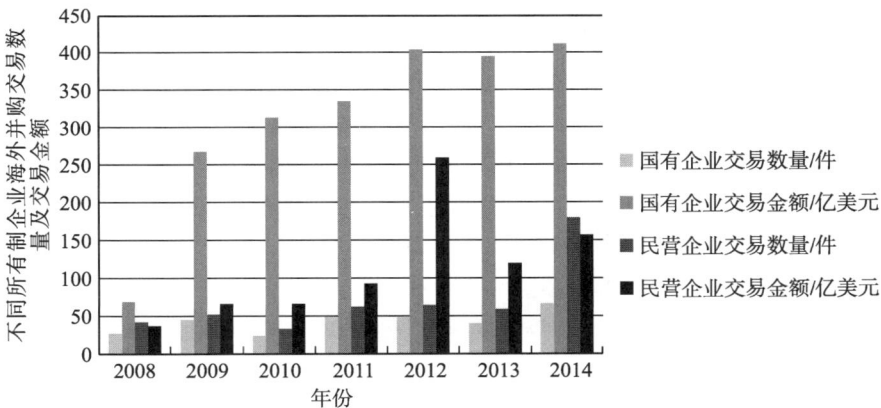

图 3.7　不同所有制企业海外并购交易数量及交易金额统计分析

从图 3.7 可以看出,我国企业海外并购处于国有企业交易数量较少、交易金额强势地位,而民营企业恰好与之相反,民营企业呈现交易金额低、交易数量较多的趋势。从交易金额的角度来看,国有企业交易金额自 2008 年后保持稳步上升趋势,民营企业交易金额 2008～2012 年保持持续上升趋势,于 2013 年稍有回落后又恢复上升趋势,国有企业交易金额明显高于民营企业;而从交易数量的角度来看,国有企业交易数量呈现上下波动趋势,伴随着小幅度的上升与下降趋势共存,而民营企业交易数量大致呈现稳步上升的趋势。

4. 中国企业海外并购——地区视角分析

依据汤森路透及普华永道的报告分析，中国企业海外并购目的在于获得发达国家或地区的先进科学技术与部分发展中国家或地区的资源，中国企业海外并购更倾向于拥有先进科学技术的地区，如北美洲、欧洲等，而获取战略资源型并购则主要集中于亚洲、非洲及大洋洲等地区。在"一带一路"倡议提出后，我国对发达国家或地区的企业海外并购显著增加，说明该轮"走出去"对外直接投资政策更注重于先进科学技术。

3.3　中国企业海外并购特征、类型与发展历程

3.3.1　中国企业海外并购的特征

中国企业海外并购在当前经济形势下，对象与地域在不断扩大，并购对象由原来的单一化逐渐向现行的多元化转变，包括工程机械、汽车、消费品，甚至奢侈品等领域，地域也由原来集中于美国、日本、欧洲等国家或地区发展到现今遍布全球各地，尤其是金融危机爆发后，海外企业不断出现经营困难，加之我国施行 4 万亿元投资，大量国内资金进行海外并购，形成了世界为之瞩目的"抄底海外并购"小高潮。中国企业海外并购无论从数量与规模和地理分布都在不断快速发展，并且在海外并购中中国成为资本的净输出国，这在一定程度上对中国带来了巨大的影响，同时可以看出，中国企业参与海外并购的上升空间仍然很大。从地理分布来看，仅 2014 年，中国企业海外并购发生在北美洲有 96 件、欧洲有 83 件、亚洲有 64 件、大洋洲有 17 件、非洲有 7 件、南美洲有 5 件，交易金额达到 569 亿美元，仅次于 2012 年的 669 亿美元的历史最高值；从企业性质上看，中国民营企业的海外并购交易数量也超越了国有企业，财务投资者与私募股权基金参与者的并购交易数量达到规模以上。

1. 参与海外并购的企业性质和规模多样

2014 年企业海外并购规模达到 569 亿美元，从并购交易金额这一角度来看，2014 年并购交易金额是 2000 年的 121 倍。过去海外并购企业多数为资金雄厚、规模巨大的国有企业，而现今中国经济不断发展，除了国有企业以外仍有为数不少的民营企业参与到企业海外并购的浪潮中来，如温州民营企业欲收购法国皮尔·卡丹企业等并购行为，其并购金额也从数十万美元上升到百亿美元，跨度非常大，当然，国有

企业仍然是规模以上企业的海外并购主体。从海外并购的领域来看,国有企业更倾向于对海外拥有先进技术、矿产资源等的上游企业进行并购,而民营企业则集中于对从事加工制造等的下游企业进行并购。因为国有企业倾向于利用发达国家企业暂时的财务困境收购高端技术及优质品牌,这样国有企业不仅可以海外并购的方式快速获得目标企业的销售渠道,还可以在国内市场发展,所涉及的领域包括消费、金融及娱乐等行业,这对我国企业延伸价值链及产业链具有重要的意义。

2. 企业海外并购类别和形式多样

我国企业海外并购交易数量与交易金额不断上升,并购的类别与形式也呈现多样化特点。从并购类别上来看,横向并购是企业海外并购的主要类别,纵向并购与混合并购的数量也在不断攀升;从并购的形式上来看,以依靠自身的资本单一并购为主,逐渐发展为以自身资金施行的一次性并购为主、多种并购方式并存,包括依靠金融机构融资的杠杆收购、联合多家企业进行联合收购等方式;从并购的交易方式来看,原有收购方式以现金收购为主,转变为现行的多种交易收购方式,包括换股并购、股权收购等方式。

3. 企业海外并购所涉及行业与动机多样

在我国企业海外并购迅速发展的今天,企业海外并购所囊括的行业越来越多,原有的国有企业倾向于并购拥有先进科学技术、矿产资源、原材料等技术与资源类行业,体现国家的意志,而现今我国企业海外并购涉及行业较广,尤其是民营企业参与到企业海外并购活动的今天,海外并购行业涉及日常消费零售行业、金融行业等。企业海外并购动机亦呈现多样化趋势,包括:获得外部特定技术或开发经营团队;获得目标企业的研发资金与人力资本;将目标企业的先进技术与并购企业有机融合,从而重组内部并与外部企业融合创新,弥合企业自身的不足,达到企业不断创新和进步的目的;获得国际品牌和营销渠道,使业务在海外市场得到快速拓展,并能够绕过地域贸易壁垒,进入相关目标市场。

总体来说,第一,中国企业处于新常态下的经济转型特殊时期,需要技术进步与科技创新来推动中国产业升级,因此,中国以具有高新技术的欧美企业为主要目标企业;第二,中国企业海外并购源于对资源的巨大需求,因此,企业决定"走出去"寻求大量资源来拓展企业在某些领域资源匮乏的现状;第三,中国企业海外并购呈现主体多样化,民营企业海外并购越发活跃;第四,中国企业海外并购不断继承与发展,在不断成熟的过程中,有效防范了体制与机制风险,海外并购流程逐步完善,并购效率逐步提高,并购形式逐渐呈现多元化。

对于我国未来的经济转型及经济发展,制约我国经济发展的主要因素为技术与资源,技术方面包括科学技术与管理技术等,技术与资源在一定程度上存在替代关系。因此,现代工业与服务业建立在高新技术基础之上,发达国家相对于发展中国家具有绝对优势，我国要缩小与发达国家的差距，以企业海外并购方式收购发达国家企业股权，进而获得目标企业高新技术，同时还能分享目标企业的研发资金溢出与人力资本溢出成果。

改革开放发展至今，我国经济经历了飞速的发展，我国企业也从规模扩张阶段逐步转向转型升级阶段，企业规模的迅速扩张导致企业产生了一些深层问题，如企业技术水平低下、生产产品附加值较低、营销管理与供应链管理滞后及缺乏自主品牌等。因此，要解决这些问题，首先要解决我国技术进步问题。企业价值链的完善能带动所在企业纵向产业链的升级与完善，进而带动横向产业链平行式的升级，这些都能够通过我国企业海外并购获得目标企业先进的科学技术来实现。进而，海外并购可使企业所处价值链升级、行业所处产业链升级与国家技术进步，产生协同效应，缩短经济转型周期，使经济更为稳健地发展。

中国企业海外并购正从单一资源领域向先进技术领域不断发展，高新技术产业企业并购交易金额由 2008 年的 372 万美元上升至 2014 年的 766 万美元，中国企业海外并购正逐渐转向高新技术产业的并购，旨在通过引进高新技术推动我国企业技术进步。

3.3.2　中国企业海外并购的类型

企业海外并购是指并购企业为获得先进技术、人力资本、市场占有率等要素，对目标企业的购买行为。企业海外并购是国内企业并购的延伸与拓展，是两个及以上国家的企业合并与重组的一种共同生产经营方式。按照不同的标准，并购可以分为不同的类型，如表 3.7 所示。

表 3.7　企业海外并购类型

标准	企业海外并购分类
	横向并购
并购双方所处行业的相互关系不同	纵向并购
	混合并购
并购采用的形式不同	协议并购
	要约并购
按照并购双方企业是否接触	直接并购
	间接并购
按照目标企业是否为上市公司	私人公司海外并购
	上市公司海外并购
	受让现有股权
	收购新增股权
按照资产与股权方式的不同	收购资产
	受让现有股权加承接债务收购
	收购资产加承接债务

续表

标准	企业海外并购分类
按照出资方式的不同	现金购买资产式并购
	现金购买股票式并购
	股票换取资产式并购
	股票互换式并购
按照并购企业态度不同	善意并购
	敌意并购
按照并购动因不同	战略并购
	财务并购

现阶段中国企业的实力不断壮大,海外并购已经成为一种不可或缺的企业战略,宏观上国家大力实施"走出去"战略,但由于种种原因,企业在海外并购中往往会出现各种各样的问题,由此看来,研究我国企业海外并购的动因和风险具有重要的现实意义。并购是母国的企业建立独立的、无其他经营性业务的子公司和专项负责对目标企业并购的全资子公司(以下简称子公司)。并购类型包括:从并购双方所处行业的相互关系划分为横向并购、纵向并购与混合并购;按照并购采用的形式不同,可以将企业海外并购划分为协议并购和要约并购;从海外并购企业与被并购的目标企业是否接触划分为直接并购与间接并购;按照目标企业是否为上市公司,将企业海外并购划分为私人公司海外并购与上市公司海外并购;按照资产与股权方式,可以将企业海外并购划分为受让现有股权、收购新增股权、收购资产、受让现有股权加承接债务收购、收购资产加承接债务等方式;按照出资方式的不同,可以将企业海外并购划分为现金购买资产式并购、现金购买股票式并购、股票换取资产式并购、股票互换式并购;按照并购企业态度不同,可以将企业海外并购划分为善意并购与敌意并购;按照并购动因不同,可以将企业海外并购划分为战略并购与财务并购。资产并购是指并购目标企业所有或个别资产与业务,股权并购是指并购目标公司股权(包括有形及无形资产、牌照及债务等),资产并购与股权并购相比较而言,资产并购税费较大而股权并购税费相对较小,股权并购对或有负债和潜在法律问题不能完全规避,而相比之下,资产并购却能很好地规避或有负债及潜在的法律问题,本书后续将以股权并购与资产并购为例对我国企业海外并购进行详述,这里不再赘述。

3.3.3　全球企业海外并购浪潮及中国企业海外并购发展历程

本书从当前世界范围内经济发展趋势的实际背景出发,首先提出海外并购的概念及我国企业海外并购的现状,从而为更深层次地研究我国企业海外并购提供理论依据。其次根据当前世界经济范围内的发展趋势,进一步研究我国企业海外并购的风险,并从微观和宏观两个方面提出规避这类风险的解决方案。最后提出解决对策,希望通过这些对策提升我国企业的国际竞争力，为我国企业海外并购的成功率增加一注有效的砝码，进而使我国企业或某一产业的资源达到优化配置。

1. 全球企业海外并购浪潮

并购活动起源于美国，发展于世界各个国家及地区，历经过数次浪潮。第一，发生在 19 世纪以横向并购为特征的第一次并购浪潮，主要以石油、化工、冶金等行业为主，在这一过程中，企业并购大规模地形成与发展，形成了一系列大规模的垄断企业；第二，发生在 20 世纪 20 年代以纵向并购为特征的第二次并购浪潮，这一时期的并购继续加大了第一次并购浪潮中并购企业的垄断地位，把一个部门各个生产环节组织在同一个企业联合体内部，组成了纵向的托拉斯组织，形成了由主要工业化国家的市场经济部门完全垄断或寡头垄断的局面；第三，发生在 20 世纪 50 年代以混合并购为特征的第三次并购浪潮，随着经济与科技革命的出现，科学技术不断发展，这一时期，以新的科学技术为主的混合并购为特征的第三次并购浪潮，无论从规模还是数量上均超过了前两次并购浪潮；第四，发生在 20 世纪 80 年代以金融杠杆并购为特征的第四次并购浪潮，这一并购浪潮的兴起主要以投资银行家为主的金融杠杆并购为主导，这一阶段，为了适应新兴产业结构与企业形态，建立了一系列以杠杆收购传导机制为基础的企业海外并购，对企业进行了大规模的分解与重组；第五，发生在 20 世纪 90 年代以企业进行跨国式的海外并购为特征的第五次并购浪潮，企业海外并购作为企业对外直接投资的主要形式，替代了原有的跨国创建企业形式，经济进一步深化发展，经济全球化与一体化也日益深入。我国也从过去计划经济逐步扩展到现在的市场经济，多数垄断及寡头企业也逐渐进行拆分和重新组合，改革开放至今，无论是国有企业还是民营企业均有了飞速的发展，我国企业的海外并购逐渐扩张。

2. 中国企业海外并购发展历程

中国企业对外直接投资起步较晚，在 20 世纪 80 年代，我国企业对外投资方式主要以绿地投资及工程与劳务的输出或外包为主。而随着经济的调整，改革开放以来，我国经济取得了飞速的发展，企业对外直接投资方式也出现一定程度的转变，其中，海外并购发展逐步超过绿地投资，并成为我国企业对外直接投资中最为重要的投资方式。因此，企业海外并购在我国经济的增长、技术的进步、产业结构的调整等一系列经济发展与改革趋势中，起着不可替代的作用，而企业海外并购在我国的发展大致可以总结为以下几个阶段。

第一阶段，1992～2000 年。这是我国改革开放后的第一个投资高峰期，国家出台了一列优惠的投资政策，大量外部资金流向我国，同时，我国少部分具有创新思维的国有企业开始对发达国家拥有先进科学技术的企业发起了海外并购，仍有一部分具有竞争力的企业对外进行直接投资，主要集中于纺织与机电等行业。这一阶段的企业海外并购是我国企业海外并购良好的开端，为企业海外并购真正的"走出去"奠定了坚实的基础。这一时期的企业海外并购是对我国具有竞争力的劳动密集型产品的肯定，是我国实现国家宏观经济战略及对外进行直接投资的重要基石。

第二阶段，2000～2014 年。我国企业利用国家鼓励企业"走出去"的利好环境，为拓展市场、获取外部资源与先进科学技术进行海外并购，我国企业对外直接投资进入了第二个高峰。国家经济政策大力支持企业"走出去"，提出了一系列的优惠政策，企业海外并购取得了长足的发展，这一时期的企业海外并购对我国经济的增长起着非常重要的作用，同时，该段时间内进行企业海外并购的企业多以国有企业为主，主要为实现国家宏观经济战略，更好地实现经济的良好运行与发展。

第三阶段，2014～2016 年。企业海外并购逐步由国有企业向民营企业转变，以国有企业海外并购为主、民营企业海外并购为辅，转变为两者共存，甚至发展至以民营企业海外并购为主导的态势，企业海外并购目的也逐渐由原有以获得东道国市场资源、生产要素逐渐转变为获取目标企业的先进科学技术为主。在我国提出"一带一路"倡议的背景下，国家为解决我国"两头在外，中间在内"的经济状况，加快了经济结构转型，使"中国制造"向"中国智造"更近一步，企业海外并购不断获得目标企业技术溢出而取得技术进步和创新。

从表 3.8 可以看出，2007 年受金融危机影响，我国的主要贸易伙伴国家企业海外并购总额呈现下降趋势，而我国企业海外并购虽然呈现上升趋势，但是与国外发达国家相比还相差甚远。

表 3.8　中国及主要发达国家 2006～2013 年企业海外并购总额　　单位：亿美元

国家	2006 年	2007 年	2008 年	2009 年	2010 年	2011 年	2012 年	2013 年
美国	1498.83	1121.79	1131.38	1570.14	1735.75	2091.85	3703.78	1243.23
英国	1201.55	858.38	702.27	706.36	1134.06	1257.47	2697.09	812.91
德国	612.89	443.68	237.82	210.38	476.67	519.83	941.22	553.95
法国	622.60	414.46	125.74	232.15	598.60	804.69	1052.68	340.52
中国	7.75	12.95	19.08	16.78	55.99	153.84	45.29	83.63

资料来源：Zephyr 数据库。

第四阶段，2016 年至今，我国企业海外并购呈现飞速发展趋势，相比于发达国家，我国企业海外并购总额与美国、英国、德国等发达国家的差距在不断减小。

3.4　中国企业海外并购影响因素与并购流程

3.4.1　中国企业海外并购影响因素

　　企业海外并购发展过程中也存在在许多风险问题，这些因素也是企业海外并购失败的原因，因此，我国应趋利避害，分析企业海外并购成功与失败的原因，加大企业海外并购的政策支持，提高企业海外并购的成功率。企业海外并购中存在的风险问题，如表 3.9 所示。

表 3.9　企业海外并购经济因素与非经济因素

项目	经济因素	非经济因素
战略选择	战略定位因素 行业选择因素 目标企业选择因素	政治因素 社会因素 军事因素
评估实施	并购成本科学评估因素 交易方案设计因素 融资因素 汇率与利率波动因素	政策因素 法律因素 舆论因素
并购整合	文化因素 资金链因素 经营管理模式因素 人才培养因素	政策因素 法律因素 社会因素 宗教因素

　　表 3.9 是我国企业海外并购应考虑的风险因素，首先对企业海外并购目标企业进行分析和战略选择；其次，科学合理地进行评估，包括交易方案、成本及资金方面的因素；最后，企业海外并购后应进行合理整合，包括资金链、文化、人才培养与经营管理模式因素。

　　企业海外并购动因包括以下几个方面。

　　(1)获取先进科学技术。如果企业自行研发先进科学技术，成本较大、见效较慢，这时进行企业海外并购，国内企业能够短时间内获取先进科学技术的同时获得目标企业的技术人员，能形成研发资金与人力资本的双重溢出效应。

　　(2)获取战略性资源。经济增长导致对资源的消耗与依赖急剧增加，企业通过海外并购可以迅速获取战略性资源，解决资源供需的矛盾。

　　(3)获取品牌与当地市场。企业通过海外并购，可以借助当地企业的形象，获得当地的市场与营销策略，缩短进入当地市场的周期与成本，达到短时间占领国外市场的目的。

（4）合理规避贸易壁垒。中国对外贸易受到许多关税与非关税壁垒，难以发挥价格优势，通过企业海外并购在当地生产、当地销售的方式，可以合理规避贸易摩擦与贸易壁垒，开辟当地市场。

3.4.2　中国企业海外并购流程与主要审批机构

中国企业海外并购是"馅饼"还是"陷阱"，两者仅一步之遥，这取决于中国企业自身的操作能力与执行能力，收购操作能力强、并购后消化能力强，这就是"馅饼"；反之，就是"陷阱"。举个简单的例子，中国企业进行海外并购就像是吃一条鱼，鱼肉和鱼刺交错混杂，就需要把鱼肉取出而将鱼刺去除，或合理避开鱼刺，这就是企业海外并购所需的能力与技巧。因此，中国企业在对外直接投资的海外并购中应该注意：①企业在海外并购之前要做好充分的调查，调研被并购的目标企业与本国企业经营目标及策略是否相似或一致，确保并购后企业能够短时、高效地进行资源整合，并消化企业海外并购带来的不良影响；②并购企业要充分了解市场情况，合理规避并购风险，减少交易中的不确定性，尤其是杠杆交易方式的并购，更要确定交易过程中的各个环节，并做好企业海外并购后的整合工作；③企业海外并购需要储备一定量的高素质并且通晓规则、管理能力强的复合型人才，能够成功地规避、化解及应对企业海外并购带来的各方面风险，提高海外并购成功率。中国企业海外并购能获得大量先进技术与当地市场及资源，加快中国企业全球化及国际化的进程，同时可通过引进先进的科学技术及管理技术，进行深层次的资源整合，实现我国企业价值链由低端向高端的过渡、提升与转型，进一步地推动我国产业链的升级，进而带来技术进步。

1. 并购流程图

企业海外并购作为我国企业对外直接投资中最为重要的一部分，对我国技术进步的影响亦十分显著，因此，研究我国企业海外并购与母国技术进步的影响十分重要。在"走出去"政策实施如火如荼的今天，应在"一带一路"倡议背景下，研究企业海外并购在不同行业与企业对母国技术进步的不同影响，鼓励企"业走出去"，具体有以下几点：一是国家要在政策上予以支持，保证国有企业与民营企业顺利"走出去"，实施企业对外直接投资，进而促使企业不断变革、技术不断革新，带动企业升级与产业升级。二是我国对外直接投资（含企业海外并购与绿地投资）选择在发达国家还是在发展中国家的决策更为重要，在某种程度上国家决策决定了母国技术进步程度。我国应在发达国家进行高新技术企业的并购，获得逆向技术溢出（包括逆向研发资金的溢出与逆向人力资本的溢出），带动母国技术进步，而在发展中国家应以绿地投资为主，目的在于获得当地的要素资源与市场，其能够有效地解决我国国内产能过剩的问题。三是国家应培育企业海外并购高端人才，其能够对企业海外并购的事前准备、交易进行与并购后的有机融合提供有效的政策建议，能够在不同的企业进行海外并购时提供相应的政策支持与建议。

在我国提出"走出去"政策与"一带一路"倡议下，我国企业海外并购取得了飞速的发展，无论从增长总量与增长速度来看，其增幅都是较大的。因此，为了简要说明我国企业海外并购具体的流程，方便海外并购企业对我国并购流程有效理解，笔者给出下列流程图来说明企业海外并购的具体过程，如图3.8所示。

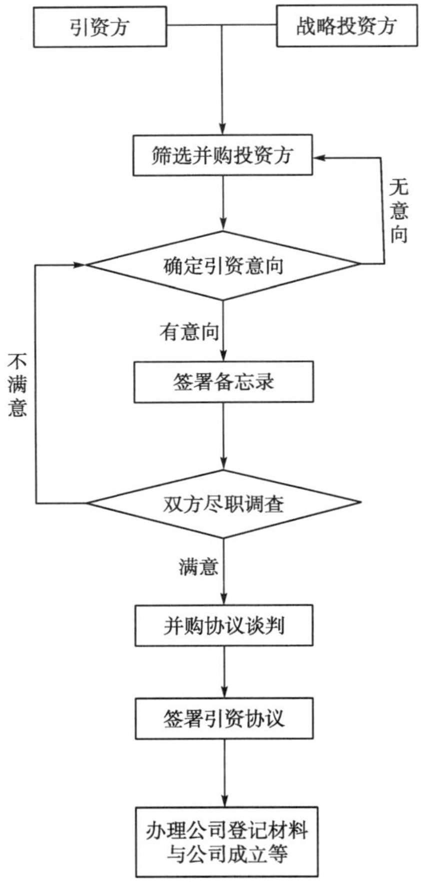

图 3.8　中国企业海外并购具体流程图

企业在进行海外并购时作为多个战略投资方中一员，同引资方进行交易磋商，确定其引进企业海外并购的意向，若有意向，则进行备忘录的签署工作，而后双方进行尽职调查；若对方满意企业海外并购协议谈判，并签署相应的引资协议、并购事项，则进行并购交易及办理公司登记材料与公司成立事宜。本节给出上述流程图说明企业海外并购的具体过程。

2. 主要审批机构

表3.10是我国企业进行对外直接投资(包含绿地投资及企业海外并购)时的主要审批机构及其主要职责。其中包括国务院、国家发展和改革委员会、中国证券监督管理委员会、商务部、国家工商行政管理总局①、国务院国有资产监督管理委员会及国家外汇管理局。

表3.10　海外并购中的主要审批机构

主要审批机构	主要职责
国务院	国务院依据国家利益及战略,审批整体企业对外直接投资(含绿地投资及企业海外并购等),主要事物是审查超过5000万美元的企业海外并购事件和2亿美元以上的石油、天然气及矿产行业的并购
国家发展和改革委员会	国家发展和改革委员会负责监管国家宏观经济状况,稳定社会发展,审查低于5000万美元(含)的企业海外并购事件和2亿美元以下(含)石油、天然气及矿产行业的并购
中国证券监督管理委员会	中国证券监督管理委员会为我国证券市场的监督与管理机构,负责审批我国上市企业重大的海外并购行为,维护市场的安定和投资者的利益
商务部	商务部负责企业对外直接投资与外商投资的各个方面,维护我国企业及外商投资者的经济与社会利益
国家工商行政管理总局	其负责工商注册
国务院国有资产监督管理委员会	国务院国有资产监督管理委员会成立于2003年,直接监管我国国有企业对外直接投资活动,其中189个国有企业直接受其监管,其余部分国有企业受其间接管理
国家外汇管理局	国家外汇管理局负责制定外汇法规与政策,监督与管理外汇交易,并审批各类资本项目下的外汇活动

3.4.3　企业海外并购具体流程——以股权并购与资产并购为例

截至2018年,在以中国为首的亚洲经济体影响下,世界经济已经逐步进入复苏的轨道,采购经理人指数(purchase managers' index, PMI)为衡量经济复苏的指标,各个国家的该指数值均高于50,标志着世界经济处于扩张阶段。PMI为经济运行的先行指标,其范围为0～100,国际惯例以50为分界点,高于50判定为经济处于扩张阶段,低于50判定为经济处于紧缩阶段。宏观政策决定者、政府管理者及企业决策者通常使用PMI指标衡量经济是否景气,并在此基础上制定相应的政策,在这一指标高于50这一背景下,预示世界经济处于扩张性的增长阶段,这为中国企业进行海外并购提供了良好的环境,中国企业海外并购无论从数量与交易金额方面均呈现剧烈增长的趋势。

《商业银行并购贷款风险管理指引》做出如下规定:企业海外并购是指境内并购企业通过受让现有股权、认购新增股权或收购资产、承接债务等方式,从而使并

---

① 2018年3月13日,十三届全国人大一次会议审议国务院机构改革方案,组建国家市场监督管理总局,不再保留国家工商行政管理总局。

购企业获得目标企业所有权及实际控制权。现如今学者多以资产并购与股权并购这种方式对企业海外并购进行衡量，因此，本节给出资产并购与股权并购（又叫权益并购）的区别和联系，如表 3.11 所示。

表 3.11　资产并购与股权并购对比分析

项目	资产并购	股权并购
应付税金、原有债务及或有负债	无需承担	需要承担
签订合同主体	一般为目标企业。购买全部资产时为目标企业的股东或股东代表人	被并购的目标企业的股东或其授权代表
税收	具有营业税，但并购企业作为新外资企业通常享有税收优惠	通常无营业税，不可享受新外资企业的所得税优惠
法律	属于《中华人民共和国合同法》调整范畴，归属于购买贸易行为	属于《中华人民共和国公司法》调整范畴，归属于投资行为
时间	需要时间相对较多	需要时间相对较少
批准程序	无需通过工会或职工代表大会通过确认	如果属于国有企业，则需通过工会或职工代表大会通过确认

通过表 3.11 可以看出，一些并购企业通常会将被并购的目标企业的或有债务及税收负担作为并购考虑的问题，通常通过资产并购的方式进行企业海外并购。其并购流程包括初始准备阶段、调查与初步进行协议、签署交易文件、企业进行交割等过程。

近些年，我国企业海外并购取得了十分显著的成效，无论是在增长总量还是增长速度方面均有大幅度提高，在我国企业对外直接投资中起着非常重要的作用。自 2006 年我国企业海外并购投资总额明显超过绿地投资总额后，其领先优势越发明显，因此，我国企业海外并购在我国对外直接投资中起着不可替代的作用。本节为了更为清楚地说明企业海外并购的流程，笔者通过表 3.11 对我国企业海外并购中的资产并购与股权并购进行了对比分析，并从应付税金、原有债务及或有负债，两种不同签订合同主体并购税收政策、适用法律与签订合同所需时间及其并购所需的批准程序方面进行了对比分析。相比资产并购而言，股权并购需要承担应付税金、原有债务及或有债务，而资产并购则不需要承担。对于两种不同的企业海外并购方式，在税收政策方面也较为不同，相比于资产并购，股权并购一般不需要缴纳营业税，而资产并购则需要缴纳营业税。关于法律方面，股权并购属于海外并购企业对目标企业的投资行为，适用于《中华人民共和国公司法》；资产并购则属于海外并购企业对目标企业的购买行为，适用于《中华人民共和国合同法》。在企业海外并购所需时间方面，股权并购耗时相对较少，而资产并购耗时相对较多。在批准程序方面，股权并购一般需要工会或职工代表大会的支持通过，而资产并购则无须工会或职工代表大会的确认通过。通过上述方面的对比，笔者希冀为我国企业"走出去"的海外并购投资提供有利的政策支持与政策选择。

　　我国企业海外并购在近年来取得了飞速的发展，对国家的技术进步起了非常重要的推动作用，其原因在于企业海外并购能够较快地获得目标企业的先进科学技术与研发资金、人力资本等要素，通过技术双向传导，并购企业与目标企业技术有机融合、同化和吸收，推动母国技术不断革新与进步，即企业海外并购能够更好地获得目标企业的逆向研发资金溢出与逆向人力资本溢出。同时，海外并购企业的类型也在不断地发生转换，逐渐由原来的国有企业海外并购，转换到国有企业与民营企业海外并购并存的情况，未来"走出去"的企业将以民营企业为主导，而国有企业海外并购主要在于国家发展战略的需要。在国家支持"走出去"的政策下，我国企业海外并购迅速发展，民营企业海外并购保持活跃和增长的态势，在未来企业海外并购这一领域中，民营企业将作为企业海外并购的主力，推动我国经济持续稳步发展，为国家带来技术进步。为了更清晰地对比我国"走出去"的企业海外并购投资行为，笔者给出了企业海外并购中股权并购与资产并购的具体流程图，如图 3.9 和图 3.10 所示。

3.4.4　中国企业海外并购成功经典案例

　　1984 年至今，我国企业海外并购部分以失败告终，其原因多是我国国有企业占海外并购主体，而这种"国有"背景让海外企业家与政治家难以认同。金融危机之后，海外相当一部分企业生产萎靡、销售不畅导致库存积压及资金紧张，因此，这些企业在不同程度上陷入了经营困难，这种国际性的金融危机"后遗症"大幅度地降低了企业海外并购的门槛，为我国企业海外并购提供了良好的契机，因此，我国具有优势的企业应抓住这一有利时机，在符合企业自身发展的前提下，积极、谨慎地开展企业海外并购活动。

　　2009 年以来，为了稳定金融危机带来的影响，扩大内需、稳定外需，商务部制定了一系列的措施及鼓励政策，旨在使我国企业"走出去"。直至今天，商务部仍在不断地探索并制定新的鼓励企业进行海外并购的政策，促进优势企业对外直接投资及跨国经营。与此同时，中国银行业监督管理委员会于 2008 年也出台了第 84 号《商业银行并购贷款风险管理指引》条例，为企业海外并购提供了良好的信贷支持，鼓励我国企业对外进行并购。

　　我国企业海外并购的条件与时机已经逐渐成熟，其中国家政策支持、海外并购监管与审查机制放宽、经济形势不断回暖等多方面因素导致企业海外并购蓬勃发展。下面给出我国九大行业企业海外并购成功的经典案例，如表 3.12 所示。

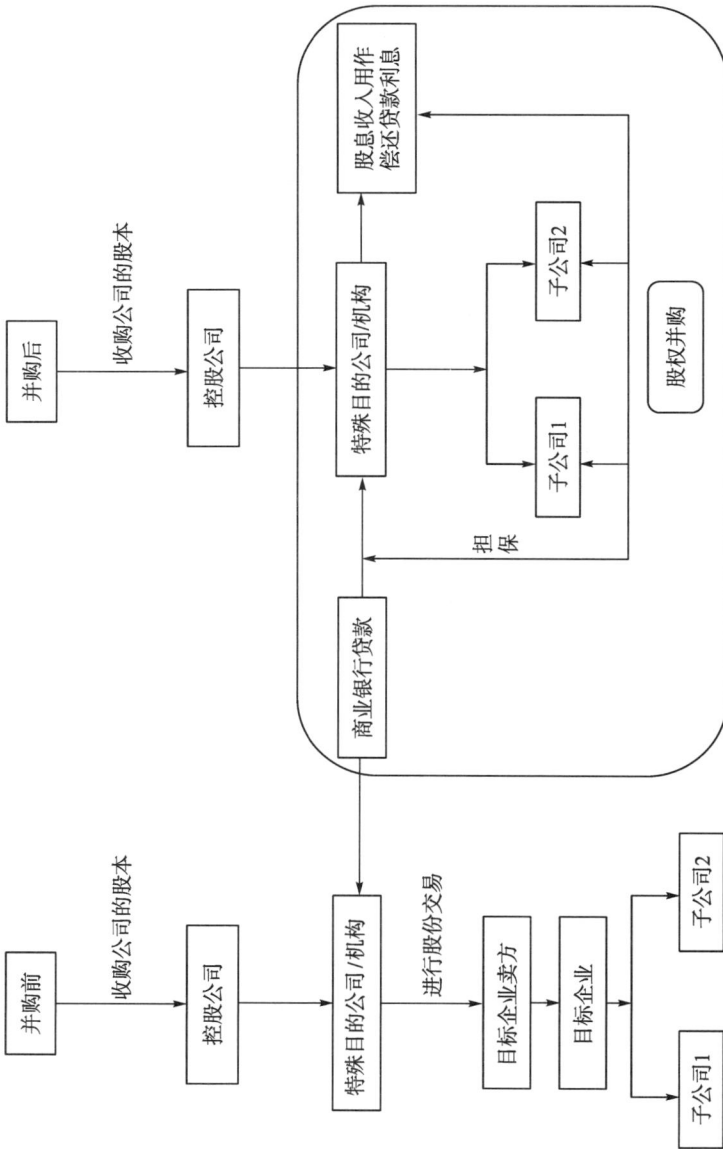

图3-9　股权并购流程图

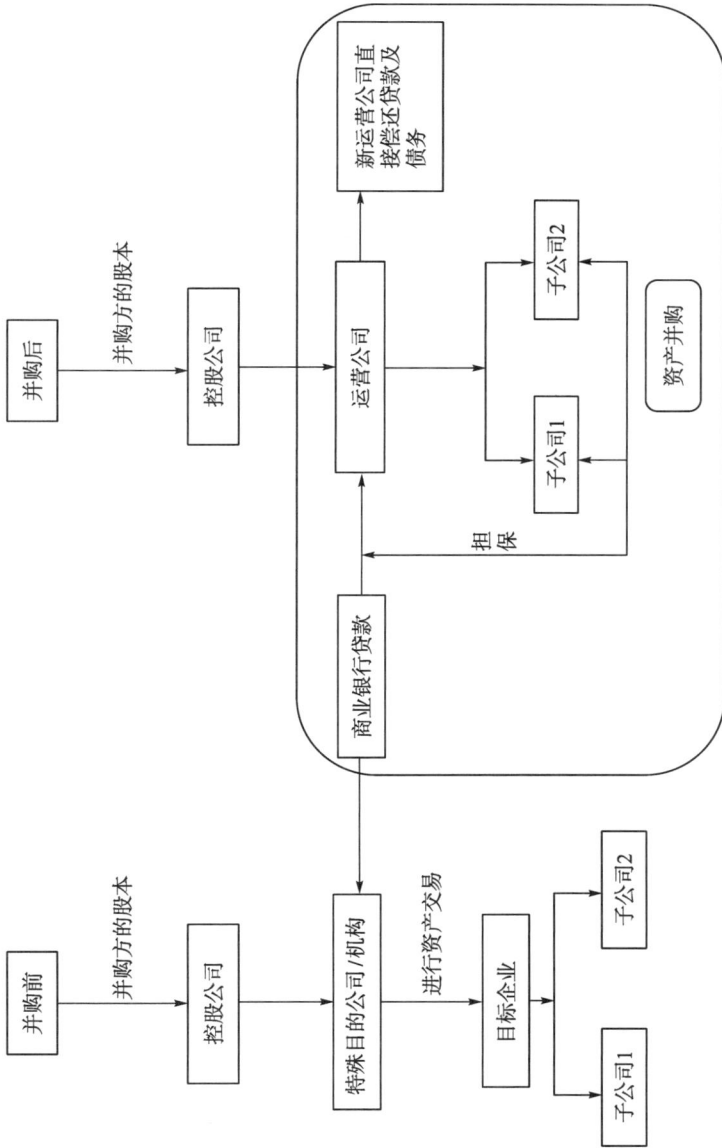

图3-10 资产并购流程图

表 3.12 我国九大行业企业海外并购成功的经典案例

行业	并购案例
石油行业	中国石油天然气集团有限公司并购哈萨克国家石油天然气股份公司与俄罗斯斯拉夫石油集团
矿业行业	中国有色矿业集团有限公司并购赞比亚卢安夏铜矿
汽车行业	浙江吉利控股集团有限公司并购沃尔沃集团
钢铁行业	首钢集团并购美国麦斯塔工程设计公司
家电行业	TCL 集团股份有限公司并购施耐德电气有限公司
电信行业	华立集团并购荷兰皇家飞利浦电子公司 CDMA 手机芯片设计业务
IT 行业	京东方科技集团股份有限公司并购韩国现代显示技术株式会社薄膜晶体管与液晶显示器业务
服饰行业	上海中服进出口贸易有限公司全额并购皮尔·卡丹中国地区(含香港、澳门、台湾地区)的商标所有权
金融行业	中国平安保险(集团)股份有限公司并购荷兰-比利时富通集团

表 3.12 为我国九大行业企业海外并购成功的经典案例,其中包括石油行业、矿业行业、汽车行业、钢铁行业、家电行业、电信行业、IT 行业、服饰行业及金融行业。从这些行业不难看出,我国企业海外并购主要集中于资源企业与先进技术企业以获取目标企业的市场资源和技术溢出为目的的并购,一部分并购发生于服装行业及家电行业,其并购源于我国的市场潜力,少部分企业海外并购发生于金融行业与 IT 行业。

3.5 本 章 小 结

本章首先介绍了全球企业海外并购交易总额及发展现状,分析了全球企业海外并购现状,说明了 2006~2014 年,非洲、东欧、欧盟、远东及中亚、中东、北美洲、大洋洲、中美及南美洲、斯堪的纳维亚九个地区(组织)海外并购数量,从全球的角度说明了企业海外并购的迅速发展;其次,本章介绍了我国企业海外并购的现状与发展历程,笔者从行业、所有制及地区视角分析了我国企业海外并购发展的状况,而后,对我国企业海外并购的特征与发展历程做出详细说明;最后,笔者对企业海外并购的类型及股权并购与资产并购之间的关系和区别进行了介绍,对我国现在的企业海外并购事件审批机构与审批程序进行说明介绍,对我国企业海外并购分布的地理区位与行业分布总结说明,并给出了股权并购与资产并购的对比分析及我国九大行业企业海外并购成功的经典案例。

第4章 全球企业海外并购与母国技术进步
——机理分析与 OECD 国家的实证分析

4.1 OECD 国家与中国海外并购企业全要素生产率的测定

4.1.1 海外并购企业生产函数的设定及生产率参数测定方法

在设定固定生产函数条件下，利用参数与半参数估计测定方法，如OP（Olley-Pakes）、LP（Levinsohn-Petrin）及 BHC（Baily-Hulten-Campbell）等，可以测定全要素生产率（total factor productivity），以全要素生产率来测度技术进步的做法为理论研究常用的做法。以下对常用生产函数与全要素生产率测度方法进行了简单的归纳和介绍。

1. 两类生产函数设定

以增长法测定全要素生产率常用方法有两个：一是索罗余值法；二是对偶法。而为了能够准确估计参数，本书利用 OP、LP 及 BHC 方法对全要素生产率进行测定，同时设定利用柯布-道格拉斯（Cobb-Douglas）生产函数及超越对数生产函数计算并估计索罗余值。

1）柯布-道格拉斯生产函数

本书引用柯布-道格拉斯生产函数模型作为分析函数，其形式如下：

$$Y_t = f(K, L) = \text{TFP} K_t^{\alpha} L_t^{\beta} \quad (t = 1, 2, \cdots, T)$$

其中，Y_t 为实际 GDP；TFP 是全要素生产率；K_t 为实际资本存量；L_t 为实际劳动力；t 为时间；α、β 分别为资本与劳动的产出弹性，由资本和劳动产出弹性的经济意义，得 $0 \leqslant \alpha \leqslant 1$、$0 \leqslant \beta \leqslant 1$。两边同时取自然对数有

$$\ln Y_t = \ln \text{TFP} + \alpha \ln K_t + \beta \ln L_t \tag{4.1}$$

假设规模报酬不变，即 $\alpha + \beta = 1$；通过数学等量替换，即（4.1）式两边同时减去 $\ln L_t$ 可以得到齐次的柯布-道格拉斯生产函数：

$$\ln(Y_t / L_t) = \ln \text{TFP} + \alpha \ln(K_t / L_t) \tag{4.2}$$

由此，本节选取 1983～2008 年共 26 年的数据，利用 OLS 进行回归得到 α 的估

计值，根据公式：

$$\text{TFP} = Y_t \big/ \left(K_t^{\alpha} L_t^{1-\alpha} \right) \tag{4.3}$$

得到全要素生产率 TFP。

2) 超越对数生产函数

Christensen 等 (1973) 提出超越对数生产函数，该函数模型是一种易于估计和包容性很强的变弹性生产函数模型，该函数在结构上引入了劳动和资本的交叉项，并引入劳动与资本的对数平方项，反映出这两种投入生产要素的产出弹性与替代弹性，并能够通过函数的估计分析不同生产要素对产出的影响与作用大小。超越对数生产函数形式为

$$\ln Y_t = \beta_0 + \beta_K \ln K_{it} + \beta_L \ln L_{it} + \beta_{KK} (\ln K_{it})^2 + \beta_{LL} (\ln L_{it})^2 + \beta_{KL} \ln K_{it} \cdot \ln L_{it} \\ + \theta_i + \varphi_r + \lambda_c + \varepsilon_{it} \tag{4.4}$$

其中，θ_i 为企业所有制性质，是按企业拥有不同的资本而代表不同的所有制性质引入的虚拟变量；φ_r 与 λ_c 为行业和地区虚拟变量；ε_{it} 为残差扰动项；Y_t 为 t 年产出；K_{it}、L_{it} 分别为 t 年资本存量、劳动力投入量；一系列 β 为估计参数。

(1) 要素投入的产出弹性。资本投入的产出弹性为

$$\eta_K = \frac{\mathrm{d}Y/Y}{\mathrm{d}K/K} = \frac{\mathrm{d}\ln Y_t}{\mathrm{d}\ln K_t} = \beta_K + \beta_{KL} \ln L_t + 2\beta_{KK} \ln K_t, \quad t \in [1989, 2014] \tag{4.5}$$

劳动投入的产出弹性为

$$\eta_L = \frac{\mathrm{d}Y/Y}{\mathrm{d}L/L} = \frac{\mathrm{d}\ln Y_t}{\mathrm{d}\ln L_t} = \beta_L + \beta_{KL} \ln K_t + 2\beta_{LL} \ln L_t \tag{4.6}$$

(2) 要素的替代弹性。替代弹性可以定义为：在技术水平和投入要素的价格不变的情况下，边际技术替代率的相对变动引起的生产要素投入比例的相对变动，即投入要素比例的变动的百分比与边际技术替代率的变动百分比的比值。对于生产要素而言，它们之间的替代程度遵循边际替代递减规律，劳动、资本等生产要素之间的替代关系可以用要素替代弹性这一概念说明，具体是指在保证产出不变的前提下，其中一种生产要素减小一单位而需要另一种生产要素的替代数量，两者之间的比值可衡量一种要素对另外一种要素的替代程度。随着一种要素对另外一种要素的替代数量不断增加，其等量单位的要素投入替代另一种生产要素的数量不断减少，即边际生产要素替代程度是不断递减的。资本、劳动两种投入的替代弹性计算如下：

资本和劳动的替代弹性为

$$\sigma_{KL} = \frac{\mathrm{d}\left(\dfrac{K}{L}\right) \Big/ \mathrm{d}\left(\dfrac{K}{L}\right)}{\mathrm{d}\left(\dfrac{\text{MPP}_L}{\text{MPP}_K}\right) \Big/ \mathrm{d}\left(\dfrac{\text{MPP}_L}{\text{MPP}_K}\right)} = \frac{\mathrm{d}\left(\dfrac{K}{L}\right) \times \left(\dfrac{\text{MPP}_L}{\text{MPP}_K}\right)}{\mathrm{d}\left(\dfrac{\text{MPP}_L}{\text{MPP}_K}\right) \times \left(\dfrac{K}{L}\right)} \tag{4.7}$$

$$\frac{\text{MPP}_L}{\text{MPP}_K} = \frac{\partial Y}{\partial L} \Big/ \frac{\partial Y}{\partial K} = \frac{\eta_L}{\eta_K} \times \frac{K}{L} \tag{4.8}$$

结合式(4.7)、式(4.8)可得

$$\sigma_{KL} = \frac{d\left(\dfrac{K}{L}\right)}{d\left(\dfrac{MPP_L}{MPP_K}\right)} \times \frac{\eta_L}{\eta_K} = \frac{\eta_L}{\eta_K} \times \left(\frac{d\left(\dfrac{MPP_L}{MPP_K}\right)}{d\left(\dfrac{K}{L}\right)}\right)^{-1} = \frac{\eta_L}{\eta_K} \times \left(\frac{d\left(\dfrac{\eta_L}{\eta_K} \times \dfrac{K}{L}\right)}{d\left(\dfrac{K}{L}\right)}\right)^{-1} \tag{4.9}$$

因为

$$\frac{d\left(\dfrac{\eta_L}{\eta_K} \times \dfrac{K}{L}\right)}{d\left(\dfrac{K}{L}\right)} = \frac{\eta_L}{\eta_K} + \frac{K}{L} \times \frac{d\left(\dfrac{\eta_L}{\eta_K}\right)}{d\left(\dfrac{K}{L}\right)} \tag{4.10}$$

$$d\left(\frac{\eta_L}{\eta_K}\right) = -\frac{\eta_L}{\eta_K^2} d(\eta_k) + \frac{1}{\eta_K} d(\eta_L) \tag{4.11}$$

$$d\left(\frac{K}{L}\right) = -\frac{K}{L^2} dL + \frac{1}{L} dK \tag{4.12}$$

将式(4.11)和式(4.12)代入式(4.10)右侧最后一项得

$$\frac{K}{L} \frac{d\left(\dfrac{\eta_L}{\eta_K}\right)}{d\left(\dfrac{K}{L}\right)} = \frac{K}{L} \frac{-\dfrac{\eta_L}{\eta_K^2} d(\eta_K) + \dfrac{1}{\eta_K} d(\eta_L)}{-\dfrac{K}{L^2} dL + \dfrac{1}{L} dK} = \frac{K}{L} \frac{-\dfrac{\eta_L}{\eta_K^2} \dfrac{d(\eta_K)}{dL} + \dfrac{1}{\eta_K} \dfrac{d(\eta_L)}{dL}}{-\dfrac{K}{L^2} + \dfrac{1}{L} \times \dfrac{dK}{dL}} \tag{4.13}$$

将式(4.13)代入式(4.10)，其结果再代入式(4.9)得资本与劳动的替代弹性为

$$\sigma_{KL} = \left\{1 + \left(-\beta_{KL+} \frac{\eta_K}{\eta_L} \beta_{LL}\right)(\eta_L - \eta_K)^{-1}\right\}^{-1} \tag{4.14}$$

2. 全要素生产率参数的测度方法——系统广义矩估计

生产函数参数测度上存在同步偏差与选择性偏差问题，同步偏差是指企业决策者在以利润最大化为目标的条件下，会因外部冲击调整要素投入及产出，导致 OLS 的参数不具有无偏性，计量估计结果无效。选择性偏差是指高资本存量企业样本选取的非随机性，计量回归结果存在偏差且无效的具体原因为企业资本存量的高低与退出、破产的概率分布具有负相关关系，导致选取样本时高资本存量企业相对较多而非随机性地选出。为解决同步偏差问题，本节采用系统广义矩估计方法，将因变量的滞后一期的差分变量引入生产函数作为其工具变量，这样就可以克服企业因外部冲击而带来的要素调整导致的参数估计有偏问题。而为了解决选择性偏差问题，本节采用半参数估计测定方法，即 OP、LP 及 BHC 方法，旨在使参数估计更为准确。

系统广义矩估计由 Arellano 和 Bond 于 1991 年首次提出，目的在于减弱并修正

由生产函数测度同步偏差问题所导致的参数偏误，Arellano、Blundell 和 Bond 分别在 1995 年、1998 年对该估计方法进一步进行了完善，将因变量差分变量的滞后一期作为工具变量对模型进行估计，修正了这一问题。本节对生产函数进行差分处理，构建了以下动态的生产函数方程：

$$\Delta \ln Y_t = \beta_0 + \beta_k \Delta \ln K_{it} + \beta_L \Delta \ln i_t + \beta_{KK} \Delta (\ln K_{it})^2 + \beta_{LL} \Delta (\ln L_{it})^2 + \beta_{KL} \Delta \ln K_{it} \cdot \ln L_{it}$$
$$+ \delta \Delta \ln Y_{i(t-1)} + \varepsilon_{it} - \varepsilon_{it-1} \tag{4.15}$$

本节在估计超越对数生产函数时对其进行了上述处理，如果利用固定效应或随机效应对式(4.15)进行估计，则会导致参数的非一致性，并且其估计结果是有偏的，这是引入了 $\delta \Delta \ln Y_{i(t-1)}$ 使 $\Delta \ln Y_t$ 与 $\varepsilon_{it} - \varepsilon_{it-1}$ 相关而导致的。因此，本节使用系统广义矩估计克服这一问题，使该模型得到的估计结果具有一致性、渐近正态性及渐近有效性，估计结果稳健有效。

4.1.2　海外并购企业生产率半参数估计测定方法

本节采用 OP 半参数测定方法得到的全要素生产率数值介于 LP 法与 OLS 之间，根据中心极限定理，大样本条件下，中心值趋近于真实值，本节选择用 OP 法得到的全要素生产率进行实证分析。

1. OP 半参数测定方法

系统广义矩估计只能够解决生产函数参数估计时产生的同步性偏差问题，而不能解决生产函数参数估计的选择性偏差问题，因此，本节引入由 Olley 和 Pakes 于 1996 年首次使用的 OP 半参数测定方法对参数进行测度，旨在修正参数估计时的选择性偏差问题。该种方法以投资作为杠杆，当企业受到生产率冲击时，企业以增加或减少投资来调节产出，公式为

$$I_{it} = K_{it} - (1 - \delta) K_{it-1}$$

其中，I_{it} 为当期投资；K_{it} 为资本存量；K_{it-1} 为上期资本存量；下标 i 为行业，下标 t 为年份；δ 为折旧率。企业根据资本存量变化调整其投资，折旧率 δ 普遍采用 15% 进行参数估计，大量学者在研究时均采用 15% 作为折旧率。

本书在上述 OP 半参数测定方法基础上，对以下两个方面进行拓展：一方面是考虑企业性质及规模不同，本节加入企业所有制虚拟变量 θ_i；另一方面是加入企业所属行业虚拟变量，高新技术企业为 1，其余为 0，用 Tech_{it} 代表。

$$\ln I_{it} = I_{it}(\dot{\omega}, \ln K_{it}, \mathrm{Tech}_{it}, \theta_i)$$

其中，$\dot{\omega}$ 为瞬时全要素生产率。

由于生产率是投资的单调递增函数，根据反函数定理，可以得到其反函数：

$$\dot{\omega} = I_{it}^{-1}(\ln I_{it}, \ln K_{it}, \mathrm{Tech}_{it}, \theta_i)$$

将上式带入生产函数，可以得到柯布-道格拉斯生产函数：

$$\ln Y_t = \beta_0 + \beta_L \ln L_{it} + g(\ln I_{it}, \ln K_{it}, \text{Tech}_{it}, \theta_i) + \varepsilon_{it}$$

其中，$g(\bullet) = \beta_K \ln K_{it} + I_{it}^{-1}(\ln I_{it}, \ln K_{it}, \text{Tech}_{it}, \theta_i)$，本节利用 $\ln K_{it}$ 与 $\ln L_{it}$ 和企业性质虚拟变量 Tech_{it} 的四阶多项式作为 $g(\bullet)$ 的渐近式估计：

$$g(\ln I_{it}, \ln K_{it}, \text{Tech}_{it}, \theta_i) = (1 + \text{Tech}_{it} + \theta_i) \sum_{\sigma=0}^{4} \sum_{r=0}^{4-\sigma} \gamma_{\sigma r} \ln K_{it}^{\sigma} \ln K_{it}^{r}$$

通过式(4.19)可以得到 β_L 的一致估计量，进而得到残差：

$$R_{it} = \ln Y_t - \beta_L \ln L_{it} - \beta_0$$

然后对 β_K 做出无偏估计，在此之前，本节采用 OP 半参数测定方法来克服选择性偏差问题，以 OP 半参数测定方法建立企业生存概率函数来控制企业退出概率与企业资本存量负向关联导致的选择性偏差问题，得到下面方程：

$$R_{it} = \beta_K \ln K_{it} + I_{it}(g_{i,t-1}(\bullet) - \beta_K \ln K_{i,t-1}, P_{i,t-1}) + \varepsilon_{it}$$

其中，P_i 为非线性离散因变量的 Probit 模型。本节采用 Olley 与 Pakes 建议使用的非线性最小二乘法(nonline least square，NLS)进行估计，得到参数的一致估计量，进而测算求得企业的全要素生产率：

$$\text{TFP}_{it} = \ln Y_t - \beta_L \ln L_{it} - \beta_K \ln K_{it}$$

从而得到根据企业参数一致估计量测算得到的企业全要素生产率。

2. LP 半参数测定方法

企业受到异质性冲击时，当期的企业更倾向于选择改变其中间产品的投入来调整自己的生产投入，而不是改变其投资。因此，引入中间产品投入变量对全要素生产率参数进行估计更为有效，得到方程为

$$v_{it} = \beta_l l_{it} + h_t(k_{it}, m_{it}) + \eta_{it}$$

其中，$h_t(k_{it}, m_{it}) = \beta_0 + \beta_k k_{it} + \dot{\omega}_t(k_{it}, m_{it})$，$m_{it}$ 为企业中间产品投入，采用 1978 年为基期进行折算得到的中间产品投入作为核算指标。笔者将 $h_t(k_{it}, m_{it})$ 定义为以下形式的三阶多项式：

$$h_t(k_{it}, m_{it}) = \sum_{j=0}^{3} \sum_{\sigma=0}^{3-\sigma} \lambda_{ij} k_{it}^{j} m_{it}^{\sigma}$$

带入 $v_{it} = \beta_l l_{it} + h_t(k_{it}, m_{it}) + \eta_{it}$ 后得到

$$v_{it} = \beta_l l_{it} + \sum_{j=0}^{3} \sum_{\sigma=0}^{3-\sigma} \lambda_{ij} k_{it}^{j} m_{it}^{\sigma} + \eta_{it}$$

对上式进行估计，可以得到 $\hat{\beta}_l^{\text{LP}}$ 和 $\hat{h}_t$。假设 β_k 为已知量 β_k^*，则

$$\hat{\omega}_{it} = \hat{h} - \beta_k^* k_{it}$$

假设 $\bar{\omega}_t$ 服从一阶马尔可夫链分配规则，即

$$\bar{\omega}_{it} = E(\bar{\omega}_{it} \mid \bar{\omega}_{it-1}) + \xi_t$$

那么，本节估计 $E(\overline{\omega}_{it} \mid \overline{\omega}_{it-1})$ 的一致估计量可以通过以下方式得到：

$$\overline{\omega}_{it} = \gamma_0 + \gamma_1 \overline{\omega}_{it-1} + \gamma_2 \overline{\omega}_{it-2} + \gamma_3 \overline{\omega}_{it-3} + \varepsilon_{it}$$

通过 $\hat{\beta}_l^{\mathrm{LP}}$、$\beta_k^*$ 及 $E(\overline{\omega}_{it} \mid \overline{\omega}_{it-1})$ 的估计量，本节可以得到生产函数的残差：

$$\hat{\eta}_{it} + \zeta_{it} = v_{it} - \hat{\beta}_l^{\mathrm{LP}} l_{it} - \beta_k^* k_{it} - E(\overline{\omega}_{it} / \overline{\omega}_{it-1})$$

通过对上式进行最小二乘估计，可以得出：

$$\min_{\beta_k^*} \sum_t [v_{it} - \hat{\beta}_l^{\mathrm{LP}} l_{it} - \beta_k^* k_{it} - E(\overline{\omega}_{it} \mid \overline{\omega}_{it-1})]^2$$

从而得到以 LP 半参数测定方法计算全要素生产率为以下公式：

$$\mathrm{TFP}_{it} = v_{it} - \hat{\beta}_l^{\mathrm{LP}} l_{it} - \beta_k^* k_{it}$$

采用 LP 半参数测定方法可以更好地解决全要素生产率估计中的同步性偏差问题。

此后，仍有专家学者提出对全要素生产率进行 BHC 方法分解，该类专家学者认为共有五种因素影响全要素生产率的增长及构成。因此，关于全要素生产率的计算除了包括传统的索罗余值法，即剔除劳动与资产对经济增产、产出的贡献，还有新的方式，包括 OP、LP 等半参数测定方法，以及 BHC 的分解方式，这对本书研究海外并购企业的全要素生产率计算具有非常重要的意义。

4.1.3　生产率估计结果

1. 我国区域全要素生产率的测算结果

我国区域全要素生产率，采用传统的索罗余值法，在估算全要素生产率之前首先利用沃尔德（Wald）检验方法来检验规模收益不变（即 $\alpha + \beta = 1$）的约束条件是否成立，据此给出沃尔德检验及全要素生产率的具体结果，如表 4.1 和表 4.2 所示。

表 4.1　沃尔德检验结果

地区	F 统计量	p 值
珠江三角洲	0.048 658	0.827 4
长江三角洲	1.071 44	0.311 4
西部欠发达地区	0.384 968	0.542 3
东北老工业基地	0.456 214	0.507 5

注：假设条件为 $\alpha+\beta=1$。

资料来源：1989～2014 年省际层面数据。

表 4.2　各区域全要素生产率核算结果

年份	珠江三角洲	长江三角洲	西部欠发达地区	东北老工业基地
1989	0.159 204	0.198 444	0.148 456	0.333 356
1990	0.165 811	0.191 498	0.151 038	0.336 341
1991	0.165 596	0.183 282	0.149 256	0.330 279
1992	0.193 92	0.174 366	0.147 818	0.325 026
1993	0.168 093	0.166 892	0.145 848	0.317 212
1994	0.170 703	0.167 059	0.147 366	0.307 313
1995	0.167 049	0.160 864	0.146 946	0.309 208
1996	0.204 939	0.161 553	0.150 208	0.302 565
1997	0.189 004	0.167 209	0.165 131	0.309 489
1998	0.202 783	0.174 037	0.176 647	0.324 115
1999	0.195 412	0.173 575	0.187 048	0.328 986
2000	0.189 086	0.173 875	0.178 932	0.333 831
2001	0.186 372	0.174 166	0.179 661	0.346 732
2002	0.199 761	0.189 507	0.190 335	0.374 730
2003	0.206 916	0.205 176	0.210 779	0.400 553
2004	0.215 546	0.213 120	0.222 058	0.413 000
2005	0.217 739	0.212 101	0.239 734	0.412 609
2006	0.205 845	0.205 910	0.242 016	0.401 676
2007	0.193 812	0.199 119	0.225 676	0.382 387
2008	0.185 049	0.189 706	0.212 601	0.358 670
2009	0.183 552	0.186 047	0.201 309	0.351 071
2010	0.176 530	0.178 475	0.191 409	0.327 694
2011	0.169 915	0.171 409	0.179 160	0.302 513
2012	0.162 311	0.164 539	0.169 567	0.283 286
2013	0.156 483	0.159 615	0.166 475	0.261 485
2014	0.146 799	0.153 628	0.157 077	0.248 530

资料来源：1989～2014 年省际层面数据。

2. 省际全要素生产率的测算结果。

我国 30 个省（区、市）全要素生产率如图 4.1 所示。

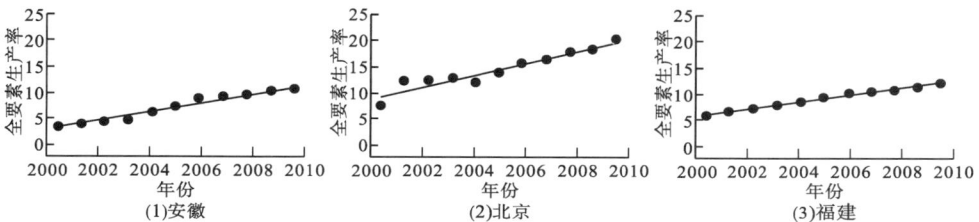

图 4.1　我国 30 个省（区、市）全要素生产率测算结果

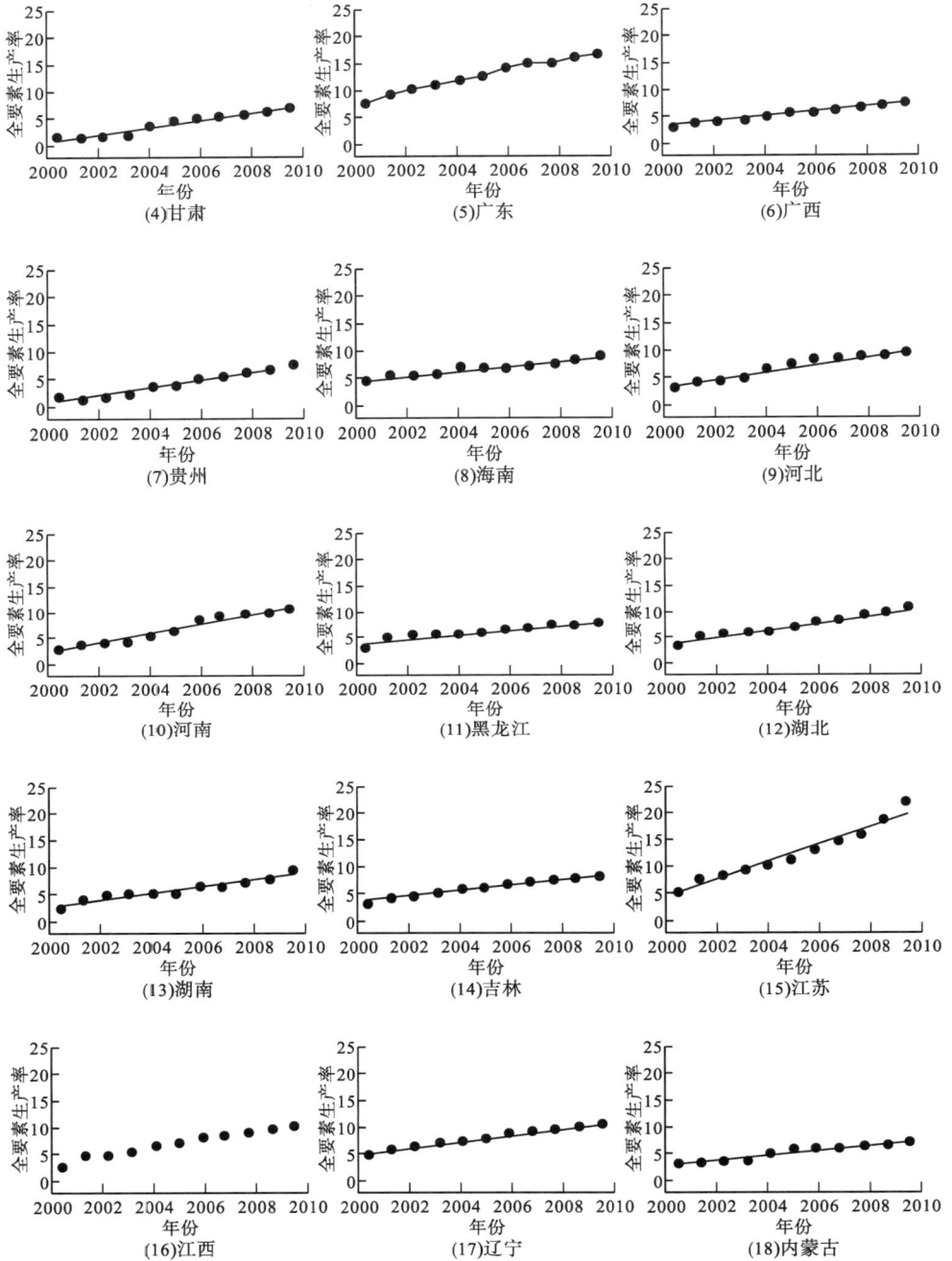

图4.1　(续)

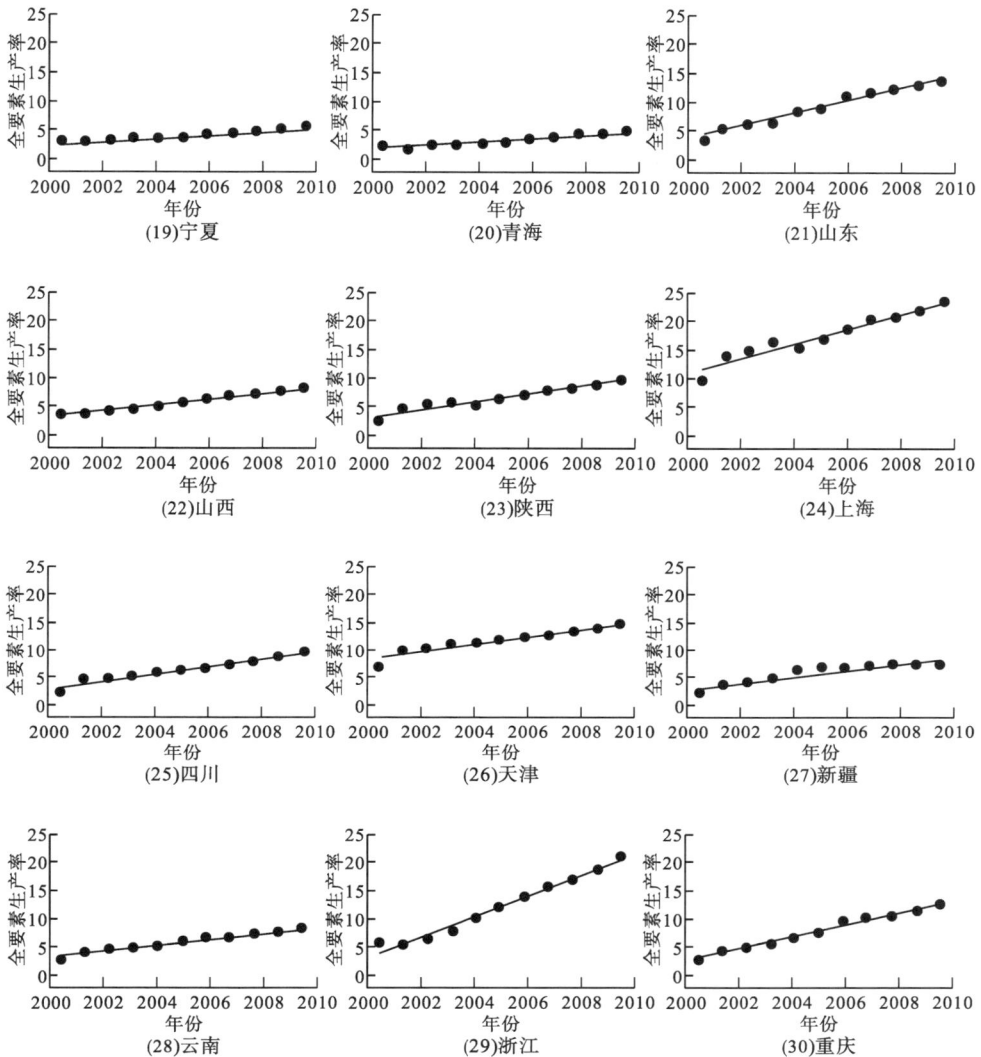

图 4.1　(续)

　　通过对我国 2000～2010 年 30 个省(区、市)①的数据进行统计，为保证统计口径一致，本节以 1990 年为基期对数据进行标准化整理，如图 4.1 所示。从图 4.1 可以看出，我国 30 个省(区、市)全要素增长率均呈现上升趋势。北京、广东、江苏、上海及浙江全要素生产率增长速度非常快，说明中心区域及沿海发达城市的经济发展迅速；相比较而言，安徽、福建、河北、河南、江西、陕西、山东、四川、天津等地区全要素生产率增长速度较快，说明这些地区经济发展水平较为平稳；而甘肃、

---

① 不包括港、澳、台数据，西藏企业海外并购数据基本缺失，故省去西藏数据。

贵州、海南、吉林、辽宁、内蒙古、宁夏、山西、新疆等地区全要素生产率相比其
他省(区、市)增长较缓慢,其中,大部分地区属于东北老工业基地及西部欠发达地
区,其经济增长较为缓慢。对于东北老工业基地及西部欠发达地区应一分为二地看
待,其中,东北老工业基地经济转型较为困难,工业制造技术相比科技发达的沿海
城市和发达省(区、市)较为落后;而西部欠发达地区则是经济发展较为缓慢、资源
匮乏及基础设施较差所导致的,因此,东北老工业基地与西部欠发达地区应针对自
身的经济发展水平,改善经济结构、逐步转型与升级,使全要素生产率不断提高,
经济稳健发展。

　　从图4.2可以看出,无论以OP法还是以LP法的方式对我国企业全要素生产率
进行测算,我国企业全要素生产率在2000~2007年均呈现稳步上升趋势,不难看出
我国经济也在持续稳健增长。采用生产总值加权(LP法)与从业人数加权(LP法)及
简单平均(LP法),均能够看出经济始终处于平稳上升趋势;而采用从业人数加权
(OP法)与生产总值加权(OP法)及简单平均(OP法),能够看出企业全要素生产率
除2001~2002年出现小幅下降,在2002年后始终处于上升趋势,并且上升趋势较
2000~2001年下降幅度更大,说明在2002年之后,经济增长稳定并且迅速。采用
OP法测算的企业全要素生产率在2002年发生下降,笔者认为可能来源于两方面因
素:一方面,我国加入世界贸易组织(World Trade Organization,WTO)后由于外来冲
击,国内企业受到外来企业的挤占,我国企业全要素生产率有所下降;另一方面,
我国受世界经济持续低迷状态的影响,部分出口企业出现倒闭现象,进而导致企业
全要素生产率的突变。

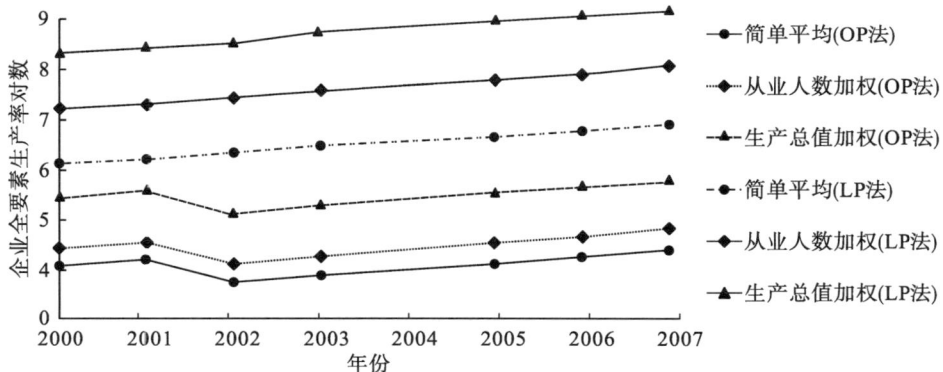

图4.2　我国企业全要素生产率测算结果(采用OP法和LP法)

　　为了进一步确定企业全要素生产率的差异对我国整体全要素生产率的影响,笔
者给出了企业全要素生产率(OP法)的核密度图,由图4.3可以看出,核密度图在
2000~2007年,波峰总体上不断向右移动,说明企业全要素生产率在不断提高,进

一步促进我国全要素生产率整体水平稳步上升。

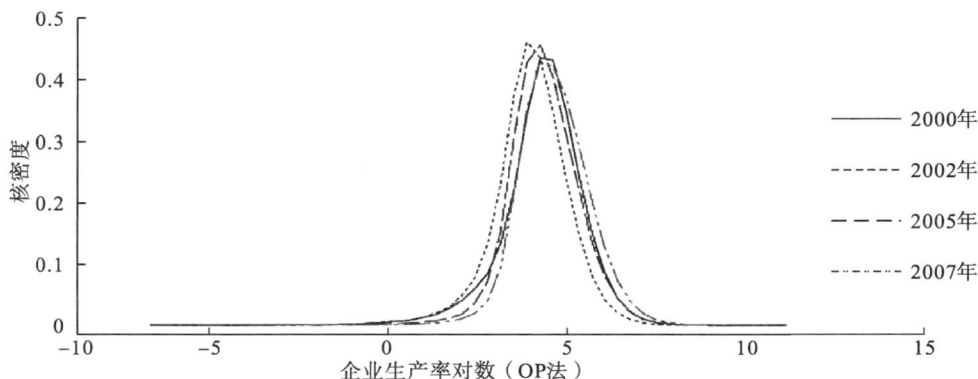

图4.3　OP 法下的我国企业全要素生产率核密度图

3. OECD 国家全要素生产率

企业海外并购在全球范围内不断发展和壮大，无论从交易数量还是交易金额等方面均有大幅度的提高，因此，企业海外并购问题的研究具有十分重要的意义。企业海外并购作为发达国家企业对外直接投资最为重要的组成部分，影响着国家技术进步与投资分布及投资回报等诸多方面的问题，本节选取 OECD 国家层面数据对企业海外并购与母国技术进步问题进行研究，对 OECD 国家企业海外并购的企业全要素生产率进行统计。因此，为了研究国家层面企业海外并购逆向技术溢出(逆向研发资金溢出和逆向人力资本溢出)与母国技术进步问题，笔者测算了 OECD 国家全要素生产率，绘出全要素生产率增长率线形图，对比分析其增长趋势，如图4.4所示。

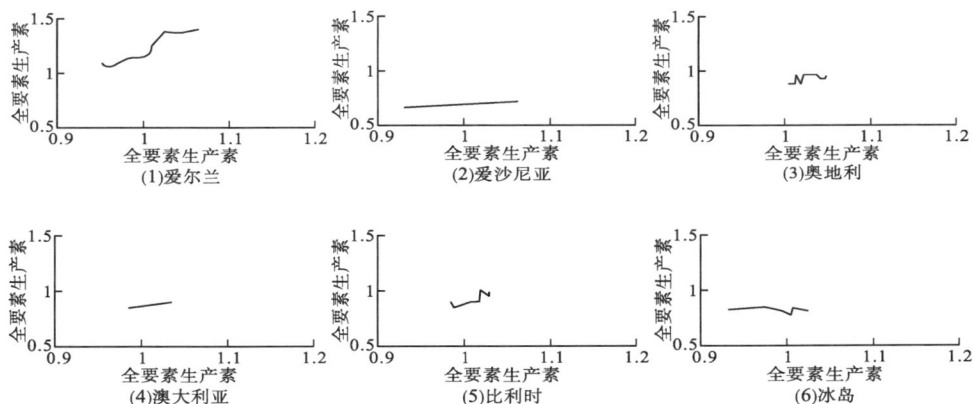

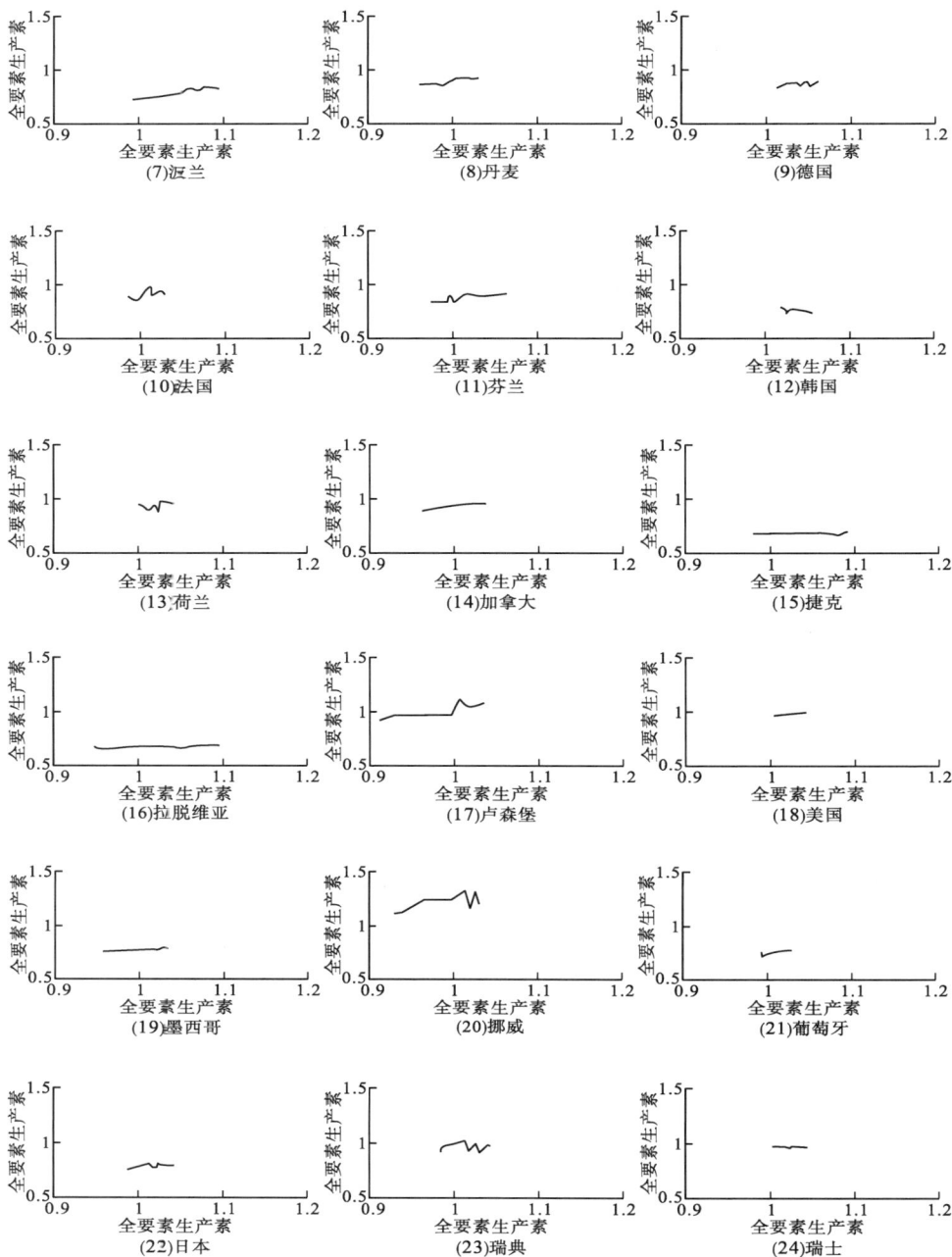

(7)波兰

(8)丹麦

(9)德国

(10)法国

(11)芬兰

(12)韩国

(13)荷兰

(14)加拿大

(15)捷克

(16)拉脱维亚

(17)卢森堡

(18)美国

(19)墨西哥

(20)挪威

(21)葡萄牙

(22)日本

(23)瑞典

(24)瑞士

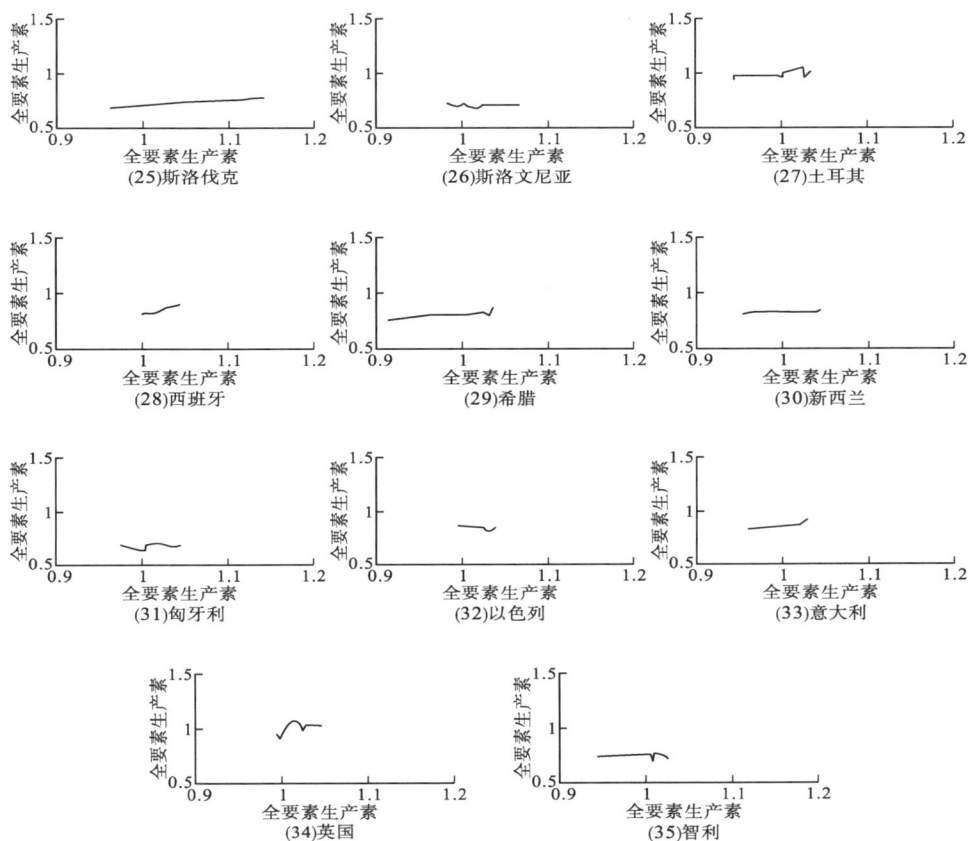

图 4.4　OECD 国家全要素生产率测算结果

资料来源：根据 GCDP 数据整理

关于 OECD 35 个国家全要素生产率，如图 4.4 所示。总体上来说，大部分国家的全要素生产率在 2006～2014 年均呈现上升趋势，受金融危机影响，OECD 国家全要素生产率短期内呈现上下波动趋势。其中，爱沙尼亚、澳大利亚、丹麦、波兰、加拿大、斯洛伐克、西班牙、希腊及意大利等国家受金融危机影响并不严重，其全要素生产率呈现稳步上升趋势，并未出现大幅波动。同时可以看出，奥地利、冰岛、比利时、德国、法国、芬兰、荷兰、卢森堡、挪威、葡萄牙、瑞典、土耳其及美国等国家受金融危机影响较为明显，其中美国和挪威受到金融危机的影响非常严重，在 2009 年金融危机爆发后，这些国家的全要素生产率呈现剧烈波动，大部分国家呈现先下降而后上升趋势，出现跳跃式结构性突变，于 2012 年后逐渐复苏，其增长逐渐呈现上升趋势。韩国、日本、墨西哥、瑞士、新西兰、以色列及智利受到金融危机影响全要素生产率呈现小幅度波动，但其增长并不明显，基本保持在同一水平线上。通过对比可以看出，全要素生产率的增长出现上述四类形式：①以爱尔兰等科技发达的国家为代表的全要素生产率呈阶跃式剧烈增长，说明该类国家高新科学技术推动经济增长速度较快，高新科学技术受金融危机影响弹性小，几乎不受金融危机影响，因此，经济依然具有增长动力，保持全要素生产率高速增长；②以爱沙尼亚、澳大利亚、加拿大等为代表的国家全要素生产率小幅波动后平稳增长，该类国家产业结构以第三产业为主，其他产业较为齐全，虽受到金融危机小幅影响，而后其经济增长动力恢复，依旧保持全要素增长率快速、稳步增长，因此，该类国家经济受金融危机小幅影响后继续增长；③以奥地利、德国、法国等为代表的国家全要素生产率剧烈波动后平稳增长，该类国家存在以第二、三产业为主，其余产业为辅的产业格局，其产业分布不均，受金融危机影响较为严重，因此，该类国家全要素生产率经过剧烈波动后，经济内在增长动力不断恢复，而后全要素生产率恢复平稳增长；④以韩国、日本等为代表的国家全要素生产率呈小幅波动，基本保持不变，该类国家产业结构以第三产业为主，其产业类型单一、国家规模较小，高新技术企业普遍存在，因此，该类国家受金融危机影响较小，而金融危机过后，该类国家保持全要素生产率基本不变的经济增长模式。总而言之，通过对比可以得出高新科学技术抵抗金融危机能力最强，金融危机来临时，科学技术水平高的企业，其生产产品替代性差，产品弹性较小，应对金融危机能力较强。

因此，我国企业"走出去"进行对外直接投资，应以企业海外并购行为为主，绿地投资为辅。同时，目标企业应集中于高新技术行业的企业，其原因有两个：其一，提高我国企业海外并购逆向技术溢出从而带动母国该类行业企业技术进步，进而带动上游和下游企业的技术进步；其二，提高我国海外并购企业高新科学技术产品与高附加值产品的生产，培育经济增长新动力，进而保持经济高速稳健增长，更好地应对金融危机给我国经济带来的影响。

4.2　问题的提出

企业海外并购对一国经济具有十分重要的作用，现有经济发展迅速，全球企业海外并购数量不断攀升，本书将以 OECD 发达国家为代表研究企业海外并购与母国技术进步问题。同时，自 2006 年我国企业海外并购投资总额明显超过绿地投资总额后，其始终高于绿地投资，企业海外并购从并购事件数量与并购交易金额两方面均高于绿地投资，并且企业海外并购占企业对外直接投资交易总额的比例超过了绿地投资交易额占企业对外直接投资交易总额的比例，这种差距不断增大。我国技术进步在近些年来发展尤为迅速，这在某种程度上得益于我国企业对国外高新技术企业并购而获得的高新技术，企业价值链不断升级、技术不断变革与创新，从而推动国家先进技术占有率不断提升，国家技术不断发展进步。因此，研究企业海外并购对母国技术进步的作用具有十分重要的意义。近年来，中国企业海外并购交易数量总额剧烈增长，"走出去"的速度逐渐加快，研究企业海外并购的原因有以下两个方面：一方面，学者们均关注企业海外并购对东道国经济增长，就业、出口与技术进步问题，而较少关注企业海外并购与企业对外直接投资对母国经济增长及技术进步问题；另一方面，企业海外并购作为企业对外直接投资最为重要的方式，带给东道国经济增长的同时，亦能促进母国经济增长、技术进步进而带动产业升级，而不是单纯的产能转移，作用十分重要，那么，研究企业海外并购与母国技术进步的关系，测量其对母国技术进步的影响程度则具有重要意义。故而，本书从两个角度研究企业海外并购与母国技术进步的关系：一是企业海外并购获得目标企业的研发资金溢出带动母国技术进步；二是企业海外并购获得目标企业的人力资本溢出带动母国技术进步。

　　同时，企业海外并购与技术进步理论的发展源于吸收理论的建立，吸收理论这一概念由 Cohen 和 Lecinthal 于 1989 年首次提出，主要应用于研发资金溢出对企业产出效用的研究，后二人于 1990 年修正，将其定义为"企业获得外部先进技术与知识，经过消化吸收，并应用于企业的生产销售等活动中的能力"。在此基础上，部分学者于 1995 年将人力资本这一要素与研发资金共同作为企业吸收能力的一部分，本书将上述概念重新定义为同化吸收效应，同时在本书的研究中，将其一分为二，并提出了异化排斥效应。而在实证研究中，部分学者研究中均以研发资金溢出作为解释变量来研究母国的技术进步，并未考虑人力资本溢出。其实，企业进行海外并购，除了能够获得目标企业的研发资金溢出外，还能获得该企业的人力资本溢出，故而，本书从目标企业研发资金溢出和人力资本溢出两个方面来研究企业海外并购与母国技术进步的关系，不仅将目标企业研发资金溢出作为带动母国技术进步的影响因素，也将目标企业原有人力资本存量作为推动母国技术进步的一个重要因素，下面将对这种理论传导机制进行具体分析。

4.3　企业海外并购与母国技术进步理论模型

4.3.1　企业海外并购与母国技术进步机理——直接效应

　　海外并购理论包括知识基础理论、杠杆获取及学习理论。

　　第 3 章讨论了企业海外并购的研究现状与进展问题，本章讨论企业海外并购如何带来技术进步，分析其内部机理。大量文献研究均集中于企业对外直接投资对技术进步的影响，其中分为两个方面：一方面为企业对外直接投资对东道国技术进步的影响；另一方面为企业对外直接投资对母国技术进步的影响。而从企业海外并购方面研究技术进步的文献较少，尤其研究企业海外并购对母国技术进步的文献尚属少见。因此，本书建立在以往文献的基础上，加深企业海外并购对母国技术进步影响的进一步研究，得出结论：企业海外并购导致母国技术进步主要来源于其直接效应与间接效应。直接效应包括逆向技术溢出即国际技术吸收、产业集聚效应获得技术外溢及技术双向反馈传导效应；间接效应包括企业前向与后向关联、品牌效应与人才吸引等。

1. 国际技术吸收

企业通过海外并购，可以获得目标企业的研发成果及现有技术，尤其对于发展中国家来说，海外并购目标多半在于获得目标企业的先进技术。企业可以在通过海外并购获得目标企业技术的同时融合母国现有技术，并且通过有机整合进行技术创新，推动企业技术进步。与此同时，企业还能够获得目标企业在当地的市场、企业原材料、资本存量、企业生产组织能力、采购能力等资源与技术，这种研发技术反馈机制的建立与研发成本分摊机制并行存在，带动了母国企业平均研发成本的降低与研发成果质量的提高，从而推动母国技术进步。

2. 产业集聚效应获得技术外溢

众所周知，产业集群集中了各个国家相关联产业在同一领域或相关领域的顶尖技术。企业海外并购或绿地投资需要新建厂房、采购原材料及组织生产，将母国现有技术移入投资的新建企业，相比之下，企业通过海外并购不仅能够直接获得目标企业的技术，还能够获得企业在产业集群地的技术外溢效应，及时得知最先进的知识与技术创新，在合法的条件下及时获得技术情报，同时能够在短时期内将其获得的知识与技术输送回并购企业。例如，并购美国硅谷内某企业，而该企业位于硅谷高新技术产业集群内，更容易合法地获得附近相关企业的信息及技术情报，并推进技术进步。

3. 技术双向反馈传导机制

并购企业可以通过并购高新技术企业而快速、直接地获取该项高新技术，并通过消化吸收，根据当地市场情况对技术进行创造性地使用及改造达到技术创新，反向传递至外国母公司，结合母国市场进行二次改造并使用，这种技术双向反馈传导机制可以带来技术循环式的创新，以及国内与国外两个市场的技术变革创新和进步，实现技术整体的整合与提升。

4.3.2　企业海外并购与母国技术进步机理——间接效应

1. 企业前向与后向关联

企业进行海外并购在获得逆向技术溢出的同时，更容易在企业前向与后向关联企业中获取相关联企业上游和下游的技术，带动并购企业技术变革与技术创新。企业海外并购通过获得目标企业的先进科学技术与人力资本使并购企业科学技术不断提高，同时倒逼上游企业技术进步，带动下游企业的技术进步。

2. 品牌效应与人才吸引

企业进行海外并购的同时，不仅获得其技术，同时也获得该企业的品牌，这有利于企业对人才的吸引与进行跨国培训；企业海外并购能够更好地融合当地的文化，使用并购企业自有员工，相比绿地投资，能更好地避免当地就业与贸易摩擦问题，适应当地文化与法律。例如，浙江吉利控股集团有限公司收购沃尔沃集团，扩大了其品牌的影响力及对人才的吸引能力，同时通过对沃尔沃集团并购提升了其股票价格，其股票价格的上涨导致企业在同等研发比例的情况下增加了研发投入资金量，更容易促使技术创新，进而带动母国技术进步。具体而言，首先，企业通过对外直接投资（包括绿地投资与海外并购）获得目标企业的技术转移、研发资金溢出及人力资本溢出等，同时又能够通过技术双向传导机制带动并购企业技术进步；其次，并购企业技术进步会倒逼其上游企业技术进步，达到与其所需要的原材料、专业生产资料相互匹配，同时，并购企业的技术进步会进一步带动其下游企业技术进步，为下游企业提供更好的中间产品及最终商品等，进而促进与其产业相关的整个产业链的升级与技术水平的提升；最后，多个产业链的技术水平提升将导致国家技术进步。然而，这一系列的过程需要国家经济政策的支持，鼓励企业"走出去"，并为企业进行对外直接投资提供有利的政策环境，其具体流程如图 4.5 所示。

依据图 4.5 可以看出，母国进行企业海外并购获得技术溢出（包括研发资金溢出与人力资本溢出），能够进一步促使母国企业在技术上获得整合优势。企业进行海外并购可获得规模效应，获得高额的利润与回报，再将资金投入研发，可使企业技术革新进而带动企业技术进步，循环往复带动并购企业与目标企业技术进步。从产业链的角度来看，企业技术变革与创新会带动其关联企业技术进步和创新，达到产业链升级的目的，多个产业链平行式的升级促使国家技术不断进步。同时，企业海外并购能够在当地产生产业集群效应，并且可与母国的技术进行双向反馈传导。通常我国企业海外并购是对发达国家技术密集度较高地区的企业进行的资产并购或股权并购。海外位于技术密集度高地区的目标企业能够传递更高的研发资金溢出与人力资本溢出给母国企业，同时，企业海外并购中的目标企业可通过研发成果分享机制

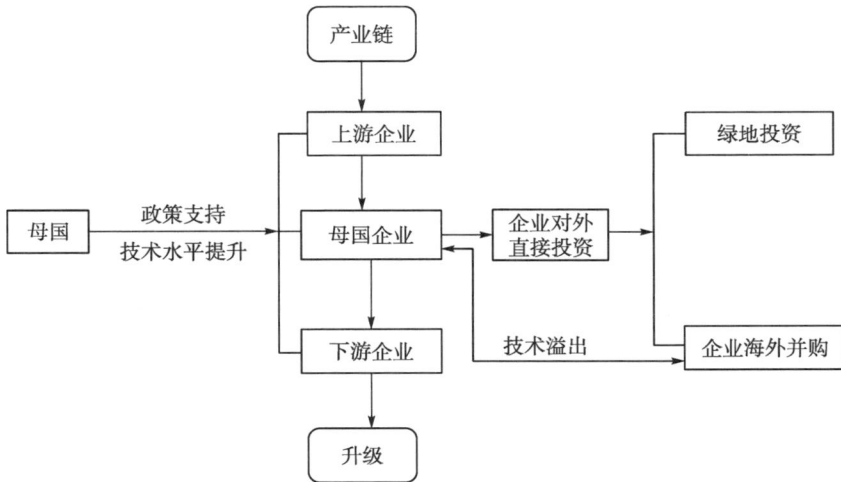

图 4.5　企业海外并购与母国技术进步传导机制

与反馈机制与并购企业进一步技术整合，使母国并购企业资源配置得到优化，获得超额利润，同时企业海外并购行为能增加目标企业研发资本，带动目标企业技术进步，目标企业作为并购企业的一个子公司，亦能源源不断地为母国提供服务。

4.3.3　企业海外并购逆向研发资金溢出与逆向人力资本溢出理论模型推导

1. 企业海外并购逆向研发资金溢出与母国技术进步

通过上述理论分析，本节对 OECD 国家企业海外并购研发资金溢出对母国技术进步进行理论分析与实证分析。

1）海外研发资金溢出的同化吸收效应与异化排斥效应理论传导机制

企业海外并购大体分为两类：一类是对上游国家企业进行并购，其主要目的在于获得该类国家的先进技术与知识；而另一类是对下游国家企业进行并购，主要目的在于获得当地市场及其他资源等要素。对于发展中国家而言，企业对于上游国家企业海外并购所获得的先进技术存在同化吸收与异化排斥两种效应，其中，同化吸收效应是指并购企业一方面通过加大母国研发投入、人力资本投入等方式对目标企业技术进行学习和模仿；而另一方面，获得目标企业的逆向研发资金溢出，达到与海外企业技术的有机融合，并对国际技术进行吸收，进而促进本国企业技术创新、变革和进步。而异化排斥效应是指并购企业获得目标企业技术后，由于目标企业与并购企业技术水平相差较大，并购企业学习、模仿成本较高，导致母国企业吸收能力较弱，而对先进技术进行排斥的现象。假设母国技术用 Tech来表示，获得国外目标企业的研发资金溢出为 RCS（R&D capital spillover），则

$\dfrac{\partial \text{Tech}}{\partial \text{RCS}} > 0$，说明企业对逆向研发资金溢出的吸收与利用有利于本国技术水平的提高，同时，同化吸收效应遵循边际技术进步递减规律，即 $\dfrac{\partial^2 \text{Tech}}{\partial^2 \text{RCS}} < 0$；而如果企业进行海外并购后，所获得的逆向研发资金溢出发生异化排斥现象，则存在 $\dfrac{\partial \text{Tech}}{\partial \text{RCS}} < 0$，本书后续对此详述。母国技术进步与目标企业研发资金溢出关系可以表示为

$$\text{Tech} = \text{RCS}^{\alpha}\phi^{\beta}\ (\phi > 0, 0 < \alpha < 1, 0 < \beta < 1)$$

其中，α、β 为边际贡献率；RCS 为逆向研发资金溢出；ϕ 为其余影响因素。同时，母国企业技术进步还受到母国本身的研发投入资金存量(domestic R&D capitalstock，DRC)、人力资本水平(human capital，HC)、本国制度环境［以考夫曼(Kaufmann)指数衡量］、本国知识产权的保护及企业所处行业性质等多方面因素的影响。当母国企业的技术进步受到目标企业研发资金溢出的影响并且存在同化吸收作用时，有

$$\text{Tech} = \text{RCS}^{\alpha_1}\text{DRC}^{\alpha_2}\text{HC}^{\alpha_3}\text{Kaufmann}^{\alpha_4}\psi^{\alpha_5}\ (\psi > 0, 0 < \alpha_1, \cdots, \alpha_5 < 1)$$

注意，母国研发投入资金存量与人力资本水平亦会受到其他因素的影响，故其中的系数 α_2、α_3 不一定为正。母国生产函数使用柯布-道格拉斯生产函数，即 $Y = \text{TFP}L^{\alpha}K^{\beta}$，假定规模报酬不变，即 $\alpha + \beta = 1$，同时技术为希克斯中性。

母国技术进步受到目标企业研发资金溢出的影响，当存在异化排斥效应，有

$$\text{Tech} = \text{RCS}^{\alpha}\phi^{\beta}\ (\phi > 0, \alpha < 0, \beta < 0)$$

而其他指标保持不变，则

$$\text{Tech} = \text{RCS}^{\alpha_1}\text{DRC}^{\alpha_2}\text{HC}^{\alpha_3}\text{Kaufmann}^{\alpha_4}\psi^{\alpha_5}\ (\psi > 0, \alpha_1, \cdots, \alpha_5 < 0)$$

因而导致目标企业研发资金溢出的获得并没有促进本国企业的技术进步，其原因可能为并购企业与目标企业技术差距过大所导致的衔接成本过高，或者由于两国研发水平在同一水平，重复投入而带来了异化排斥效应。

2) 有参数的最优化问题求解

为了简化问题的引入，本节将 HC 与 Kaufmann 指数作为外生变量来讨论最优解问题：

$$\max_{(\text{RCS,DRC})}\ \text{Tech} = \text{RCS}^{\alpha}\text{DRC}^{\beta}\psi^{\gamma}\ (\psi > 0, 0 < \alpha < 1, 0 < \beta < 1, 0 < \gamma < 1)$$

$$\text{s.t.}\quad C = C_f\text{RCS} + C_d\text{DRC}$$

其中，拉格朗日函数构造为

$$L = \text{RCS}^{\alpha}\text{DRC}^{\beta}\psi^{\gamma} - \lambda(C_f\text{RCS} + C_d\text{DRC})\ (\psi > 0, 0 < \alpha < 1, 0 < \beta < 1, 0 < \gamma < 1)$$

一阶条件：

$$\alpha\text{RCS}^{\alpha-1}\text{DRC}^{\beta}\psi^{\gamma} = \lambda C_f$$

$$\beta \mathrm{RCS}^{\alpha} \mathrm{DRC}^{\beta-1} \psi^{\gamma} = \lambda C_d$$

其中，λ 为拉格朗日乘子。解得 $\mathrm{RCS} = \dfrac{C_d}{C_f} \times \dfrac{\alpha}{\beta} \mathrm{DRC}$，该式说明了企业海外并购所获得的研发资金溢出与母国企业本身具有的研发资金存量以上述比例进行分配，则能够使本国技术进步达到最大化，进而更为合理地安排企业的研发投入，提升企业的竞争力。

3) 待检验结论(动态最优解的求解)

依据上述理论，企业海外并购与母国技术进步具有内在关联，其影响机制如图 4.6 所示。

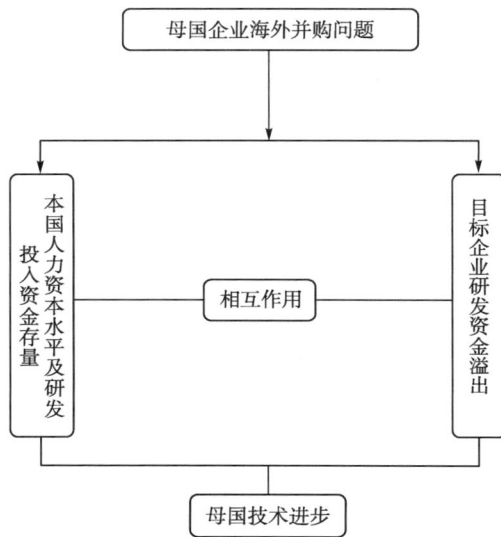

图 4.6　待检验结论

通过上述分析，本节可以发现，企业进行海外并购时对母国技术进步具有两种效应，包括正向与逆向的影响，但总体而言，企业进行海外并购，对母国的影响是正向促进的，能够提高母国的科技水平，带动母国整个行业的技术进步。具体而言，母国的技术进步来源于目标企业逆向研发资金溢出，同时受到本国人力资本水平与研发资金水平的约束。

2. 企业海外并购逆向人力资本溢出与母国技术进步

1) 企业海外并购逆向人力资本溢出的同化吸收效应与异化排斥效应理论传导机制

假设母国的技术进步，用 Tech 来表示，而获得的东道国目标企业人力资本溢出(host countries human capital overflow)设为 HHC。若目标企业人力资本溢出对母国技术进步具有促进作用，即随着东道国目标企业人力资本溢出增多，母国技术进步随之加强，则有 $\frac{\partial \text{Tech}}{\partial \text{HHC}} > 0$ ，反之，当 $\frac{\partial \text{Tech}}{\partial \text{HHC}} < 0$ ，则东道国目标企业人力资本溢出对母国技术进步具有抑制作用；而 $\frac{\partial \text{Tech}}{\partial \text{HHC}} = 0$ 时，则东道国目标企业人力资本溢出对母国技术进步无影响。机理分析与上一部分相似，母国技术进步与东道国目标企业人力资本溢出关系可以表示为

$$\text{Tech} = \text{HHC}^{\alpha} \phi^{\beta} (\phi > 0, 0 < \alpha < 1, 0 < \beta < 1)$$

同时，与上一部分分析类似，母国技术进步不仅与东道国目标企业人力资本溢出相关，还与母国本身的研发投入资金存量、人力资本水平、制度环境及东道国目标企业所处行业性质等因素有关，其中 $0 < \alpha < 1$ ，说明目标企业人力资本溢出将对母国技术进步具有同化吸收作用，有

$$\text{Tech} = \text{HHC}^{\alpha_1} \text{DRC}^{\alpha_2} \text{HC}^{\alpha_3} \text{Kaufmann}^{\alpha_4} \psi^{\alpha_5} (\psi > 0, 0 < \alpha_1 \cdots \alpha_5 < 1)$$

其中，系数 α_2 、 α_3 不一定为正，即母国的研发投入资金存量与人力资本水平也会受到母国其他因素影响，如企业激励机制、工资水平等因素。

母国技术进步受到目标企业人力资本溢出的影响，当存在异化排斥效应时，有

$$\text{Tech} = \text{HHC}^{\alpha} \phi^{\beta} (\phi > 0, \alpha < 0, \beta < 0)$$

而其他指标保持不变，则

$$\text{Tech} = \text{HHC}^{\alpha_1} \text{DRC}^{\alpha_2} \text{HC}^{\alpha_3} \text{Kaufmann}^{\alpha_4} \psi^{\alpha_5}, (\psi > 0, \alpha_1, \cdots, \alpha_5 < 0)$$

说明目标企业人力资本溢出对母国技术进步具有异化排斥效用，即目标企业人力资本溢出不仅没有促进母国技术进步，反而使其技术降低了，其原因是溢出的人力资本与母国企业固有的人力资本不匹配。

2）有参数的最优化问题求解

下面本节讨论有参数的最优化问题求解问题。本节同时考虑东道国目标企业研发资金溢出与人力资本溢出两个因素，将其引入最大化目标中，为了简化问题，本节将 HC 与 Kaufmann 指数作为外生变量来讨论最优解问题，则

$$\max_{(\text{RCS,HHC})} \text{Tech} = \text{RCS}^{\alpha_1} \text{HHC}^{\alpha_2} \text{DRC}^{\alpha_3} \text{HC}^{\alpha_4} \psi^{\alpha_5}, (\psi > 0, 0 < \alpha_1, \cdots, \alpha_5 < 1)$$

$$\text{s.t.} \quad C = C_f \text{RCS} + C_f' \text{HHC} + C_d \text{DRC} + C_d' \text{HC}$$

其中， C_f 与 C_f' 为得到海外目标企业研发资金溢出成本与人力资本溢出成本； C_d 与 C_d' 为母国研发投入资金存量与人力资本水平累积成本，由于本书设定为外生变量，为固定常数。

其中，拉格朗日函数构造为

$$L = \text{RCS}^{\alpha_1} \text{HHC}^{\alpha_2} \text{DRC}^{\alpha_3} \text{HC}^{\alpha_4} \psi^{\alpha_5} - \lambda (C_f \text{RCS} + C_f' \text{HHC} + C_d \text{DRC} + C_d' \text{HC})$$

$$(\psi > 0, 0 < \alpha_1, \cdots, \alpha_5 < 1)$$

一阶条件求解得

$$\frac{\partial L}{\partial \mathrm{RCS}} = \alpha_1 \mathrm{RCS}^{\alpha_1-1} \mathrm{HHC}^{\alpha_2} \mathrm{DRC}^{\alpha_3} \mathrm{HC}^{\alpha_4} \psi^{\alpha_5} - \lambda C_{\mathrm{f}}$$

$$\frac{\partial L}{\partial \mathrm{HHC}} = \alpha_2 \mathrm{RCS}^{\alpha_1} \mathrm{HHC}^{\alpha_2-1} \mathrm{DRC}^{\alpha_3} \mathrm{HC}^{\alpha_4} \psi^{\alpha_5} - \lambda C_{\mathrm{f}}'$$

$$\frac{\partial L}{\partial \lambda} = C_{\mathrm{f}} \mathrm{RCS} + C_{\mathrm{f}}' \mathrm{HHC} + C_{\mathrm{d}} \mathrm{DRC} + C_{\mathrm{d}}' \mathrm{HC}$$

解得 $\dfrac{\mathrm{RCS}}{\mathrm{DRC}} = \dfrac{C_{\mathrm{d}}}{C_{\mathrm{f}}} \times \dfrac{\alpha_1}{\alpha_3}$，$\dfrac{\mathrm{HHC}}{\mathrm{HC}} = \dfrac{C_{\mathrm{d}}'}{C_{\mathrm{f}}'} \times \dfrac{\alpha_2}{\alpha_4}$。

通过上述分析，要使母国技术进步最大化，则要使第一均衡解处于稳态，即海外目标企业研发资金溢出与并购企业研发资金存量存在上述比例，即 $\dfrac{C_{\mathrm{d}}}{C_{\mathrm{f}}} \times \dfrac{\alpha_1}{\alpha_3}$。将其一分为二分析，$\dfrac{C_{\mathrm{d}}}{C_{\mathrm{f}}}$ 为母国研发资金存量累积成本与得到海外目标企业研发资金溢出成本的相对比例；$\dfrac{\alpha_1}{\alpha_3}$ 为母国企业海外并购获得的研发资金溢出对母国技术贡献与本国固有的研发资金存量对本国技术进步贡献的相对比例。当 $\dfrac{\alpha_1}{\alpha_3} > 1$ 说明海外研发资金溢出对母国技术进步贡献大于国内资金存量的贡献；反之，$\dfrac{\alpha_1}{\alpha_3} < 1$ 说明其作用小于国内资金存量的贡献。$\dfrac{C_{\mathrm{d}}}{C_{\mathrm{f}}}$ 与 $\dfrac{\alpha_1}{\alpha_3}$ 的增大都会导致均衡解的增大，即获取海外并购企业研发资金溢出的成本低或海外并购企业研发资金溢出对母国企业技术进步的边际贡献大，都会使均衡解 $\dfrac{\mathrm{RCS}}{\mathrm{DRC}}$ 提高，进而促进母国技术进步。

同理，要使母国技术进步最大化，也要使第二均衡解处于稳态，即海外目标企业人力资本溢出与母国人力资本水平存在上述比例，即 $\dfrac{C_{\mathrm{d}}'}{C_{\mathrm{f}}'} \times \dfrac{\alpha_2}{\alpha_4}$。将其一分为二分析，其中 $\dfrac{C_{\mathrm{d}}'}{C_{\mathrm{f}}'}$ 为母国人力资本累积所需要的成本与并购企业得到人力资本溢出成本的比例；$\dfrac{\alpha_2}{\alpha_4}$ 为海外人力资本溢出对母国企业技术进步的贡献与母国固有人力资本水平对本国技术进步的贡献的相对比例。当 $\dfrac{C_{\mathrm{d}}'}{C_{\mathrm{f}}'}$ 与 $\dfrac{\alpha_2}{\alpha_4}$ 越大时，均衡解 $\dfrac{\mathrm{HHC}}{\mathrm{HC}}$ 越大，即海外并购得到人力资本溢出所需要的成本低或海外并购企业人力资本溢出对母国企业技术进步边际贡献大，都会促进母国技术进步。

3）待检验结论（动态最优解的求解）

母国企业海外并购与母国技术进步理论传导机制如图4.7所示。

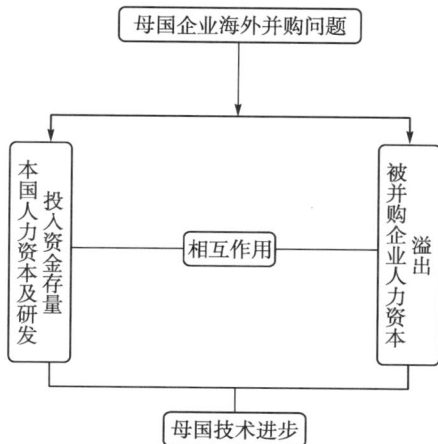

图 4.7　理论传导机制图解

通过上述分析，企业进行海外并购能够通过获得海外目标企业人力资本溢出效应，促进母国的技术进步，同时其也存在同化吸收效应与异化排斥效应。若要使同化吸收效应增强，则必须提高目标企业人力资本溢出对母国的技术贡献率或降低获得成本；同时，提高研发资金对母国企业技术进步的边际贡献或降低获得海外并购企业研发资金的成本，这样有助于促进母国技术进步。

4.4　企业海外并购研发资金溢出与母国技术进步的实证分析

企业技术进步通常存在两种方式：一种方式为企业自身的技术创新；另一种方式为企业通过对上游企业并购获得上游国家企业的先进知识技术而带动母国的技术变革与创新，通过学习、模仿、吸收对先进技术进行同化。企业选择海外并购而非直接投资或绿地投资，是因为企业海外并购可直接得到目标企业的研发资金、先进技术及该企业在当地拥有的上游与下游关系，能够更好地融合于当地市场，同时，又能够将企业的技术转移至国内，消化、吸收达到对先进技术的引进，进而增加产品数量与提升产品质量。而并购企业获得目标企业研发资金溢出，对母国的技术进步具有同化吸收与异化排斥两种效应，其影响机制如图 4.6 所示，而对于其影响作用的大小，本节以下列实证方式对此进行检验。

本节对企业海外并购所获得的研发资金溢出对母国企业造成的同化吸收与异化排斥效应进行分析，其受到母国固有的研发资金存量与母国人力资本水平的影响，为此建立模型 1～模型 4，并在模型 5 与模型 6 中引入交叉项来讨论它们之间是否存在同化吸收或异化排斥效应，并探究该模型中是否存在门槛效应。

4.4.1 模型设定与构建

本节利用上述理论机制，建立如下计量模型：

模型 1： $\ln \text{TFP}_t = \alpha_1 + \beta_{11} \ln \text{RCS}_t + \varepsilon_{it}$

模型 2： $\ln \text{TFP}_t = \alpha_2 + \beta_{21} \ln \text{RCS}_t + \beta_{22} \ln \text{DRC}_t + \varepsilon_{it}$

模型 3： $\ln \text{TFP}_t = \alpha_3 + \beta_{31} \ln \text{RCS}_t + \beta_{32} \ln \text{DRC}_t + \beta_{33} \text{HC}_t + \varepsilon_{it}$

模型 4： $\ln \text{TFP}_t = \alpha_4 + \beta_{41} \ln \text{RCS}_t + \beta_{42} \ln \text{DRC}_t + \beta_{43} \text{HC}_t + \beta_{44} \text{Kaufmann} + \varepsilon_{it}$

对模型引入交叉项得

模型 5： $\ln \text{TFP}_t = \alpha_5 + \beta_{51} \ln \text{RCS}_t + \beta_{52} \ln \text{DRC}_t + \beta_{53} \text{HC}_t + \beta_{54} \text{Kaufmann}$
$\qquad\qquad + \beta_{55} \ln \text{RCS}_t \ln \text{DRC}_t + \varepsilon_{it}$

模型 6： $\ln \text{TFP}_t = \alpha_6 + \beta_{61} \ln \text{RCS}_t + \beta_{62} \ln \text{DRC}_t + \beta_{63} \text{HC}_t + \beta_{64} \text{Kaufmann}$
$\qquad\qquad + \beta_{65} \ln \text{RCS}_t \ln \text{HC}_t + \varepsilon_{it}$

模型 5 中，本节对研发资金溢出 lnRCS 进行求偏导数处理，即：

$$\frac{\partial \ln \text{TFP}_t}{\partial \ln \text{RCS}_t} = \beta_{51} + \beta_{55} \ln \text{DRC}_t$$

说明企业海外并购获得的研发资金溢出对母国技术进步的影响受到母国固有研发投入资金存量的制约，当 $\beta_{55} > 0$，说明母国研发投入资金存量对逆向研发资金溢出的同化吸收效应具有促进作用；而当 $\beta_{55} < 0$ 时，说明此时异化排斥效应具有促进作用，换句话说，此时，母国研发投入资金存量不利于母国的技术进步；当 $\beta_{55} = 0$，此时母国固有研发投入资金存量对企业海外获得的研发资金溢出与母国技术进步不造成任何影响。而模型 5 中存在同化吸收效应，即 $\frac{\partial \ln \text{TEP}_t}{\partial \ln \text{RCS}_t} > 0$ 时，要想对异化排斥作用 $\frac{\partial \ln \text{TFP}_t}{\partial \ln \text{RCS}_t} < 0$ 进行分析，首先就要对 β_{51}、β_{55} 进行分析。

（1）当 $\beta_{51} > 0, \beta_{55} > 0$ 时，模型存在同化吸收效应，企业海外并购不存在门槛效应。

（2）当 $\beta_{51} > 0, \beta_{55} < 0$ 时，为使 $\frac{\partial \ln \text{TFP}_t}{\partial \ln \text{RCS}_t} > 0$，即企业海外获得的研发资金溢出对母国技术进步具有同化吸收效应，则必有 $\ln \text{DRC}_t < -\dfrac{\beta_{51}}{\beta_{55}}$，说明此时企业海外并购逆向研发资金溢出对母国固有的研发投入资金存量值设置了门槛,存在门槛效应。

（3）当 $\beta_{51} < 0, \beta_{55} > 0$ 时，为使得 $\frac{\partial \ln \text{TFP}_t}{\partial \ln \text{RCS}_t} > 0$，即企业海外并购获得的研发资金溢出对母国技术进步具有同化吸收效应，则必有 $\ln \text{DRC}_t > -\dfrac{\beta_{51}}{\beta_{55}}$，说明此时企业海外

并购逆向研发资金溢出对母国固有的研发投入资金存量值设置了门槛，存在门槛效应。

（4）当 $\beta_{51} < 0, \beta_{55} < 0$ 时，为使 $\dfrac{\partial \ln \mathrm{TFP}_t}{\partial \ln RCS_t} > 0$，即企业海外并购获得的研发资金

溢出对母国技术进步具有同化吸收效应，则必有 $\ln \mathrm{DRC}_t < -\dfrac{\beta_{51}}{\beta_{55}}$，说明此时对母国

固有的研发投入资金存量值设置了门槛，存在门槛效应；相比于情况（2）而言，此时

的门槛值更为苛刻，此时国内研发投入资金存量的要求为 $\mathrm{DRC}_t < \mathrm{e}^{\frac{\beta_{51}}{\beta_{55}}} < 1$，即投入

量相比于相同统计口径而言要小一单位。

对于模型 6，对逆向研发资金溢出 lnRCS 进行求偏导数处理，即

$$\frac{\partial \ln \mathrm{TFP}_t}{\partial \ln RCS_t} = \beta_{61} + \beta_{65} \ln HC_t$$

说明企业海外并购获得的研发资金溢出对母国技术进步的影响受到母国固有的
人力资本水平制约，当 $\beta_{65} > 0$ 时，说明母国人力资本水平对逆向研发资金溢出的同
化吸收效应具有促进作用；当 $\beta_{65} < 0$ 时，说明此时异化排斥效应具有促进作用，换
句话说，此时，母国人力资本水平不利于母国的技术进步；当 $\beta_{65} = 0$ 时，此时母国
固有人力资本水平对企业海外获得研发资金溢出与母国技术进步不造成任何影响。

而想要对模型 6 中存在的同化吸收效应 $\left(\dfrac{\partial \ln \mathrm{TFP}_t}{\partial \ln RCS_t} > 0 \right)$ 和异化排斥效应

$\left(\dfrac{\partial \ln \mathrm{TFP}_t}{\partial \ln RCS_t} < 0 \right)$ 进行分析，首先就要对 β_{61}、β_{65} 进行分析。

（1）当 $\beta_{61} > 0$，$\beta_{65} > 0$ 时，模型存在同化吸收效应，企业海外并购不存在门槛效应。

（2）当 $\beta_{61} > 0$，$\beta_{65} < 0$ 时，为使 $\dfrac{\partial \ln \mathrm{TFP}_t}{\partial \ln RCS_t} > 0$，即企业海外并购获得的研发资金

溢出对母国技术进步具有同化吸收效应，则必有 $\ln HC_t < -\dfrac{\beta_{61}}{\beta_{65}}$，说明此时企业海外

并购逆向研发资金溢出对母国固有的人力资本水平值设置了门槛，存在门槛效应。

（3）当 $\beta_{61} < 0$，$\beta_{65} > 0$ 时，为使 $\dfrac{\partial \ln \mathrm{TFP}_t}{\partial \ln RCS_t} > 0$，即企业海外并购获得的研发资金

溢出对母国技术进步具有同化吸收效应，则必有 $\ln HC_t > -\dfrac{\beta_{61}}{\beta_{65}}$，说明此时企业海外

并购逆向研发资金溢出对母国固有的人力资本水平值设置了门槛，存在门槛效应。

（4）当 $\beta_{61} < 0$，$\beta_{65} < 0$ 时，为使 $\dfrac{\partial \ln \mathrm{TFP}_t}{\partial \ln RCS_t} > 0$，即企业海外并购获得的研究资金

溢出对母国技术进步具有同化吸收效应，则必有 $\ln HC_t < -\dfrac{\beta_{61}}{\beta_{65}}$，说明此时企业海外

并购逆向研发资金溢出对母国固有的人力资本水平值设置了门槛，存在门槛效应；相比于情况(2)而言，此时的门槛值更为苛刻，此时国内人力资本水平的要求为 $HC_t < e^{\frac{\beta_{61}}{\beta_{65}}} < 1$，即投入量相比于相同统计口径而言要小一单位。

4.4.2　数据来源与数据处理

本书选取 2006～2014 年 OECD 中 35 个成员国为研究对象，其中包括澳大利亚、奥地利、比利时、加拿大、瑞士、智利、捷克、德国、丹麦、西班牙、爱沙尼亚、芬兰、法国、英国、希腊、匈牙利、爱尔兰、冰岛、以色列、意大利、日本、韩国、卢森堡、墨西哥、荷兰、挪威、新西兰、波兰、葡萄牙、斯洛伐克、斯洛文尼亚、瑞典、土耳其、美国及拉脱维亚。每个国家选取 20 个海外并购企业为研究对象，按投资金额流量由大到小排序，每个国家海外并购数据均来源于 Zephyr 数据库，其数据为 2006～2014 年各个国家进行海外并购的企业层面数据，包括交易时间、并购对象及交易金额等内容统计。OECD 数据采用国家层面数据，在 Zephyr 数据库中将企业数据加总得到该国企业海外并购总量。企业海外并购研发资金溢出、母国全要素生产率增长率、母国人力资本水平、制度环境指数[①]和母国研发投入资金存量[②]的定义及说明如表 4.3 所示。

表 4.3　变量定义及说明

变量	说明
RCS	企业海外并购研发资金溢出，用来代表东道国目标企业对母国并购企业的研发资金外溢数量
TFP	母国全要素生产率增长率，用来代表东道国技术进步程度
HC	母国人力资本水平
Kaufmann	制度环境指数，采用世界银行对各国防治腐败指数即 Kaufmann 指数，以此衡量各国制度环境。本书采用的 Kaufmann 指数为东道国与母国的相对比例
HHC	海外并购企业逆向人力资本溢出

(1)企业海外并购研发资金溢出。本节依据 LP 法，对研发资金溢出进行如下计算：$RCS = \frac{EMA}{CK} \times RAD$，其中，EMA (enterprise overse as mergers and acquisitions) 为母国的企业对东道国进行海外并购交易资金数额；CK 为东道国资本存量，RAD (R&D capital) 为东道国各年研发投入资金存量。其中，RAD 利用 1951 年由戈德史密斯 (Goldsmith) 提出，后经 Griliches 于 1980 年完善的永续盘存法进行计算得

---

① 数据来源于 WDI（World Development Indicators）。
② 数据来源于 GGDC（Groningen Growth and Development Centre）数据库，数据年限为 2000～2014 年。

出，即 $RAD = (1-\delta)RAD_{t-1} + RD_t$ ， RD_t 为 t 年东道国研发费用； δ 为研发资本折旧。本节参照以往学者研究将研发资本折旧率取 5%，即 $\delta = 5\%$ 。母国研发投入资金存量与东道国研发投入资金存量计算相似。

（2）母国全要素生产率增长率。本节利用 GGDC 数据库给出的现行购买力平价指数水平下的全要素生产率进行实证，在 GGDC 数据库中给出了 ctfp［现行购买力平价指数下的全要素生产 TFP（USA=1）］、cwtfp［现行购买力平价指数下的福利相关 TFP（USA=1）］、rtfpna［固定基期价格下的 TFP（2005=1）］及 rwtfpna［固定基期价格下的福利相关 TFP（2005=1）］，本节选取其余三组数据进行回归，结论与第一组所得显著性相似，可见以任何一组全要素生产率的回归进行分析均不影响显著性。

（3）母国人力资本水平。人力资本水平指数采用受教育年限及教育回报率影响[①]。

（4）制度环境指数。采用世界银行对各国防治腐败指数即（Kaufmann 指数）衡量各国制度环境。本书采用的 Kaufmann 指数为东道国与母国的相对比例。

（5）海外并购企业逆向人力资本溢出。以往学者并未提出海外并购企业人力资本溢出的具体计算方式，本书采用与海外并购企业研发资金溢出相类似的计算方式对该指标进行计算，即 $HHC = \dfrac{EMA}{CK} \times HC$ ，其中，EMA 为母国企业对东道国进行海外并购交易资金数额，CK 为东道国资本存量，HC 为母国各年人力资本水平。

4.4.3　变量描述性统计与模型检验

1. 变量描述性统计

下面给出本书需要实证检验的变量描述性统计，如表 4.4 所示。

表 4.4　变量描述性统计

变量名	观测值	平均值	标准差	最小值	最大值
TFP	6300	0.8565	0.1819	0.5480	1.5797
RCS	6300	526.9663	19.8036	0.0000	22 714.2900
DRC	6300	1 528 622	6.5243	21.0000	4.41e+07
HC	6300	3.0659	0.2851	2.1579	3.6187
Kaufmann	6300	0.556 5	0.2501	0.1233	1.0776
lnRCS	6300	4.8130	1.9535	-3.1485	10.0308
lnDRC	6300	10.2294	2.5326	5.7366	17.6021
lnHHC	6300	3.5965	7.8010	0.0003	32.3659

---

① 数据来源于 GGDC 数据库。

这样，本节从 OECD35 个国家中每个国家选取 20 个目标企业，共统计 9 年的数据作为实证所需变量的描述性统计，包括其平均值、标准差、最小值和最大值。

2. 模型检验

首先，笔者对模型进行异方差检验，发现模型不存在异方差，检验结果散点图如图 4.8 所示。笔者也采用 White 检验与 Breusch-Pagan 检验，结果未发生显著变化，均表示模型不存在异方差效应，因此，以免赘余，本节只给出了散点图的异方差检验结果。同时，本节还对模型选择进行了固定效应模型的 F 检验与豪斯曼（Hausman）检验，经过原假设为混合效应 F 检验，我们判定个体固定效应更为有效，同时采用 Hausman 检验判定仍为个体固定效应更为有效。其判断方式，如表 4.5 所示。原假设与备择假设如下。

(1) H_0：个体效应与回归变量无关（个体随机效应模型）。

(2) H_1：个体效应与回归变量相关（个体固定效应模型）。

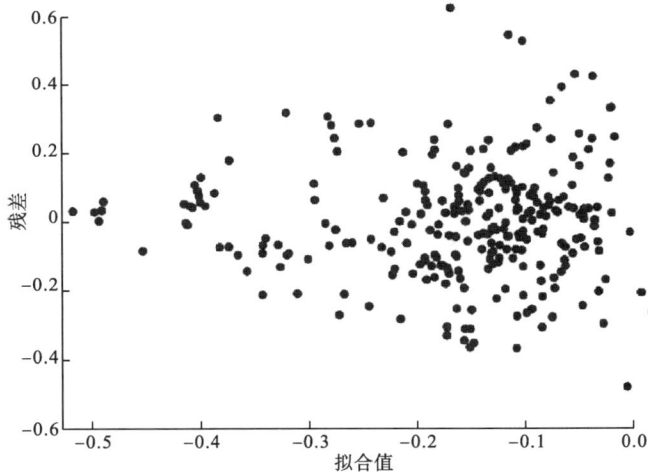

图 4.8　散点图

表 4.5　Hausman 检验判断规则

项目	离差变换 OLS 估计	可行广义最小二乘法估计	估计量之差
个体随机效应模型	估计量具有一致性	估计量具有一致性	小
个体固定效应模型	估计量具有一致性	估计量不具有一致性	大

如果两种个体差别大，则采用个体固定效应模型。在研究经济问题中，经济变量或经济体通常是有差别的，因而经济学者研究经济问题时采用固定效应模型较为

常见。本书对上述六个模型分别做了 Hausman 检验，发现 p 值均小于 0.05，故而本书采用固定效应模型，下面给出六个模型的 Hausman 检验结果，如表 4.6 所示。

表 4.6　各个模型 Hausman 检验结果

模型序列	变量符号	lnTFP（固定效应模型）	lnTFP（随机效应模型）	Hausman 检验结果
模型 1	lnRCS	0.5080***	0.0064	Prob>chi^2 = 0.0000
		(3.42)	(1.82)	
	常数项	−0.1850***	−0.1910***	
		(−10.61)	(−5.30)	
模型 2	lnRCS	0.4880***	0.0058	Prob>chi^2 = 0.0001
		(5.43)	(1.67)	
	lnDRC	0.0364***	0.0230***	
		(4.85)	(3.48)	
	常数项	−0.5620***	−0.4260***	
		(−7.07)	(−5.60)	
模型 3	lnRCS	0.1910***	0.0035	Prob>chi^2 = 0.0000
		(4.59)	(1.07)	
	lnDRC	0.0307***	0.0229***	
		(4.35)	(3.59)	
	HC	0.4690***	−0.3400***	
		(6.12)	(−5.27)	
	常数项	0.9510***	0.6270**	
		(3.68)	(2.90)	
模型 4	lnRCS	0.2040***	0.00356	Prob>chi^2 = 0.0001
		(7.64)	(1.09)	
	lnDRC	0.0305***	0.0223***	
		(4.32)	(3.49)	
	HC	0.4630***	−0.3350***	
		(6.04)	(−5.21)	
	Kaufmann	0.0424**	0.0358	
		(3.16)	(1.15)	
	常数项	0.9110***	0.5990**	
		(3.51)	(2.77)	
模型 5	lnRCS	−0.5060***	−0.0092	Prob>chi^2 = 0.0000
		(−4.97)	(−0.72)	
	lnDRC	0.0220*	0.0140	

续表

模型序列	变量符号	lnTFP (固定效应模型)	lnTFP (随机效应模型)	Hausman 检验结果
模型 5	lnDRC	(2.16)	(1.45)	
	HC	0.4580***	−0.3250***	
		(5.96)	(−5.09)	
	Kaufmann	0.0442**	0.0364	Prob>chi² = 0.000 0
		(3.04)	(1.16)	
	lnRCSlnDRC	0.1530***	0.0014	
		(4.17)	(1.04)	
	常数项	0.9720***	0.6440**	
		(3.68)	(2.89)	
模型 6	lnRCS	0.2060***	0.0165	
		(3.45)	(0.35)	
	lnDRC	0.0308***	0.0226***	
		(4.34)	(3.52)	
	HC	0.4320***	−0.3160**	
		(3.96)	(−3.17)	Prob>chi² = 0.0002
	Kaufmann	0.0427**	0.0362	
		(2.69)	(1.16)	
	LnRCSlnHC	−0.0166***	−0.0116	
		(−5.41)	(−0.28)	
	常数项	0.8100*	0.5360	
		(2.26)	(1.65)	
	样本数量 N	6300	6300	

*、**、***分别表示 10%、5%和 1%的显著性水平。

注：括号内为 t 统计量。

其中，Prob>chi² 取值均小于 0.05，根据 Hausman 检验原理，本节认为个体差异较大，故本节选择固定效应模型对此进行展开研究。

4.4.4　回归结果分析

下面对模型进行回归分析，如表 4.7 所示。

表 4.7　企业海外并购逆向研发资金溢出与母国技术进步回归分析

变量	模型 1 lnTFP	模型 2 lnTFP	模型 3 lnTFP	模型 4 lnTFP	模型 5 lnTFP	模型 6 lnTFP
lnRCS	0.5080***	0.4880***	0.1910***	0.2040***	−0.5060***	0.2060***
	(0.0036)	(0.0034)	(0.0032)	(0.0032)	(0.0126)	(0.0455)
lnDRC		0.0364***	0.0307***	0.0305***	0.0220**	0.0308***
		(0.0075)	(0.0071)	(0.0071)	(0.0101)	(0.0071)
HC			0.4690***	0.4630***	0.4580***	0.4320***
			(0.0767)	(0.0767)	(0.0768)	(0.1090)
Kaufmann				0.0424**	0.0442**	0.0427**
				(0.0308)	(0.0308)	(0.0308)
lnRCSlnDRC					0.1530***	
					(0.0013)	
lnRCSlnHC						−0.0166***
						(0.0404)
常数项	−0.1850***	−0.5620***	0.9510***	0.9110***	0.9720***	0.8100**
	(0.0175)	(0.0794)	(0.2580)	(0.2590)	(0.2640)	(0.3590)
年份	控制	控制	控制	控制	控制	控制
地区	控制	控制	控制	控制	控制	控制
样本数量 N	6300	6300	6300	6300	6300	6300
相关系数 R^2	0.0080	0.0960	0.2170	0.2230	0.2270	0.2240

和*分别表示 5%和 1%的显著性水平。

注：括号内为标准差。

　　本书通过对企业海外并购获得的目标企业研发资金溢出效应与母国技术进步的回归分析，得出以下结论。一是企业进行海外并购所得到的目标企业研发资金溢出对母国技术进步影响显著，说明企业进行海外并购对母国技术进步具有较大的同化吸收效应，能够促进母国技术进步。二是母国固有的研发投入资金存量对目标企业研发资金溢出的吸收具有促进作用，这对母国技术进步的促进作用约为 15.3%，而母国的人力资本水平对企业海外并购所获得研发资金溢出的吸收具有排斥作用，其对母国技术进步的阻碍作用约为 1.66%，总体上讲，母国固有的研发投入资金存量及人力资本水平对研发资金溢出的吸收具有正向同化作用。三是为使企业海外并购获得的研发资金溢出对母国技术进步具有同化促进效应，目标企业研发资金溢出对母国固有研发投入资金存量及人力资本水平均设置了门槛值，其中，通过引入含有交叉项的模型 5 的系数 $\beta_{51} = -0.5060$、$\beta_{55} = 0.1530$ 分析所得，母国固有资本存量需要满足下列条件，才能使企业海外并购带动母国技术进步，即母国资本存量的对数值超过 3.3072 时，将带动母国技术进步，$\ln DRC_t > -\beta_{51}/\beta_{55} = 3.3072$，海外获得资金溢出对母国技术进步才能够产生同化吸收效应，此时对母国固有的研发投入资金存量数值设置了门槛，其门槛值为 $DRC_t = e^{3.3072}$ ，存在对企业海外并购的门槛效应；而通过模型 6 得到的系数 $\beta_{61} = 0.2060$ ， $\beta_{65} = -0.0166$ 分析得出，企业海外并购与母国人力资本水平需要满足 $\ln HC_t < -\beta_{61}/\beta_{65} = 12.41$ ，此时对母国固有的人力资本水平值设置了门槛，其门槛值为 $HC_t = e^{12.41}$ ，存在企业海外并购的门槛效应。故为使研发资金溢出对母国技术进步具有促进作用，母国研发投入资金存量应大于其门槛值，与之对应的人力资本水平应小于其门槛值。

在我国实施"走出去"政策下，企业对外进行投资多选择海外并购与绿地投资的方式，因此，我国企业海外并购与绿地投资总量均不断增大。而在我国企业对外直接投资份额分布中，企业海外并购所占的份额超过了绿地投资，为使企业海外并购对母国技术进步具有正向促进作用，同时，使海外并购的逆向研发资金溢出对母国技术进步亦具有促进作用，企业海外并购需跨越门槛值，这时企业海外并购对母国技术进步才具有促进作用。因此，企业海外并购份额与母国研发投入资金存量和人力资本水平具有上述门槛关系。当企业海外并购与母国研发投入资金存量与人力资本水平符合上述门槛关系时，企业海外并购对母国技术进步具有同化吸收效应，在此情况下，企业海外并购对母国技术进步起着推动作用；反之，企业海外并购对母国技术进步起着抑制作用。

4.5　企业海外并购人力资本溢出与母国技术进步的实证分析

企业海外并购不仅可得到目标企业研发资金的溢出，与此同时，亦能够获得目标企业的人力资本溢出，从而带动母国技术进步。在企业对外直接投资中，企业海外并购对母国的技术进步具有促进作用，进而对带动母国产业链优化、产业结构升级都具有十分重要的作用，在此过程中，企业海外并购对母国技术进步是具有门槛效应的。笔者在分析了企业海外并购获得目标企业研发资金溢出受母国固有的研发投入资金存量与母国的人力资本水平约束的基础上，随后分析了企业海外并购获得人力资本溢出与母国技术进步过程中，其与母国固有的研发投入资金存量与人力资本水平之间的内在关系。为了分析企业海外并购获得人力资本溢出对母国技术进步的影响，我们建立下列计量模型，以期得到企业海外并购与母国研发投入资金存量和人力资本水平之间的内在联系。

下面对企业海外并购所获得的人力资本溢出对母国企业技术进步造成的同化吸收与异化排斥效应进行实证分析，企业海外并购促进母国技术进步受到母国固有的研发投入资金存量与母国人力资本水平的约束，为此本节在模型 5' 与模型 6' 中引入交叉项来讨论企业海外并购与母国技术进步之间存在的同化吸收或异化排斥效应，并探究该模型中是否存在门槛效应。

4.5.1　模型设定与构建

本节对模型进行设定与构建。

模型 $1'$：$\ln \mathrm{TFP}_t = \alpha_1' + \gamma_{11} \ln \mathrm{HHC}_t + \upsilon_{it}$

模型 $2'$：$\ln \mathrm{TFP}_t = \alpha_2' + \gamma_{21} \ln \mathrm{HHC}_t + \gamma_{22} \ln \mathrm{DRC}_t + \upsilon_{it}$

模型 $3'$：$\ln \mathrm{TFP}_t = \alpha_3' + \gamma_{31} \ln \mathrm{HHC}_t + \gamma_{32} \ln \mathrm{DRC}_t + \gamma_{33} \mathrm{HC}_t + \upsilon_{it}$

模型 $4'$：$\ln \mathrm{TFP}_t = \alpha_4' + \gamma_{41} \ln \mathrm{HHC}_t + \gamma_{42} \ln \mathrm{DRC}_t + \gamma_{43} \mathrm{HC}_t + \gamma_{44} \mathrm{Kaufmann} + \upsilon_{it}$

对模型引入交叉项得

模型 $5'$：$\ln \mathrm{TFP}_t = \alpha_5 + \gamma_{51} \ln \mathrm{HHC}_t + \gamma_{52} \ln \mathrm{DRC}_t + \gamma_{53} \mathrm{HC}_t + \gamma_{54} \mathrm{Kaufmann}$
$\qquad\qquad + \gamma_{55} \ln \mathrm{HHC}_t \ln \mathrm{DRC}_t + \upsilon_{it}$

模型 $6'$：$\ln \mathrm{TFP}_t = \alpha_6' + \gamma_{61} \ln \mathrm{HHC}_t + \gamma_{62} \ln \mathrm{DRC}_t + \gamma_{63} \mathrm{HC}_t + \gamma_{64} \mathrm{Kaufmann}$
$\qquad\qquad + \gamma_{65} \ln \mathrm{HHC}_t \ln \mathrm{HC}_t + \upsilon_{it}$

模型 $5'$ 中，本节对研发资金溢出 $\ln \mathrm{HHC}$ 进行求偏导数处理，即

$$\frac{\partial \ln \mathrm{TFP}_t}{\partial \ln \mathrm{HHC}_t} = \gamma_{51} + \gamma_{55} \ln \mathrm{DRC}_t$$

说明企业海外并购获得的人力资本溢出对母国技术进步的影响受到母国固有的研发投入资金存量制约，当 $\gamma_{55} > 0$ 时，说明母国研发投入资本存量对企业海外并购获得的人力资本溢出的同化吸收效应具有促进作用；而当 $\gamma_{55} < 0$ 时，说明此时异化排斥效应具有促进作用，换句话说，此时，母国研发投入资金存量不利于母国的技术进步；当 $\gamma_{55} = 0$ 时，此时母国固有研发投入资金存量对企业海外并购获得的人力资本溢出与母国技术进步不造成任何影响。而模型中存在同化吸收效应时，即 $\dfrac{\partial \ln \mathrm{TFP}_t}{\partial \ln \mathrm{HHC}_t} > 0$，要想对异化排斥作用 $\dfrac{\partial \ln \mathrm{TFP}_t}{\partial \ln \mathrm{HHC}_t} < 0$ 进行分析，首先就要对 γ_{51}、γ_{55} 进行分析。

（1）当 $\gamma_{51} > 0$，$\gamma_{55} > 0$ 时，模型 $5'$ 存在同化吸收效应，企业海外并购逆向人力资本溢出不存在门槛效应。

（2）当 $\gamma_{51} > 0$，$\gamma_{55} < 0$ 时，为使 $\dfrac{\partial \ln \mathrm{TFP}_t}{\partial \ln \mathrm{HHC}_t} > 0$，即企业海外并购获得的人力资本溢出对母国技术进步具有同化吸收效应，则必有 $\ln \mathrm{DRC}_t < -\dfrac{\gamma_{51}}{\gamma_{55}}$，说明此时对母国固有的研发投入资金存量值设置了门槛，企业海外并购逆向人力资本溢出存在门槛效应。

（3）当 $\gamma_{51} < 0$，$\gamma_{55} > 0$ 时，为使 $\dfrac{\partial \ln \mathrm{TFP}_t}{\partial \ln \mathrm{HHC}_t} > 0$，即企业海外并购获得的人力资本

溢出对母国技术进步具有同化吸收效应，则必有 $\ln \mathrm{DRC}_t > -\dfrac{\gamma_{51}}{\gamma_{55}}$，说明此时对母国固有的研发投入资金存量值设置了门槛，企业海外并购逆向人力资本溢出存在门槛效应。

（4）当 $\gamma_{51} < 0$，$\gamma_{55} < 0$ 时，为使 $\dfrac{\partial \ln \mathrm{TFP}_t}{\partial \ln \mathrm{HHC}_t} > 0$，即企业海外并购获得的人力资本溢出对母国技术进步具有同化吸收效应，则必有 $\ln \mathrm{DRC}_t < -\dfrac{\gamma_{51}}{\gamma_{55}}$，说明此时对母国固有的研发投入资金存量值设置了门槛，企业海外并购逆向人力资本溢出存在门槛效应；相比于情况（2）而言，此时的门槛值更为苛刻，此时国内研发投入资金存量要求 $\mathrm{DRC}_t < \mathrm{e}^{\frac{\gamma_{51}}{\gamma_{55}}} < 1$，即研发资金投入量相比于相同统计口径的其他要素而言要小一单位。

模型 6′ 中，本节对研发资金溢出 lnHHC 进行求偏导数处理，与上述处理方式相同。

$$\frac{\partial \ln \mathrm{TFP}_t}{\partial \ln \mathrm{HHC}_t} = \gamma_{61} + \gamma_{65} \ln \mathrm{HC}_t$$

说明企业海外并购获得的人力资本溢出对母国技术进步的影响受到母国固有的人力资本水平制约，当 $\gamma_{65} > 0$ 时，说明母国人力资本水平对企业海外并购获得的人力资本溢出同化吸收效应具有促进作用；而当 $\gamma_{65} < 0$ 时，说明此时异化排斥效应具有促进作用，换句话说，此时，母国人力资本水平不利于母国的技术进步；当 $\gamma_{65} = 0$ 时，此时母国固有人力资本水平对企业海外并购获得的人力资本溢出与母国技术进步不造成任何影响。而模型中存在同化吸收效应时，即 $\dfrac{\partial \ln \mathrm{TFP}_t}{\partial \ln \mathrm{HHC}_t} > 0$，要想对异化排斥作用 $\dfrac{\partial \ln \mathrm{TFP}_t}{\partial \ln \mathrm{HHC}_t} < 0$ 进行分析，首先就要对 γ_{61}、γ_{65} 进行分析。

（1）当 $\gamma_{61} > 0$，$\gamma_{65} > 0$ 时，模型 6′ 存在同化吸收效应，企业海外并购逆向人力资本溢出不存在门槛效应。

（2）当 $\gamma_{61} > 0$，$\gamma_{65} < 0$ 时，为使 $\dfrac{\partial \ln \mathrm{TFP}_t}{\partial \ln \mathrm{HHC}_t} > 0$，即海外并购获得的人力资本溢出对母国技术进步具有同化吸收效应，则必有 $\ln \mathrm{HC}_t < -\dfrac{\gamma_{61}}{\gamma_{65}}$，说明此时对母国固有的人力资本水平值设置了门槛，企业海外并购逆向人力资本溢出存在门槛效应。

（3）当 $\gamma_{61} < 0$，$\gamma_{65} > 0$ 时，为使 $\dfrac{\partial \ln \mathrm{TFP}_t}{\partial \ln \mathrm{HHC}_t} > 0$，即海外并购获得的人力资本溢出对母国技术进步具有同化吸收效应，则必有 $\ln \mathrm{HC}_t > -\dfrac{\gamma_{61}}{\gamma_{65}}$，说明此时对母国固有的

人力资本水平值设置了门槛，企业海外并购逆向人力资本溢出存在门槛效应。

（4）当 $\gamma_{61} < 0$，$\gamma_{65} < 0$ 时，为使 $\dfrac{\partial \ln \text{TFP}_t}{\partial \ln \text{HHC}_t} > 0$，即海外并购获得的人力资本溢出对母国技术进步具有同化吸收效应，则必有 $\ln \text{HC}_t < -\dfrac{\gamma_{61}}{\gamma_{65}}$，说明此时对母国固有的人力资本水平值设置了门槛，企业海外并购逆向人力资本溢出存在门槛效应；相比于情况（2）而言，此时的门槛值更为苛刻，此时国内人力资本存量要求 $\text{HC}_t < e^{\frac{\gamma_{61}}{\gamma_{65}}} < 1$，即投入量相比于相同统计口径而言要小一单位。

通过上述计量模型的建立可以看出，企业海外并购获得的逆向人力资本溢出与母国技术进步具有同化吸收与异化排斥效应，源于企业海外并购所受到的母国研发投入资金存量与人力资本水平之间的约束。要想使企业海外并购对母国技术进步起促进作用，则必须跨越研发投入资金存量与人力资本水平设立的门槛，这样企业海外并购才能对目标企业的人力资本溢出具有同化吸收效应，并且跨越门槛后，随着企业海外并购投入增加，其对母国技术进步的促进作用随之不断增强；反之，企业海外并购在未跨越门槛时，获得的目标企业人力资本溢出对母国企业技术进步具有异化排斥效应，不利于对目标企业人力资本溢出的吸收，此时，企业海外并购对母国技术进步具有抑制作用。

4.5.2　模型的检验

为了检验上文中建立的计量模型是否适用于固定效应模型或随机效应模型，笔者对此展开了 Hausman 检验（表 4.8）。

表 4.8　企业海外并购人力资本溢出与技术进步 Hausman 检验

模型序列	变量符号	lnTFP （固定效应模型）	lnTFP （随机效应模型）	Hausman 检验结果
模型 1′	lnHHC	0.6470**	-0.0106**	Prob>chi² = 0.0003
		(2.85)	(-2.61)	
	常数项	0.0567	-0.1380***	
		(0.57)	(-3.92)	
模型 2′	lnHHC	0.6320**	-0.0061	Prob>chi² = 0.0001
		(2.99)	(-1.47)	
	lnDRC	0.0380***	0.0236***	
		(5.08)	(3.41)	
	常数项	-0.3370**	-0.3950***	
		(-2.75)	(-4.77)	

模型序列	变量符号	lnTFP（固定效应模型）	lnTFP（随机效应模型）	Hausman 检验结果
模型 3′	lnHHC	0.5550**	−0.0056	
		(3.08)	(−1.31)	
	lnDRC	0.0298***	0.0225***	
		(4.29)	(3.43)	Prob>chi^2 = 0.0000
	lnHC	0.5160***	−0.3920***	
		(7.26)	(−6.34)	
	常数项	1.3010***	0.8160***	
		(5.16)	(3.89)	
模型 4′	lnHHC	0.5640**	−0.0056	
		(2.63)	(−1.30)	
	lnDRC	0.0294***	0.0222***	
		(4.23)	(3.37)	
	lnHC	0.5100***	−0.3920***	
		(7.18)	(−6.33)	Prob>chi^2 = 0.0000
	Kaufmann	0.0428***	0.0363	
		(4.43)	(1.19)	
	常数项	1.2670***	0.8000***	
		(5.01)	(3.78)	
模型 5′	lnHHC	0.4430**	0.0049	
		(2.82)	(0.64)	
	lnDRC	0.0367***	0.0262***	
		(4.99)	(3.79)	
	lnHC	0.5290***	−0.4090***	
		(7.50)	(−6.55)	
	Kaufmann	0.0562***	0.0440	Prob>chi^2 = 0.0000
		(5.88)	(1.44)	
	lnHHClnDRC	0.2460***	−0.0015	
		(4.77)	(−1.68)	
	常数项	1.2600***	0.8060***	
		(5.04)	(3.80)	
模型 6′	lnHHC	0.1310**	0.0493	
		(3.16)	(1.37)	
	lnDRC	0.0280***	0.0209**	Prob>chi^2 = 0.0001
		(3.98)	(3.16)	

续表

模型序列	变量符号	lnTFP (固定效应模型)	lnTFP (随机效应模型)	Hausman 检验结果
模型 6′	lnHC	0.4840***	-0.3620***	
		(6.47)	(-5.52)	
	Kaufmann	0.0395***	0.0321	
		(5.32)	(1.05)	
	lnHHClnHC	-0.0137***	-0.0176	
		(-6.11)	(-1.54)	
	常数项	1.2000***	0.7210***	
		(4.62)	(3.30)	
样本数量 N		6300	6300	

和*分别表示 5%和 1%的显著性水平。

注：括号内为 t 统计量。

其中，Prob>chi2 取值均小于 0.05，根据 Hausman 检验原理，本节认为个体差异较大，故选择固定效应模型对此进行展开研究。

4.5.3　回归结果分析

下面给出企业海外并购人力资本溢出对母国技术进步影响的实证分析的结果，如表 4.9 所示。

表 4.9　企业海外并购人力资本溢出对母国技术进步影响

变量	模型 1′ lnTFP	模型 2′ lnTFP	模型 3′ lnTFP	模型 4′ lnTFP	模型 5′ lnTFP	模型 6′ lnTFP
lnHHC	0.6470**	0.6320**	0.5550**	0.5640**	-0.5430**	0.1310**
	(0.0276)	(0.0264)	(0.0243)	(0.0242)	(0.0244)	(0.0461)
lnDRC		0.0380***	0.0298***	0.0294***	0.0367***	0.0280***
		(0.0075)	(0.0070)	(0.0070)	(0.0074)	(0.0071)
lnHC			0.5160***	0.5100***	0.5290***	0.4840***
			(0.0711)	(0.0711)	(0.0706)	(0.0749)
Kaufmann				0.0428***	0.0562***	0.0395***
				(0.0298)	(0.0299)	(0.0300)
lnHHClnDRC					0.2460***	
					(0.0009)	
lnHHClnHC						-0.0137***
						(0.0124)

续表

变量	模型 1′ lnTFP	模型 2′ lnTFP	模型 3′ lnTFP	模型 4′ lnTFP	模型 5′ lnTFP	模型 6′ lnTFP
常数项	0.0567	−0.3370***	1.3010***	1.2670***	1.2600***	1.2000***
	(0.0992)	(0.1230)	(0.2520)	(0.2530)	(0.2500)	(0.2600)
年份	控制	控制	控制	控制	控制	控制
地区	控制	控制	控制	控制	控制	控制
样本数量 N	6300	6300	6300	6300	6300	6300
相关系数 R^2	0.019	0.103	0.246	0.252	0.272	0.255

和*分别表示 5%和 1%的显著性水平。

注：括号内为标准差。

通过对企业海外并购获得的人力资本溢出对母国技术进步影响的实证分析，本节得到以下结论。一是企业海外并购获得目标企业人力资本溢出对母国技术进步影响较为显著，这说明企业海外并购所得到的人力资本对母国技术进步具有较强的促进作用。二是母国的研发投入资金存量对目标企业获得人力资本溢出的吸收具有同化效应，其对母国技术进步的促进作用约为 24.6%，而母国的人力资本水平对企业海外并购所获得人力资本溢出的吸收具有异化排斥效应，其对母国技术进步的阻碍作用约为 1.37%，总体上讲，母国固有的研发投入资金存量及人力资本水平对研发资金溢出的吸收具有正向促进作用。三是为使企业海外并购获得人力资本溢出对母国技术进步具有同化吸收效应，目标企业人力资本溢出对母国固有研发投入资金存量及人力资本水平均设置了门槛值，其中通过引入含有交叉项的模型 5′ 的系数 $\gamma_{51} = -0.5430$、$\gamma_{55} = 0.2460$，结果分析所得母国固有资本存量需要满足 $\ln \mathrm{DRC}_t > -\gamma_{51}/\gamma_{55} = 2.6138$，企业海外并购获得人力资本溢出对母国技术进步才能够达到同化吸收效应，说明此时对母国固有的研发资金存量数值设置了门槛，其门槛值为 $\mathrm{DRC}_t = e^{2.6138}$，存在企业海外并购的门槛效应；而通过模型 6′ 得到的系数 $\gamma_{61} = 0.1310$、$\gamma_{55} = -0.0137$，分析得出，母国人力资本水平需要满足 $\ln \mathrm{HC}_t < -\gamma_{61}/\gamma_{65} = 9.5620$，说明此时对母国固有的人力资本存量值设置了门槛，其门槛值为 $\mathrm{HC}_t = e^{9.5620}$，存在企业海外并购的门槛效应；故为使研发资金溢出对母国技术进步具有促进作用，母国研发投入资金水平应大于其门槛值，与之对应的人力资本水平应小于其门槛值。

表4.10是企业海外并购研发资金溢出与人力资本溢对母国技术进步的实证分析。

表 4.10　企业海外并购研发资金溢出与人力资本溢出对母国技术进步实证分析

变量	模型 1 lnTFP	模型 2 lnTFP	模型 3 lnTFP	模型 4 lnTFP	模型 5 lnTFP
lnRCS	0.0331***	0.0283***	0.0398***	0.0400***	0.0433***
	(0.0057)	(0.0060)	(0.0056)	(0.0057)	(0.0058)
lnHHC		0.0044**	0.0118***	0.0121***	0.0117***
		(0.0018)	(0.0019)	(0.0019)	(0.0019)
lnDRC			0.0397***	0.0404***	0.0379***
			(0.0051)	(0.0052)	(0.0053)
lnHC				0.0230**	0.0215**
				(0.0357)	(0.0354)
Kaufmann					0.0964**
					(0.0433)
常数项	−0.3200***	−0.2850***	0.0917	0.0287	0.0433
	(0.0298)	(0.0329)	(0.0564)	(0.1130)	(0.1120)
年份	控制	控制	控制	控制	控制
地区	控制	控制	控制	控制	控制
样本数量 N	6300	6300	6300	6300	6300
相关系数 R^2	0.1080	0.1270	0.2860	0.2880	0.3000

和*分别表示 5%和 1%的显著性水平。

注：括号内为标准差。

回归分析：本书将目标企业研发资金溢出与人力资本溢出共同引入模型 5 中对母国技术进步进行回归分析，由表 4.10 可以看出，两者对母国企业技术进步均有促进作用，其中研发资金溢出的贡献大约为 4%，相比之下，人力资本溢出对母国技术进步的贡献大约为 1.21%，在引入母国固有研发投入资金存量与人力资本水平作为控制变量的基础上，并未改变目标企业研发资金溢出与人力资本溢出的显著性。而母国的制度环境对本国技术进步也存在影响，良好的制度环境能够促进对目标企业研发资本与人力资本的吸收；相反，则抑制其吸收。总而言之，企业海外并购能够通过研发资金溢出与人力资本溢出两种途径促进母国企业技术进步。

为了检验模型引入的研发资金溢出与人力资本溢出是否存在多重共线性，本节对此进行了方差膨胀因子（variance inflation factor,VIF）检验，如表 4.11 所示。

表 4.11　VIF 检验

变量名	VIF	1/VIF
lnDRC	1.73	0.578 466
lnHHC	1.57	0.638 769

续表

变量名	VIF	1/VIF
lnRCS	1.29	0.777 161
Kaufmann	1.18	0.843 920
lnHC	1.06	0.939 371
VIF 均值	1.37	

VIF 指标构造方法为

$$\text{VIF}_i = \frac{1}{1 - R_i^2}$$

常用于检验变量之间是否存在多重共线性问题，根据经验法则当给定 $\text{VIF} = \max\{\text{VIF}_1, \cdots, \text{VIF}_n\} \leqslant 10$ 时，本书构造的研发资金溢出与人力资本溢出对母国技术进步实证分析得到的 VIF 值均小于 2，其均值为 1.37，认为模型 5 和模型 6 不存在多重共线性问题。

4.6 本 章 小 结

本章通过理论模型推导与实证模型的构建，并采用 OECD35 个国家层面的数据对企业海外并购与母国技术进步做了详细的分析。首先，本章对企业海外并购研发资金溢出对母国技术进步进行了理论分析推导，然后就此提出实证模型，并进行检验，得到研发资金溢出对母国技术进步具有同化吸收效应；其次，对人力资本溢出与母国技术进步之间的关系进行了同样的探讨；最后，本章将逆向研发资金溢出与逆向人力资本溢出同时引入模型中进行分析，得到两者对母国技术进步均有正向作用。同时得到，研发资金溢出对母国技术进步的影响稍大于人力资本溢出对母国技术进步带来的影响，具体包括以下三部分内容。

第一部分是企业海外并购对母国技术进步具有正向促进作用，其中，研发资金溢出与人力资本溢出对母国技术进步均有正向作用，同时，研发资金溢出效应相比于人力资本溢出效应较大。

第二部分是门槛效应存在。为使企业海外并购获得的研发资金溢出对母国技术进步具有同化吸收效应，目标企业研发投入资金溢出对母国固有研发资金存量及人力资本水平均设置了门槛值。若要使企业海外并购获得目标企业研发资金溢出跨越门槛值，对母国技术进步具有促进作用，则需跨越母国固有研发投入资金存量对企业海外并购设置的门槛，其门槛值为 $\text{DRC}_t = e^{3.3072}$，存在企业海外并购的门槛效应；对母国固有的人力资本存量值设置了门槛，其门槛值为 $\text{HC}_t = e^{12.41}$，存在企业海外并购的门槛效应；故为使研发资金溢出对母国技术进步具有促进作用，母国研发投入资金存量应大于其门槛值，与之对应的人力资本水平应小于其门槛值。为使企业海外并购获得人力资本溢出对母国技术进步具有同化吸收效应，目标企业人力资本溢出对母国固有研发投入资金存量及人力资本水平均设置了门槛值，对母国固有的研发投入资金存量数值设置了门槛，其门槛值为 $DRC_t = e^{2.6138}$，存在企业海外并购的门槛效应；对母国固有的人力资本水平值设置了门槛，其门槛值为 $HC_t = e^{9.5620}$，存在企业海外并购的门槛效应；故为使研发资金溢出对母国技术进步具有促进作用，母国研发投入资金存量应大于其门槛值，与之对应的人力资本水平应小于其门槛值。

第三部分是母国的制度环境对母国技术进步也存在影响，良好的制度环境能够促进目标企业研发资本与人力资本的吸收；相反，则抑制其吸收。总而言之，企业海外并购能够通过逆向研发资金溢出与逆向人力资本溢出两种途径促进母国企业技术进步。

第 5 章　中国企业海外并购与母国技术进步的实证分析

　　通过上文关于企业海外并购的研究，本书发现，企业海外并购与母国技术进步之间具有内在联系，企业海外并购通过获得目标企业逆向研发资金溢出与逆向人力资本溢出，进而带动母国企业技术进步。同时，通过对 OECD 国家的企业海外并购研究发现，企业海外并购对母国技术进步具有门槛效应，母国固有的研发投入资金存量与人力资本水平对企业海外并购和母国技术进步之间设立了门槛，当企业海外并购交易金额跨越门槛后，企业海外并购随着其交易金额的增长，其对母国技术进步的作用逐渐增强；而低于门槛时，企业海外并购交易金额的增加反而会抑制母国企业技术进步。笔者分析其原因，认为海外并购企业获得目标公司的研发资金溢出与人力资本溢出需要有机融合，需要一段时间进行吸收并同化，与本国企业的现有技术进行整合，因此，企业海外并购与母国技术进步，在门槛效应的前提下存在同化吸收与异化排斥两种效应。

　　我国改革开放四十年，不仅吸引了大量的外商直接投资，同时，我国企业对外直接投资无论从总量与增量上来看，都经历了翻天覆地的变化，企业对外直接投资增速与增幅都有显著提高。企业对外直接投资包括企业海外并购与绿地投资两大部分，自 2006 年我国企业海外并购投资总额明显超过绿地投资后，企业海外并购从数量与增量上都保持领先水平，随着企业海外并购的迅速发展，以往关于企业海外并购的研究多数集中于对东道国经济增长、就业与出口方面的研究，已经不能较好地弥合当今的经济发展态势，因此，研究我国企业"走出去"对母国经济的影响十分重要。企业进行海外并购获得目标企业逆向研发资金溢出与逆向人力资本溢出，进而带动母国企业技术不断进步、产业链不断升级、产业结构不断优化，这不仅是经济发展对外扩张并转移国内过剩产能的一种简单形式，而且是对我国现行"一带一路"倡议的一种思考和说明。因此，通过企业海外并购研究其对母国经济增长与技术进步十分重要，那么，我国企业海外并购是否与 OECD 国家一样，在获得目标企业技术溢出的同时，也对母国技术进步具有促进作用，并且在一定程度上存在门槛效应呢？为此，本章对中国企业海外并购与母国技术进步问题做出了如下实证分析。

5.1 中国企业海外并购研发资金溢出与母国技术进步

5.1.1 模型的建立、数据来源与变量定义

1. 模型的建立

近年来，我国企业海外并购发展迅速，其对我国经济增长及技术进步带来了巨大的影响，通过上文分析，我们知道企业海外并购可以通过逆向研发资金溢出及逆向人力资本溢出促进母国技术进步，当这两种因素都对母国技术进步具有促进作用时，我们称之为同化吸收效应；反之，称之为异化排斥效应。下面首先对我国企业海外并购所获得的研发资金溢出对母国企业造成的同化吸收与异化排斥效应进行分析，其受到母国固有的研发投入资金存量与人力资本水平影响，为此本节在模型 5 与模型 6 中引入交叉项来讨论它们之间存在同化吸收或异化排斥效应，并探究该模型中是否存在门槛效应。

对模型进行构建如下。

模型 1：$\ln \text{TFP}_t = \alpha_1 + \beta_{11} \ln \text{RCS}_t + \varepsilon_{it}$

模型 2：$\ln \text{TFP}_t = \alpha_2 + \beta_{21} \ln \text{RCS}_t + \beta_{22} \ln \text{DRC}_t + \varepsilon_{it}$

模型 3：$\ln \text{TFP}_t = \alpha_3 + \beta_{31} \ln \text{RCS}_t + \beta_{32} \ln \text{DRC}_t + \beta_{33} \ln \text{HC}_t + \varepsilon_{it}$

模型 4：$\ln \text{TFP}_t = \alpha_4 + \beta_{41} \ln \text{RCS}_t + \beta_{42} \ln \text{DRC}_t + \beta_{43} \ln \text{HC}_t + \beta_{44} \text{Kaufman} + \varepsilon_{it}$

对模型引入交叉项得

模型 5：$\ln \text{TFP}_t = \alpha_5 + \beta_{51} \ln \text{RCS}_t + \beta_{52} \ln \text{DRC}_t + \beta_{53} \ln \text{HC}_t + \beta_{54} \text{Kaufman}$
$\qquad\qquad + \beta_{55} \ln \text{RCS}_t \ln \text{DRC}_t + \varepsilon_{it}$

模型 6：$\ln \text{TFP}_t = \alpha_6 + \beta_{61} \ln \text{RCS}_t + \beta_{62} \ln \text{DRC}_t + \beta_{63} \ln \text{HC}_t + \beta_{64} \text{Kaufman}$
$\qquad\qquad + \beta_{65} \ln \text{RCS}_t \ln \text{HC}_t + \varepsilon_{it}$

本章根据第 4 章理论，建立上述同样的计量模型。

2. 数据来源与变量定义

本书研究我国企业海外并购对母国技术进步的影响，通过第 4 章的理论传导机制研究，在本章将探讨我国企业进行海外并购所获得的逆向研发资金溢出及逆向人力资本溢出对我国技术进步的影响，旨在找出我国企业海外并购与母国技术进步的内在联系，并验证企业海外并购与母国技术进步的技术溢出效应，测度企业海外并购获得的逆向研发资金溢出与逆向人力资本溢出是否存在门槛效应。因此，本书研究数据年限选择为 1990～2014 年，采用 Stata 作为计量分析的软件。本章所采取的

计量模型与第 4 章相似，我国企业海外并购数据来源于 Zephyr 数据库，其数据为 1990～2014 年我国进行海外并购的企业层面数据，包括交易时间、并购对象及交易金额等内容的统计。人力资本水平与研发投入资金存量①数据的统计年限为 1990～2014 年，关于制度环境指标，其数据来源于 WDI 统计数据。

数据处理：笔者通过 Zephyr 数据库获取我国企业海外并购企业层面数据，并通过 Stata 将企业海外并购数据与上市公司数据进行匹配，得到 1205 家海外并购企业，通过企业层面数据进行加总，将其整合为我国 30 个省(区、市)范围内。其中，东部地区包括北京、天津、上海、山东、江苏、浙江、福建、河北、广东与海南；西部地区包括广西、内蒙古、重庆、四川、云南、贵州、陕西、甘肃、宁夏、青海与新疆；中部地区包括河南、安徽、湖南、湖北、江西与山西；东北地区包括辽宁、吉林与黑龙江。关于省际层面企业海外并购指标数据的整合，是由该省(区、市)内海外并购企业数据加总得出；关于全要素生产率等指标的测算，也是按照上述区域进行划分。限于数据的可获得性，对我国企业海外并购与母国技术进步的实证分析从省际层面出发。

(1)企业海外并购研发资金溢出。本书依据 LP 法，对研发资金溢出进行如下计算：$RCS_{China} = \dfrac{EMA}{CK} \times RAD$。其中，EMA 为我国企业对东道国进行海外并购交易资金数额；CK 为各个东道国资本存量；RAD 为东道国各年研发投入资金存量。其中 RAD 利用 1951 年由 Goldsmith 提出，后经 Griliches 于 1980 年完善的永续盘存法进行计算得出，即 $RAD = (1-\delta)RAD_{t-1} + RD_t$，$RD_t$ 为 t 年东道国研发费用；δ 为研发资本折旧。本节参照以往学者研究将研发资本折旧率取 5%，即 $\delta = 5\%$。母国研发投入资金存量与东道国研发资本存量计算相似。

(2)母国全要素生产率增长率。笔者依据 1990～2014 年我国 30 个省(区、市)的 36 个工业行业数据，其原始数据来源于《中国统计年鉴》《中国工业年鉴》《中国工业经济统计年鉴》。本书采用半参数估计测定方法，即 OP 法、LP 法及 BHC 法，旨在使参数估计更为准确，采用 OP 法得到的全要素生产率数值介于 LP 法与 OLS 之间，根据中心极限定理，在大样本条件下，中心值趋近于真实值，本书选择 OP 法对得到的全要素生产率进行实证分析。

(3)母国人力资本水平。人力资本指数采用受教育年限及教育回报率进行度量，其数据来源于 GGDC 数据库。

(4)制度环境指数。其采用世界银行对各国防治腐败指数即 Kaufmann 指数，以此衡量我国制度环境。本书采用的 Kaufmann 指数为东道国与母国的相对比例。

(5)为了衡量企业所有制性质、区位选择及所处行业，我们引入了 Own、Region 和 Industry 三个虚拟变量。

---

① 数据的获得方式为中经网统计数据库（CEInet Statistics Database）。

依据表 5.1 指标与数据的统计,本节建立如下计量模型,以期分析我国企业海外并购对母国技术进步的影响,通过实证分析找到企业海外并购获得目标公司逆向研发资金溢出与逆向人力资本溢出对母国技术进步的影响,验证企业海外并购与母国技术进步的理论模型机理。

表 5.1　中国企业海外并购与母国技术进步逆向研发资金溢出实证研究变量定义

变量	定义
RCS_{China}	中国企业海外并购研发资金溢出,用来代表东道国目标企业对母国并购企业的资金外溢数量
TFP	母国全要素生产率增长率,用来代理东道国技术进步程度
HC	母国人力资本水平
Kaufmann	制度环境指数,采用世界银行对各国防治腐败指数即 Kaufmann 指数,以此衡量各国制度环境。本书采用的 Kaufmann 指数为东道国与母国的相对比例
Own	企业所有制控制变量,并购企业为国有企业的取 1,其余取 0
Region	企业并购区位选择变量,以发达国家企业为并购目标的企业取 1,其余取 0
Industry	企业并购行业选择变量,以高新技术企业为并购目标的企业取 1,其余取 0

5.1.2　模型的检验

1. 变量平稳性检验

在对宏观经济数据进行回归分析之前,应对其平稳性进行检验,如果宏观经济数据平稳,可直接进行回归分析,对不平稳的宏观经济数据进行回归分析会造成伪回归现象。宏观经济数据的不平稳主要是指序列的均值或方差随时间 t 的变化而发生改变。实际中,绝大多数的宏观经济数据都是不平稳的,而这些数据通常在经过一次或两次差分后会变为平稳的时间序列。本书采用单位根检验(Augmented-Dickey-Fuller Test,ADF 检验)方法检验时间序列变量的平稳性。

笔者对企业海外并购与母国技术进步问题模型中的被解释变量和解释变量取对数后,对这些变量进行检验,如表 5.2 所示,ADF 检验结果表明,在 1%的显著水平下,lnTFP、lnRCS、lnHC、lnDRC 的水平序列均不能拒绝存在单位根的原假设,其是非平稳序列,但这些序列经过一阶差分后平稳,符合协整检验的前提条件。

表 5.2　ADF 检验结果(一)

变量	检验形式	ADF 值	1%临界值	5%临界值	10%临界值	检验结果
lnTFP	$(c, t, 2)$	2.1661	−2.8167	−1.9823	−1.6011	不平稳
lnRCS	$(c, 0, 1)$	3.5789	−2.8167	−1.9823	−1.6011	不平稳
lnHC	$(c, 0, 1)$	1.3877	−2.8167	−1.9823	−1.6001	不平稳

续表

变量	检验形式	ADF 值	1%临界值	5%临界值	10%临界值	检验结果
lnDRC	$(c, 0, 1)$	4.8768	−2.8167	−1.9823	−1.6001	不平稳
Kaufmann	$(0, 0, 1)$	−3.9874	−2.8167	−1.9823	−1.6001	平稳
Δ lnTFP	$(c, 0, 0)$	−6.2107	−5.5219	−4.1078	−3.5150	平稳
Δ lnRCS	$(c, t, 1)$	−8.6687	−5.5219	−4.1078	−3.5150	平稳
Δ lnHC	$(c, t, 1)$	−6.8098	−5.8352	−4.2465	−3.5905	平稳
Δ lnDRC	$(c, t, 1)$	−7.0946	−5.8352	−4.2465	−3.5905	平稳

注：模型形式(c, t, p)，c为是否带常数项，其中，0 为不带常数项，c为带常数项；t为是否带有趋势项，其中，0 为不带趋势项，t为带趋势项；p为滞后阶数，滞后阶数依据最小信息准则（Akaike information criterion，AIC）确定。Δ 在各变量前为一阶差分序列。

2. 协整检验

在对模型进行回归时，要求变量为平稳变量，而对变量的检验通常为单位根检验等方式，对于变量之间的相关关系，首先要检验变量与变量之间的协整关系，以防止回归结果的虚假回归现象。一种协整检验方法为 EG（Engle-Granger）两步法，其采用的是对回归模型的残差系数进行单位根平稳性检验。如果参差序列的 ADF 检验是平稳的，则说明回归方程的设定是有效的、合理的，回归方程的变量之间存在长期稳定的均衡关系；如果残差序列的 ADF 检验是不平稳的，则说明回归方程的设定是不合理的，回归方程的变量之间不存在稳定的均衡关系。该方法利用协整检验平稳的残差序列和变量的一阶差分序列，删除不显著的变量从而得到误差修正模型。在现代计量中很少应用这种方式，而多用约翰森（Johansen）检验，因此，本节利用 Johansen 检验方式对变量进行协整检验，由于各序列都是平稳序列且都是单整序列，可以进行协整检验。本节采用 Johansen 检验方式对所选变量进行协整检验，即对 lnTFP、lnRCS、lnHHC、lnHC、lnDRC 进行 Johansen 方式协整检验，检验结果如表 5.3 所示。

表 5.3　各个模型协整关系检验结果（一）

模型序列	零假设	迹统计量数值	5%水平临界值	p 值
模型 1	$r=rk(\Pi)=0$	204.8653	48.8593	0.0000
	$r=rk(\Pi)\leqslant 1$	47.8397	28.8756	0.0003
	$r=rk(\Pi)\geqslant 2$	4.0869	16.3648	0.0828
模型 2	$r=rk(\Pi)=0$	65.8624	34.5357	0.0001
	$r=rk(\Pi)\leqslant 1$	43.2415	23.4579	0.0008
	$r=rk(\Pi)\leqslant 2$	6.8763	9.2496	0.0758

续表

模型序列	零假设	迹统计量数值	5%水平临界值	p 值
	$r=rk(\Pi)=0$	146.3826	68.8761	0.0000
模型 3	$r=rk(\Pi)\leqslant1$	41.3977	27.9872	0.0007
	$r=rk(\Pi)\leqslant2$	12.9867	18.5476	0.0836
模型 4	$r=rk(\Pi)=0$	73.3024	19.5692	0.0002
	$r=rk(\Pi)\leqslant1$	5.8023	18.8360	0.7436
模型 5	$r=rk(\Pi)=0$	107.8953	56.9864	0.0000
	$r=rk(\Pi)\leqslant1$	9.2154	21.3509	0.0893

注：r 和 rk 表示协整参数矩阵的秩。

　　通过以上对各个模型的协整关系检验，即 Johansen 检验，零假设给出，不存在协整关系、存在一个协整关系及两个协整关系，当迹统计量数值首次小于临界值时，我们就可以得到协整关系数目，可以看出，对于模型 1 而言，204.8653>48.8593、47.8397>28.8756、4.0869<16.3648，我们可以得到在存在一个协整关系时拒绝原假设，而存在两个协整关系时接受零假设，故在模型 1 中存在两个协整关系；同理，我们能够看出在模型 2、模型 3 中均存在两个协整关系，而在模型 4 及模型 5 中存在一个协整关系。笔者通过上述模型检验，发现企业海外并购与母国技术进步具有协整关系，无论是企业海外并购获得的目标企业研发资金溢出或人力资本溢出，模型中均不存在伪回归现象。因此，模型通过了平稳性与协整关系检验，其可以对我国企业海外并购研发资金溢出与人力资本溢出进行实证分析。

5.1.3　实证分析结果

1. 变量描述

　　首先，我们对模型进行异方差检验发现模型不存在异方差，检验结果散点图如图 5.1 所示。企业海外并购所获得目标企业研发资金溢出对母国技术进步影响实证分析的重要统计指标，包括企业全要素生产率、逆向研发资金溢出、母国固有的研发投入资金存量、人力资本水平与制度环境指数及这些重要被解释变量和解释变量的对数值的描述性统计。这些重要指标的描述性统计，其中包括平均值、标准差、最小值、最大值、观测值，如表 5.4 所示。

2. 回归分析

　　基于描述性统计分析，通过对变量的整理并利用全要素生产率作为代表技术进步的被解释变量，以逆向研发资金溢出指标作为企业海外并购对母国技术进步的重要解释变量，并以母国固有的研发投入资金存量、人力资本水平与制度环境等指标作为控制变量，同时控制实证分析过程中的地区与年份效应。笔者对我国企业海外并购研发资金溢出对我国技术进步影响进行实证分析，目的在于找出我国企业海外并购与目标公司逆向研发资金溢出与逆向人力资本溢出之间的实证关系，并通过实证的角度分析、研究企业海外并购与我国技术进步之间的关系。通过上述理论，得出企业海外并购获得目标企业研发资金溢出对我国技术进步的影响，如表 5.5 所示。

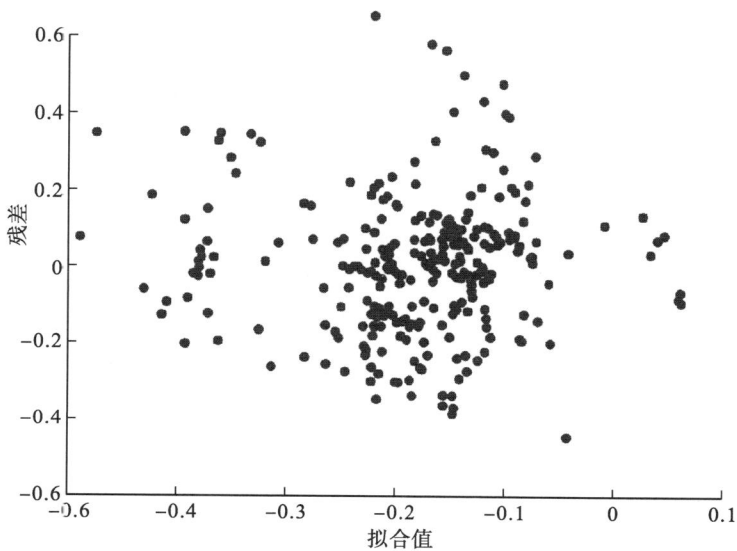

图 5.1　散点图

表 5.4　变量描述

变量名	观测值	平均值	标准差	最小值	最大值
TFP	1 205	0.8807	0.1894	0.5966	1.2086
RCS	1 205	227.5263	15.9553	8.0000	6 690.8750
DRC	1 205	79 845.3000	62.0454	9 578.0770	192 875.9000
HC	1 205	2.2881	0.2048	1.9684	2.5790
Kaufmann	1 205	0.5385	0.1666	0.2315	0.8432
lnRCS	1 205	7.6737	2.5287	2.0794	8.8080
lnDRC	1 205	10.8608	1.0440	9.1672	12.1689
lnHHC	1 205	-0.3702	0.3179	-0.8568	0.9161

表 5.5　研发资金溢出对我国技术进步的影响

变量	模型 1 lnTFP	模型 2 lnTFP	模型 3 lnTFP	模型 4 lnTFP	模型 5 lnTFP
lnRCS	0.7490***	0.1670***	0.1100***	−0.3630***	0.1010***
	(0.0093)	(0.0073)	(0.0071)	(0.0456)	(0.0511)
lnDRC		0.1400**	0.1250**	0.1260**	0.1430**
		(0.0498)	(0.0458)	(0.0470)	(0.0625)
lnHC		1.9440***	1.7660***	1.7980***	1.9380***
·		(0.2760)	(0.2630)	(0.3320)	(0.4910)
Kaufmann			0.1170**	0.1130*	0.1080*
			(0.0509)	(0.0564)	(0.0559)
lnRCSlnDRC				0.2070***	
				(0.0043)	
lnRCSlnHC					−0.0953***
					(0.0228)
常数项	−0.7250***	−2.9540***	−2.8070***	−2.8730***	−2.9980***
	(0.0749)	(0.1640)	(0.1630)	(0.4320)	(0.4850)
年份	控制	控制	控制	控制	控制
地区	控制	控制	控制	控制	控制
样本数量 N	1205	1205	1205	1205	1205
相关系数 R^2	0.7380	0.9740	0.9790	0.9790	0.9800

*、**、***分别表示 10%、5%和 1%的显著性水平。

注：括号内为标准差。

　　本书通过对企业海外并购获得目标企业研发资金溢出效应与母国技术进步的回归分析，得出以下结论。一是我国企业进行海外并购所得到的目标企业逆向研发资金溢出对我国技术进步影响显著，说明企业进行海外并购对母国技术进步具有较大的同化吸收效应，能够促进母国技术进步。二是我国研发投入资金存量对目标企业研发资金溢出的吸收具有同化效应，其对母国技术进步的促进作用约为 20.7%；而母国的人力资本水平对企业海外并购所获得的研发资金溢出的吸收具有异化排斥效应，其对母国技术进步的阻碍作用约为 9.53%。总体上讲，母国固有的研发投入资金存量及人力资本水平对研发资金溢出吸收具有正向同化效应。三是为使企业海外并购获得研发资金溢出对母国技术进步具有同化吸收效应，目标企业研发资金溢出对母国固有研发投入资金存量及人力资本水平均设置了门槛值，其中通过引入含有交叉项的模型 4 的系数 $\beta_{41} = -0.3630$、$\beta_{45} = 0.2070$，引入交叉项后使模型 4 中 lnRCS 系数符号发生变化，分析可得母国固有研发投入资金需要满足 $\ln \mathrm{DRC}_t > -\dfrac{\beta_{41}}{\beta_{45}} = 1.7536$，企业海外获得研发资金溢出对母国技术进步才能够具有同化吸收效应，此时企业海外并购对母国固有的研发投入资金存量数值设置了门槛，其门槛值为 $\mathrm{DRC}_t = \mathrm{e}^{1.7536}$，存在企业海外并购的门槛效应；而通过模型5得到的系数 $\beta_{51} = 0.1010$、$\beta_{55} = -0.0953$ 分析得出，母国人力资本水平需要满足 $\ln \mathrm{HC}_t < -\dfrac{\beta_{51}}{\beta_{55}} = 1.0598$，此时对母国固有的人力资本水平值设置了门槛，其门槛值为 $\mathrm{HC}_t = \mathrm{e}^{1.0598}$，存在门槛效应。因此，为使研发资金溢出对母国技术进步具有正向促进作用，母国研发投入资金存量应大于其门槛值，与之对应的人力资本水平应小于其门槛值。通过实证分析，本节发现，我国对目标企业研发资金溢出与人力资本溢出同化吸收时，对应的母国研发投入资金存量与人力资本水平均低于国际门槛值，其原因为我国企业大都"两头在外，中间在内"，起着承上启下的作用，更容易吸收先进科学技术。

因此，我国应积极参与企业海外并购，通过逆向研发资金溢出与逆向人力资本溢出两种传导机制引导国内企业技术进步，进而带来整个产业链的进步，以及整个国家的技术进步。通过以上实证分析，得出企业海外并购对我国技术进步具有显著影响。

5.2　中国企业海外并购人力资本溢出与母国技术进步

5.2.1　模型的建立、数据来源与变量定义

1.模型的建立

近年来，我国企业海外并购发展迅速，对我国经济增长及技术进步带来了巨大的影响，通过上文分析，我们知道企业海外并购可以通过逆向研发资金溢出及逆向人力资本溢出促进母国技术进步，当这两种因素对母国技术进步具有促进作用时，我们称之为同化吸收效应；反之，称之为异化排斥效应。下面首先对我国企业海外并购所获得的人力资本溢出对母国企业造成的同化吸收与异化排斥效应进行分析，其受到母国固有的研发投入资金存量与母国人力资本水平影响，为此我们在模型5′与模型6′中引入交叉项来讨论它们之间存在同化吸收或异化排斥效应，并探究模型中是否存在门槛效应。

我们对模型进行构建如下。

模型1′：$\ln \mathrm{TFP}_t = \alpha_1' + \gamma_{11} \ln \mathrm{HHC}_t + v_{it}$

模型2′：$\ln \mathrm{TFP}_t = \alpha_2' + \gamma_{21} \ln \mathrm{HHC}_t + \gamma_{22} \ln \mathrm{DRC}_t + v_{it}$

模型 3′：　$\ln \mathrm{TFP}_t = \alpha_3' + \gamma_{31} \ln \mathrm{HHC}_t + \gamma_{32} \ln \mathrm{DRC}_t + \gamma_{33} \mathrm{HC}_t + v_{it}$

模型 4′：　$\ln \mathrm{TFP}_t = \alpha_4' + \gamma_{41} \ln \mathrm{HHC}_t + \gamma_{42} \ln \mathrm{DRC}_t + \gamma_{43} \mathrm{HC}_t + \gamma_{44} \mathrm{Kaufmann} + v_{it}$

对模型引入交叉项得

模型 5′：　$\ln \mathrm{TFP}_t = \alpha_5' + \gamma_{51} \ln \mathrm{HHC}_t + \gamma_{52} \ln \mathrm{DRC}_t + \gamma_{53} \mathrm{HC}_t + \beta_{54} \mathrm{Kaufmann}$
$\qquad + \gamma_{55} \ln \mathrm{HHC}_t \ln \mathrm{DRC}_t + v_{it}$

模型 6′：　$\ln \mathrm{TFP}_t = \alpha_6' + \gamma_{61} \ln \mathrm{HHC}_t + \gamma_{62} \ln \mathrm{DRC}_t + \gamma_{63} \mathrm{HC}_t + \gamma_{64} \mathrm{Kaufmann}$
$\qquad + \gamma_{65} \ln \mathrm{HHC}_t \ln \mathrm{HC}_t + v_{it}$

我们根据第 4 章理论，建立上述同样的计量模型。

2. 数据来源与变量定义

本书研究我国企业海外并购对母国技术进步的影响，通过第 4 章的理论传导机制研究，在本章将探讨我国企业进行海外并购所获得的逆向研发资金溢出及人力资本溢出对我国技术进步的影响，研究数据年限为 1990～2014 年，采用 Stata 作为计量分析的软件。本章所采取的计量模型与第 4 章相似，我国海外并购数据来源于 Zephyr 数据库，其数据为 1990～2014 年我国进行海外并购的企业层面数据，包括交易时间、并购对象及交易金额等内容的统计。人力资本存量[①]数据统计年限为 1990～2014 年，我国研发投入资金存量、制度环境指数的数据来源于 WDI 统计数据。

(1) 企业海外并购人力资本溢出。以往学者并未提出企业海外并购人力资本溢出的具体计算方式，本书采用与企业海外并购研发资金溢出相类似的计算方式对该指标进行计算，即 $\mathrm{HHC}_{\mathrm{China}} = \dfrac{\mathrm{EMA}}{\mathrm{CK}} \times \mathrm{HC}$，其中，EMA 为母国企业对东道国进行海外并购交易资金数额；CK 为东道国资本存量；HC 为各国各年人力资本水平。

(2) 母国全要素生产率增长率。笔者依据 1990～2014 年我国 30 个省(区、市)的 36 个工业行业数据，其原始数据来源于《中国统计年鉴》《中国工业统计年鉴》《中国工业经济统计年鉴》，本书采用半参数估计测定方法，即 OP 法、LP 法及 BHC 法，旨在使参数估计更为准确。采用 OP 法得到的全要素生产率数值介于 LP 法与 OLS 之间，根据中心极限定理，在大样本条件下，中心值趋近于真实值，本书选择 OP 法对得到的全要素生产率进行实证分析。

(3) 母国人力资本水平。人力资本指数采用受教育年限及教育回报率进行度量，其数据来源于 GGDC 数据库。

(4) 制度环境指数。其采用世界银行对各国防治腐败指数即 Kaufmann 指数，以此衡量我国制度环境。本书采用的 Kaufmann 指数为东道国与母国的相对比例。

(5) 为了衡量企业所有制性质、区位选择及所处行业，我们引入了 Own、Region、Industry 三个虚拟变量。

---

① 数据的获得方式为中经网统计数据库。

表 5.6 为变量代表的意义，本书选取上述变量对企业海外并购人力资本溢出与母国技术进步关系进行实证分析。

表 5.6　中国企业海外并购人力资本溢出与母国技术进步实证研究变量定义

变量	企业
HHC$_{China}$	中国企业海外并购人力资本溢出，用来代表东道国目标企业对母国并购企业的人力资本外溢数量
TFP	母国全要素生产率增长率，用来代表东道国技术进步程度
HC	母国人力资本水平
Kaufmann	制度环境指数，采用世界银行对各国防治腐败指数即 Kaufmann 指数，以此衡量各国制度环境。本书采用的 Kaufmann 指数为东道国与美国的相对比例
Own	企业所有制控制变量，并购企业为国有企业的取 1，其余取 0
Region	企业并购区位选择变量，以发达国家企业为并购目标的企业取 1，其余取 0
Industry	企业并购行业选择变量，以高新技术企业为并购目标的企业取 1，其余取 0

5.2.2　模型的检验

1. 变量平稳性检验

在对宏观经济数据进行回归分析之前，应对其平稳性进行检验，如果宏观经济数据平稳，则可直接进行回归分析，对不平稳的宏观经济数据进行回归分析会造成伪回归现象。宏观经济数据的不平稳主要是指序列的均值或方差随时间 t 的变化而发生改变。实际中，绝大多数的宏观经济数据都是不平稳的，而这些数据通常在经过一次或两次差分后会变为平稳的时间序列。本书采用 ADF 检验法来检验时间序列的平稳性，详见表 5.7。

表 5.7　ADF 检验结果（二）

变量	检验形式	ADF 值	1%临界值	5%临界值	10%临界值	检验结果
lnTFP	(c, t, 2)	2.1661	−2.8167	−1.9823	−1.6011	不平稳
lnHHC	(c, t, 1)	1.5286	−2.8473	−1.9882	−1.6001	不平稳
lnHC	(c, 0, 1)	1.3877	−2.8167	−1.9823	−1.6001	不平稳
lnDRC	(c, 0, 1)	4.8768	−2.8167	−1.9823	−1.6001	不平稳
Kaufmann	(0, 0, 1)	−3.9875	−2.8167	−1.9823	−1.6001	平稳
Δ lnTFP	(c, 0, 0)	−6.2107	−5.5219	−4.1078	−3.5150	平稳
Δ lnHHC	(c, t, 0)	−5.9284	−5.8352	−4.2465	−3.5905	平稳
Δ lnHC	(c, t, 1)	−6.8098	−5.8352	−4.2465	−3.5905	平稳
Δ lnDRC	(c, t, 1)	−7.0946	−5.8352	−4.2465	−3.5905	平稳

注：Δ 为一阶差分。模型形式(c, t, p)，c 为是否带常数项，其中，0 为不带常数项，c 为带常数项；t 为是否带有趋势项，其中，0 为不带趋势项，t 为带趋势项；p 为滞后阶数，滞后阶数依据 AIC 确定。Δ 在各变量前为一阶差分序列。

为对企业海外并购与目标企业逆向人力资本溢出对我国技术进步的影响进行实证分析，笔者对全要素生产率、研发投入资金存量与人力资本水平、制度环境指数等被解释变量与解释变量取对数后进行了检验。ADF 检验结果表明，在 1%的显著水平下，lnTFP、lnHHC、lnHC、lnDRC 的水平序列均不能拒绝存在单位根的原假设，其是非平稳序列，但这些序列经过一阶差分后平稳，符合协整检验的前提条件。

2. 协整检验

在对企业海外并购与母国技术进步中逆向人力资本溢出这一指标模型进行回归分析时，要求被解释变量与解释变量及相关控制变量均为平稳变量，而对一系列变量的检验通常采用单位根检验等方式，对于变量之间的相关关系，首先要检验变量与变量之间的协整关系，以防止回归结果的虚假回归现象。因此，本节利用 Johansen 检验方式对变量进行协整关系检验，由于各序列都是平稳序列且都是单整序列，可以进行协整检验。本节采用 Johansen 检验方式对所选变量(lnTFP、lnHHC、lnHC、lnDRC)进行协整检验，检验结果如表 5.8 所示。

表 5.8　各个模型协整关系检验结果(二)

模型序列	零假设	迹统计量数值	5%水平临界值	p 值
模型 1′	$r=rk(\Pi)=0$	302.8658	53.7656	0.0000
	$r=rk(\Pi)\leqslant1$	68.7657	27.2357	0.0001
	$r=rk(\Pi)\leqslant2$	3.8709	19.5438	0.0754
模型 2′	$r=rk(\Pi)=0$	69.6583	24.6589	0.0001
	$r=rk(\Pi)\leqslant1$	45.6808	38.3976	0.0014
	$r=rk(\Pi)\leqslant2$	7.8369	13.8698	0.0842
模型 3′	$r=rk(\Pi)=0$	236.2466	56.9365	0.0000
	$r=rk(\Pi)\leqslant1$	63.9357	36.2986	0.0006
	$r=rk(\Pi)\leqslant2$	18.8653	21.8296	0.0858
模型 4′	$r=rk(\Pi)=0$	64.8592	26.8468	0.0003
	$r=rk(\Pi)\leqslant1$	2.8023	24.7859	0.0864
模型 5′	$r=rk(\Pi)=0$	125.7958	35.3507	0.0000
	$r=rk(\Pi)\leqslant1$	8.8605	23.8396	0.0798

注：r 和 rk 表示协整参数矩阵的秩。

通过以上对各个模型的协整关系检验，即 Johansen 检验，零假设给出，不存在协整关系、存在一个协整关系及两个协整关系，当迹统计量数值首次小于临界值时，我们就可以得到协整关系数目。从我国企业海外并购目标企业人力资本溢出对我国技术进步影响的各个模型来看，对于模型 1′ 而言，302.8658>53.7656、

68.7657>27.2357、3.8709<19.5438，可以得到在存在一个协整关系时拒绝原假设，而存在两个协整关系时接受零假设，故在模型1′中存在两个协整关系，同理，能够看出在模型2′、模型3′中均存在两个协整关系，而在模型4′及模型5′中存在一个协整关系。

5.2.3 实证分析结果

本节利用人力资本溢出这一指标对我国全要素生产率所代表的技术进步进行实证分析，在其他控制变量与人力资本溢出指标回归分析中得到以下结论，如表 5.9 所示。

表 5.9 人力资本溢出对我国技术进步的影响

变量	模型 1′ lnTFP	模型 2′ lnTFP	模型 3′ lnTFP	模型 4′ lnTFP	模型 5′ lnTFP
lnHHC	0.1150***	0.04530***	0.07860***	−0.9000***	1.0600***
	(0.1140)	(0.0725)	(0.0617)	(0.6720)	(0.6580)
lnDRC	0.2340***	0.1080**	0.0814**	0.1720**	0.1620**
	(0.0346)	(0.0621)	(0.0528)	(0.0804)	(0.0683)
lnHC		1.6610***	1.5180***	1.8260***	1.7600***
		(0.2820)	(0.2410)	(0.3160)	(0.2690)
Kaufmann			0.1550***	0.1020**	0.1000*
			(0.0494)	(0.0601)	(0.05650)
lnHHClnDRC				0.3290***	
				(0.0635)	
lnHHClnHC					−0.1090***
					(0.2920)
常数项	−2.7340***	−2.7960***	−2.8510***	−2.5290***	−2.4830***
	(0.4150)	(0.2620)	(0.2200)	(0.3070)	(0.2980)
年份	控制	控制	控制	控制	控制
地区	控制	控制	控制	控制	控制
样本数量 N	1205	1205	1205	1205	1205
相关系数 R^2	0.9160	0.9680	0.9790	0.9810	0.9820

*、**、***分别表示 10%、5%和 1%的显著性水平。

注：括号内为标准差。

本节通过对我国企业海外并购获得的目标企业人力资本溢出对我国技术进步影响的实证分析，得到以下结论。一是我国企业海外并购获得目标企业逆向人力资本溢出对我国技术进步的影响较为显著，这说明企业海外并购所得到的人力资本对我国技术进步具有较强的促进作用。二是我国的研发投入资金存量对目标企业获得人力资本溢出的吸收具有同化作用，其对我国技术进步的促进作用约为 32.9%；而我国的人力资本水平对企业海外并购所获得人力资本溢出的吸收具有异化排斥效应，其对我国技术进步的阻碍作用约为 10.9%。总体上讲，我国固有的研投入研发资金存量及人力资本水平对研发资金溢出吸收具有正向同化效应。三是为使企业海外并购获得人力资本溢出对我国技术进步具有同化吸收效应，目标企业人力资本溢出对我国固有研发投入资金存量及人力资本水平均设置了门槛值，其中通过引入含有交叉项的模型 4′ 的系数 $\gamma_{41} = -0.9000, \gamma_{45} = 0.3290$ 导致系数符号发生变化，分析得我国固有人力资本水平需要满足 $\ln DRC_t > -\dfrac{\gamma_{41}}{\gamma_{45}} = 2.7356$，企业海外获得的人力资本溢出对我国技术进步才能够具有同化吸收效应，此时对我国固有的研发投入资金存量数值设置了门槛，其门槛值为 $DRC_t = e^{2.7356}$，存在企业海外并购的门槛效应；而通过模型 5′ 得到的系数 $\gamma_{51} = 1.0600, \gamma_{55} = -0.1090$ 分析得出，母国人力资本水平需要满足 $\ln HC_t < -\dfrac{\gamma_{51}}{\gamma_{55}} = 9.7248$，此时对我国固有的人力资本水平值设置了门槛，其门槛值为 $HC_t = e^{9.7248}$，存在企业海外并购的门槛效应。因此，为使研发资金溢出对我国技术进步具有促进作用，我国研发投入资金存量应大于其门槛值，与之对应的人力资本水平应小于其门槛值。

　　同时，在对企业海外并购与我国技术进步的单边研究中，本节发现企业海外并购获得的研发资金溢出与人力资本溢出对我国技术进步均有促进作用，但这其中的促进作用需要跨越我国固有的研发投入资金存量与人力资本水平为其所设置的门槛，跨越门槛后随着企业海外并购数量及金额的增加，企业海外并购推动我国技术进步的幅宽越大。为了对比研发资金溢出与人力资金溢出对我国技术进步促进作用的大小，在实证分析过程中，笔者将企业海外并购获得的研发资金溢出与人力资本溢出两个重要解释变量放于实证分析模型中，仍以企业全要素生产率作为技术进步的替代被解释变量，用以代表技术进步程度，同时以我国的研发投入资金存量与人力资本水平、制度环境等作为重要的控制变量，用来分析企业海外并购获得的研发资金与人力资本溢出这两个重要解释变量对我国的技术进步程度的贡献大小。

　　回归分析：本节将目标企业研发资金溢出与人力资本溢出共同引入模型中对我国技术进步进行回归分析，由表 5.10 可以看出，两者对我国企业技术进步均有促进作用，其中研发资金溢出贡献大约为 1.89%，人力资本溢出对我国技术进步贡献大约为 1.51%。本节发现，我国企业海外并购所获得的研发资金溢出与人力资本溢出贡献率比较而言，研发资金溢出对我国技术进步的影响略大于人力资本溢出对我国技术进步带来的影响，在引入母国固有研发投入资金存量与人力资本水平作为控制变量时，并未改变目标企业研发资金溢出与人力资本溢出的显著性。而我国的制度环境对我国技术进步也存在影响，良好的制度环境能够促进目标企业对研发资本与人力资本的吸收；相反，则抑制其吸收。总而言之，企业海外并购能够通过研发资金溢出与人力资本溢出两种途径为我国企业带来技术进步。

表5.10 企业海外并购研发资金溢出与人力资本溢出对我国技术进步的影响

变量	模型 1 lnTFP	模型 2 lnTFP	模型 3 lnTFP	模型 4 lnTFP	模型 5 lnTFP
lnRCS	0.0749***	0.0428***	0.0021	0.0245***	0.0189**
	(0.0093)	(0.0106)	(0.0138)	(0.0077)	(0.0071)
lnHHC		0.3450***	0.1250**	0.1490**	0.1510**
		(0.0846)	(0.1340)	(0.0685)	(0.0604)
lnDRC			0.2410***	0.0855**	0.07060**
			(0.0599)	(0.0522)	(0.0463)
lnHC				1.9690***	1.7890***
				(0.2540)	(0.2340)
Kaufmann					0.1180**
					(0.0454)
常数项	-0.7250***	-0.3510***	-2.8010***	-3.5930***	-3.4520***
	(0.0749)	(0.1080)	(0.6140)	(0.3310)	(0.2960)
年份	控制	控制	控制	控制	控制
地区	控制	控制	控制	控制	控制
样本数量 N	1205	1205	1205	1205	1205
相关系数 R^2	0.7380	0.8510	0.9160	0.9790	0.9850

和*分别表示5%和1%的显著性水平。

注：括号内为标准差。

本节建立我国企业海外并购对我国技术进步影响的实证分析模型，为检验在该模型中引入的研发资金溢出与人力资本溢出是否存在多重共线性，在实证分析的过程中，对于解释变量与解释变量之间进行了 VIF 检验(表5.11)，目的在于检验企业海外并购与母国技术进步中研发资金溢出与人力资本溢出的多重共线性问题。

表5.11 VIF 检验

变量名	VIF	1/VIF
lnDRC	11.86	0.084335
lnHC	9.10	0.109890
lnRCS	4.82	0.207496
lnHHC	2.95	0.339469
Kaufmann	1.32	0.758567
VIF 均值	6.01	

VIF 指标构造方法为

$$VIF_i = \frac{1}{1-R_i^2}$$

　　VIF 检验常用于检验变量之间是否存在多重共线性问题，根据经验法则当给定 $VIF = \max\{VIF_1, \cdots, VIF_n\} \leq 10$ 时，本书构造的研发资金溢出与人力资本溢出对我国技术进步实证分析得到的 VIF 值均小于 10，其均值为 6.01，认为模型不存在多重共线性问题。

5.3　本　章　小　结

　　本章通过理论模型推导与实证模型的构建，采用我国 1205 家企业的数据，对企业海外并购与我国技术进步做了详细的分析。首先，本章对研发资金溢出对我国技术进步进行了理论分析与实证模型检验，得到研发资金溢出对我国技术进步具有同化效应；其次，本章对人力资本溢出与我国技术进步之间的关系进行了同样的探讨；最后，本章将研发资金溢出与人力资本溢出同时引入模型中进行分析，得到两者对我国技术进步均有正向作用。同时得到，研发资金溢出对我国技术进步的影响稍大于人力资本溢出对我国技术进步带来的影响，具体包括以下三部分内容。

　　第一部分是企业海外并购对我国技术进步具有正向作用，其中，研发资金溢出与人力资本溢出对我国技术进步均有正向作用，同时，研发资金溢出效应比人力资本溢出效应较大。

　　第二部分是门槛效应存在。为使企业海外并购获得研发资金溢出对母国技术进步具有同化吸收效应，目标企业研发资金溢出对母国固有研发投入资金存量及人力资本水平均设置了门槛值。若要使企业海外并购获得的资金溢出对母国技术进步具有同化吸收效应，此时需跨越研发投入资金溢出对母国固有的研发投入资金存量数值设置的门槛，其门槛值为 $DRC_t = e^{1.7536}$，存在企业海外并购的门槛效应；对母国固有的人力资本水平值设置了门槛，其门槛值为 $HC_t = e^{1.0598}$，存在企业海外并购的门槛效应。因此，为使研发资金溢出对我国技术进步具有促进作用，我国研发投入资金存量应大于其门槛值，与之对应的人力资本存量应小于其门槛值。为使企业海外并购获得人力资本溢出对我国技术进步具有同化吸收效应，目标企业人力资本溢出对我国固有研发投入资金存量及人力资本水平均设置了门槛值，对我国固有的研发投入资金存量数值设置了门槛，其门槛值为 $DRC_t = e^{2.7356}$，存在企业海外并购的门槛效应；对我国固有的人力资本存量值设置了门槛，门槛值为 $HC_t = e^{9.7248}$，存在企业海外并购的门槛效应。因此，为使研发资金溢出对我国技术进步具有促进作用，我国研发投入资金存量应大于其门槛值,与之对应的人力资本水平应小于其门槛值。

　　第三部分是母国的制度环境对本国技术进步也存在影响, 良好的制度环境能够促进目标企业对研发资本与人力资本的吸收;相反, 则抑制其吸收。总而言之, 企业海外并购能够通过研发资金溢出与人力资本溢出两种途径为我国带来技术进步。

第6章　企业海外并购与绿地投资对母国技术进步影响对比和分析

本书利用理论与实证的方式,对我国 1990～2014 年企业海外并购和绿地投资两种企业对外直接投资方式与母国技术进步的关系进行横向比较与探讨分析,得出结论:企业海外并购技术转移度低于绿地投资技术转移度,因而企业海外并购获得的逆向技术溢出(包括逆向研发资金溢出与逆向人力资本溢出)高于绿地投资获得的逆向技术溢出,企业海外并购数量、研发投入资金存量与人力资本水平对我国技术进步具有促进作用,而绿地投资对我国技术进步具有抑制作用,其使我国成为技术的净输出国。同时,研发投入资金存量分别为企业海外并购与绿地投资设立了最低与最高门槛值,企业海外并购数量超过最低门槛值与绿地投资数量低于最高门槛值均会带动我国技术进步;反之,会抑制我国技术进步。因此,我国应加强对先进技术企业的海外并购份额,以提高我国技术进步程度,调整产业结构与布局,使经济稳健发展。

6.1　企业海外并购与绿地投资对比分析

6.1.1　我国企业对外直接投资流量与增长率分析

为了研究我国企业对外直接投资中企业海外并购与绿地投资对母国技术进步的影响,本章首先引入我国企业历年对外直接投资流量及其增长率,而后将企业对外直接投资一分为二,即企业海外并购与绿地投资进行对比分析,如表 6.1 所示。

表 6.1　我国企业历年对外直接投资流量及其增长率

年份	企业对外直接投资流量/亿美元	增长率
1982	0.44	
1983	0.93	1.11
1984	1.34	0.44

续表

年份	企业对外直接投资流量/亿美元	增长率
1985	6.29	3.69
1986	4.50	-0.28
1987	6.45	0.43
1988	8.50	0.32
1989	7.80	-0.08
1990	8.30	0.06
1991	9.13	0.10
1992	40.00	3.38
1993	44.00	0.10
1994	20.00	-0.55
1995	20.00	0.00
1996	21.14	0.06
1997	25.62	0.21
1998	26.34	0.03
1999	17.74	-0.33
2000	9.16	-0.48
2001	68.85	6.52
2002	27.00	-0.61
2003	28.50	0.06
2004	55.00	0.93
2005	122.60	1.23
2006	211.60	0.73
2007	265.10	0.25
2008	559.10	1.11
2009	565.30	0.01
2010	688.10	0.22
2011	746.50	0.08
2012	878.00	0.18
2013	1078.40	0.23
2014	1029.00	-0.05

资料来源：2014 年《中国对外投资报告》及中国非金融类对外直接投资数据。

　　表 6.1 为 1982～2014 年我国企业对外直接投资流量统计，并给出了企业对外直接投资同比增长率。从表 6.1 可以出，中国经济增长迅速，企业对外直接投资总量呈现稳步上升趋势，同比增长率多正而少负，而 2013 年与 2014 年我国企业对外直接投资流量均超过千亿美元，为了更清楚显示我国企业对外直接投资情况，本节给出下列雷达图，如图 6.1 所示。

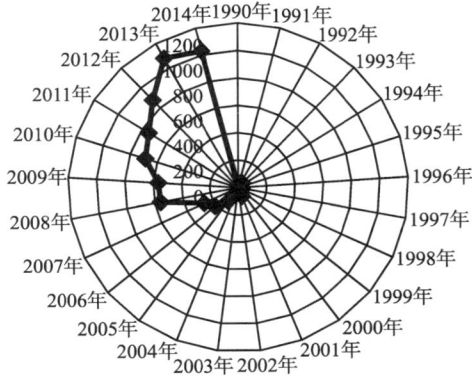

图 6.1　我国企业历年对外直接投资流量

因我国 1990 年开始实施"走出去"政策且企业海外并购亦从 1990 年开始起步，笔者仅截取 1990～2014 年数据

从表 6.1 可以看出，我国企业对外直接投资流量自 1982 年后逐步呈现稳步增加趋势，直到 2008 年我国企业对外直接投资流量发生结构性突变，其原因是我国为应对金融危机实施 4 万亿元投资，使企业"走出去"效果较为显著。我国企业对外直接投资流量于 2008 年后半径值越来越大(图 6.1)，代表企业对外直接投资流量逐步增加，2013 年半径值最大达到 1078.4 亿美元，其达到我国企业对外直接投资的顶峰。下面本节给出企业对外直接投资增长率变化情况，如图 6.2 所示，可以看出我国企业对外直接投资变动幅度较大，总体情况呈现上升趋势，除 1986 年、1989 年、1994 年、1999 年、2000 年、2002 年、2014 年有小幅度下降，其余年份我国企业对外直接投资情况均为上升趋势。本节对我国对外直接投资的数据统计为 1982～2014 年，但我国企业海外并购自 1990 年才开始起步，因此仅截取 1990～2014 年企业对外直接投资数据制作雷达图。又由于企业海外并购与绿地投资共同构成了企业对外直接投资，本节用企业对外直接投资每年的流量扣除企业海外并购每年的流量来计算我国历年的绿地投资流量。

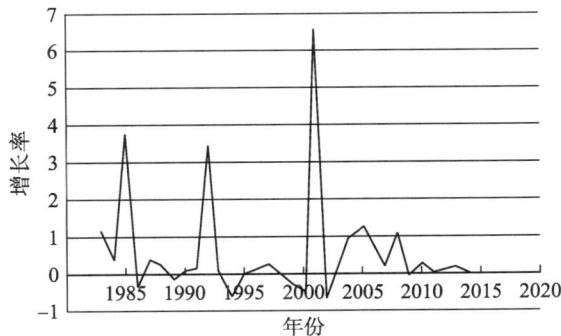

图 6.2　我国企业对外直接投资历年流量增长率

6.1.2　我国企业海外并购与绿地投资流量分析

　　基于以上分析，本节给出企业海外并购流量与绿地投资流量的对比，如表 6.2
所示。

表 6.2　企业海外并购流量与绿地投资流量对比　　　　　　　　单位：亿美元

项目	1990 年	1991 年	1992 年	1993 年	1994 年	1995 年	1996 年	1997 年	1998 年
企业对外直接投资金额	83.0	91.3	400.0	440.0	200.0	200.0	211.4	256.2	263.4
企业海外并购金额	6.0	0.8	57.3	48.5	30.7	24.9	45.1	79.9	127.6
绿地投资金额	77.0	90.5	342.7	391.5	169.3	175.1	166.3	176.3	135.8

项目	1999 年	2000 年	2001 年	2002 年	2003 年	2004 年	2005 年	2006 年	2007 年
企业对外直接投资金额	177.4	91.6	688.5	270.0	285.0	550.0	1226.0	2116.0	2651.0
企业海外并购金额	10.1	47.0	45.2	104.7	164.7	112.5	527.9	1 490.4	1 869.9
绿地投资金额	167.3	44.6	643.3	165.3	120.3	437.5	698.1	625.6	781.1

项目	2008 年	2009 年	2010 年	2011 年	2012 年	2013 年	2014 年		
企业对外直接投资金额	5 591.0	5 653.0	6 881.0	7 465.0	8 780.0	10 784.0	10 290.0		
企业海外并购金额	5 215.0	4 260.0	3 800.0	4 290.0	6 690.0	5 590.0	5 690.0		
绿地投资金额	376.0	1 393.0	3 081.0	3 175.0	2 090.0	5 194.0	4 600.0		

　　通过表 6.2 可以看出，自 2006 年企业海外并购投资总额明显超过了绿地投资后，
其一直处于领先地位，而从我国企业对外直接投资总额角度分析，其总额始终处于稳
步上升趋势，而企业海外并购与绿地投资虽有小幅波动，但其总体也呈现上升趋势。
本节将企业对外直接投资总额、企业海外并购与绿地投资这三个变量放在一起作图并
分析，如图 6.3 所示。

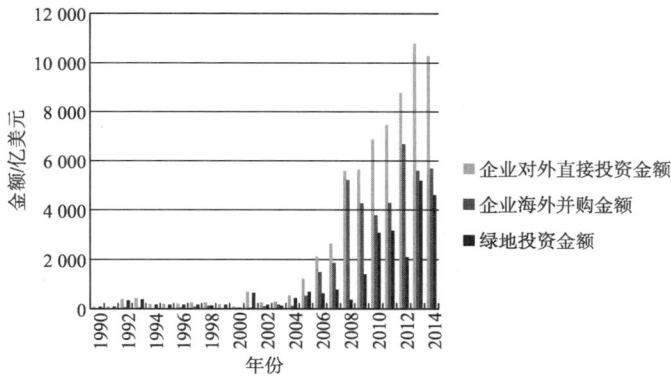

图 6.3　企业对外直接投资、企业海外并购与绿地投资金额对比分析

通过图 6.3 不难看出，我国企业对外直接投资情况在 2006 年后发生了翻天覆地的变化，在 1990~2005 年，我国企业海外并购与绿地投资构成的企业对外直接投资从总量上看，其总体趋势处于平稳状态，但总量持续走低，均不超过 1300 亿美元，直到 2006 年我国企业对外直接投资金额呈现明显上升趋势，而且在此以后企业海外并购金额始终高于绿地投资金额，占据企业对外直接投资的主要地位。我国企业对外直接投资金额总额迅速增加，看似并未受到金融危机的影响，实则不然，细致观察企业海外并购与绿地投资情况，首先企业海外并购金额在 2008~2010 年有小幅下降趋势，这体现了金融危机对企业海外并购总额造成了一定程度上的影响，但受2008 年我国实行 4 万亿元投资的影响，我国企业海外并购从交易总量的角度考虑，总体交易量远远超出 2005 年之前，这说明了我国企业对外直接投资，尤其是企业海外并购取得了长足的发展，2010 年以后企业海外并购恢复为稳步上升阶段，直至今日，企业海外并购都在企业对外直接投资中占据着重要份额；而从绿地投资的角度来看，其在 2006~2014 年呈现上下波动，总体趋势呈现上升状态，2005~2007 年绿地投资总量稳定，金融危机爆发后出现小幅下降后连续三年保持上升趋势，2012年小幅下降后又恢复上升趋势，总体上来讲，其总量在 2005 年(含)之前，其金额大都大于企业海外并购金额，而 2006 年以后，绿地投资金额低于企业海外并购金额，这也可以看出，我国企业海外并购上升趋势十分明显。

6.1.3　我国企业海外并购与绿地投资比较

绿地投资又称创建投资，是国家或地区企业对外直接投资的一种重要方式，即母国跨国企业在非本国或地区创建母国公司所属子公司，用以直接获得东道国市场、生产资源及先进技术等重要生产要素的对外直接投资方式，并扩张母国公司在全球范围内的生产、交易与销售渠道。绿地投资多发生于技术密集型企业，即其拥有的先进科学技术不可替代，能够通过母国企业的技术输出带动东道国企业完成生产、销售与外部技术获取，并与母国企业技术有机融合，形成双向反馈机制，提高母、子公司的生产效率，获得规模报酬递增的收益。

通过表 6.3，本节从成本与时间、进入市场能力、结构多样化、就业、受东道国政策影响五个方面对企业海外并购与绿地投资进行对比。首先，企业海外并购进入东道国的成本较低、时间较短，而绿地投资却与此相反，对东道国进行绿地投资，所需成本较高，时间也较长；从进入市场能力的角度看，企业海外并购进入市场的能力较强，而绿地投资相比较弱；从结构多样化比较来看，企业海外并购结合并购企业与目标企业技术优势，所产出产品与公司结构均较为多样，而绿地投资结构多样化程度较低；从就业角度来看，绿地投资能够增加较多的就业数量，而企业海外并购增加的就业数量较少，也可能保持就业数量不变；对于两种企业对外直接投资方式受东道国政策影响方面，企业海外并购受东道国政策影响较多，原因为企业并购目标企业后，会在东道国组织生产、销售等环节，其生产产品时会与东道国上游与下游企业有机融合，因此，企业海外并购受东道国政策影响较多，而相比之下，绿地投资则受东道国政策影响较少。

表 6.3　企业海外并购与绿地投资比较

项目	企业海外并购	绿地投资
成本与时间	成本较低，时间较短	成本较高，时间较长
进入市场能力	较强	较弱
结构多样化	较高	较低
就业	增加的就业数量较少，也可能保持就业数量不变	增加的就业数量较多
受东道国政策影响	较多	较少

相比于绿地投资，企业海外并购具有先天的优势，企业海外并购能够有机结合并购企业与目标企业双方的技术优势、管理优势、销售优势等，能够产生规模效应与协同效应，提高企业的产出效率，因而，企业海外并购相比于绿地投资具有协同效应优势。不仅如此，企业进行海外并购还有速度优势，即企业进行海外并购所需时间较短，可以省掉企业选择绿地投资时新建厂房、员工招聘与组织生产所需要的时间，并且企业海外并购能够获得目标企业现有的先进技术、营销渠道、管理技术人员、生产设备等多方面的现有固定资产，因此，与绿地投资相比，企业海外并购，更能够在短时期内抓住商机。与此同时，企业通过海外并购的方式，更容易进入东道国企业所处的寡头垄断行业，整合两家企业的优势资源，获得寡头垄断的市场优势。企业通过海外并购还能够获得目标企业的战略性资源，包括研发经验、专有技术、专利、品牌与许可证等，这些资源对企业取得长足发展具有重要意义。另外，企业进行海外并购，能够更容易地节约其成本，通常，如果目标企业为接近破产边缘或生产平均成本高于产品

价格的企业,此时,企业对其进行海外并购所花费的成本要低于其重置成本;如果目标企业为具有高新技术的大型企业,并购所花费的固定成本较高,但在长期的生产、经营与销售的过程中其固定成本均分后会变得微乎其微,降低了企业的经营成本,因此,企业选择海外并购相比于绿地投资所花费的成本低,具有成本优势。

6.2　问题的提出

企业海外并购与绿地投资构成了一国企业对外直接投资,对于企业海外并购与绿地投资对我国的技术进步问题,本书采用横向比较的方式。一个国家或地区技术进步来源于国内技术创新、外商直接投资技术外溢效应,通过学习、模仿并吸收、转化形成企业自身的技术。除此之外,企业对外直接投资是企业获得发达国家先进技术的主要手段之一,企业对外直接投资包含绿地投资与企业海外并购,其中绿地投资是指企业采用在东道国新建厂房、购进原材料进行加工和生产的企业对外直接投资方式,而企业海外并购则是指企业为达到对目标企业实际控制的目的,采用一定手段获取被并购的目标企业控股权或实际控制权的企业对外直接投资方式,这两种方式都能够获取国外先进技术,带动母国企业技术进步。然而,企业海外并购与绿地投资对母国技术进步的影响程度却不同,本章利用理论和实证的方式对两种企业对外直接投资方式与母国技术进步的关系进行探讨及说明,发现企业进行海外并购对母国技术进步的影响大于绿地投资的影响,其原因是企业进行海外并购时本国技术向外国目标企业技术的转移度低于绿地投资,进而导致企业海外并购获得的逆向研发资金溢出与逆向人力资本溢出所代表的逆向技术溢出效应大于企业进行绿地投资所获得的逆向技术溢出效应。与此同时,企业进行海外并购可获得目标企业的先进技术、市场资源、品牌效应等,与绿地投资相比,企业海外并购更容易获得上游企业与下游企业的先进技术和先进产品,这种前向与后向关联更容易推动企业海外并购的技术进步,从而带动母国企业技术进步。

6.3　理　论　模　型

6.3.1　假设条件

(1)母国企业对外直接投资包括企业海外并购及绿地投资两种方式,企业对外技术转移度越高,则对外投资获得的逆向技术溢出效应(逆向研发资金溢出与逆向人力资本溢出)越低。

(2)企业进行海外并购或绿地投资时,其在东道国市场中处于寡头垄断地位,东道国市场中存在寡头垄断企业A、B,寡头垄断企业的均衡为古诺(Cournot)竞争均衡。

(3)企业的生产成本函数为$C_i = cq_i$,企业面临的市场需求曲线为$p = a - bQ$,其中$a > 0$,$b > 0$。

(4)企业进行技术转移的成本——边际成本是递增的,即$C(x) = kx^2 (k > 0)$。

(5)企业对外直接投资(绿地投资与企业海外并购)均以利润最大化为目标来决定其技术转移程度,不考虑东道国的政策干预。

6.3.2　　绿地投资中技术转移程度理论机制研究

对企业A进行分析可得

$$
\begin{aligned}
\pi_A &= (p-c)q_A \\
&= pq_A - cq_A \\
&= [a - b(q_A + q_B + q_M)]q_A - cq_A \\
&= (a-c)q_A - bq_A{}^2 - bq_Aq_B - bq_Aq_M
\end{aligned}
\tag{6.1}
$$

其中,p表示价格;a,b,c表示参数;q_A和q_B表示企业A 企业B 的产量,π_A表示企业A 的利润;q_M表示并购企业M 的产量。

对式(6.1)求一阶导数得

$$
\frac{\partial \pi_A}{\partial q_A} = a - c - 2bq_A - bq_B - bq_M
\tag{6.2}
$$

同理,对企业B 分析可得

$$
\begin{aligned}
\pi_B &= (p-c)q_B \\
&= pq_B - cq_B \\
&= [a - b(q_A + q_B + q_M)]q_B - cq_B \\
&= (a-c)q_B - bq_B{}^2 - bq_Aq_B - bq_Bq_M
\end{aligned}
\tag{6.3}
$$

对式(6.3)求一阶导数得

$$
\frac{\partial \pi_B}{\partial q_B} = a - c - 2bq_B - bq_A - bq_M
\tag{6.4}
$$

对于对外投资企业M 分析如下:

$$
\begin{aligned}
\pi_M &= [p - c(1-x)]q_M \\
&= [a - b(q_A + q_B + q_M)]q_M - c(1-x)q_M \\
&= [a - c(1-x)]q_M - bq_M{}^2 - bq_Aq_M - bq_Bq_M
\end{aligned}
\tag{6.5}
$$

对式(6.5)求一阶导数得

$$
\frac{\partial \pi_M}{\partial q_M} = a - c(1-x) - 2bq_M - bq_A - bq_B
\tag{6.6}
$$

联立式(6.2)、式(6.4)、式(6.6)进行求解，令式(6.6)为零可得

$$q_M = \frac{a - c(1-x) - bq_A - bq_B}{2b} \quad (6.7)$$

再将式(6.1)、式(6.2)两个多项式作差得方程：

$$2bq_B + bq_A - 2bq_A - bq_B = 0 \quad (6.8)$$

$$q_A = q_B$$

再将式(6.8)带入式(6.2)得到：

$$a - c - 3bq_A - bq_M = 0 \quad (6.9)$$

$$q_A = \frac{a - c - bq_M}{3b}$$

将式(6.7)带入式(6.9)中，可得

$$q_A = \frac{a - c - b\dfrac{a - c(1-x) - 2bq_A}{2b}}{3b}$$

$$= \frac{a - 2c + c(1-x)}{6b} + \frac{1}{3}q_A \quad (6.10)$$

$$= \frac{a - c - cx}{4b} = \frac{a - c(1+x)}{4b} = q_B$$

将式(6.10)带入式(6.7)可得

$$q_M = \frac{a - c(1-x) - 2bq_A}{2b}$$

$$= \frac{a - c(1-x) - 2b\dfrac{a - c - cx}{4b}}{2b} \quad (6.11)$$

$$= \frac{a - c + 3cx}{4b}$$

$$= \frac{a - c(1-3x)}{4b}$$

故根据利润最大化一阶条件可得厂商 A、B、M 均衡数量分别为

$$q_A = q_B = \frac{a - c(1+x)}{4b}$$

$$q_M = \frac{a - c(1-3x)}{4b}$$

则在东道国市场均衡数量与均衡价格分别为

$$Q = q_A + q_B + q_M = \frac{3a - 3c + cx}{4b} = \frac{3a - c(3-x)}{4b} \quad (6.12)$$

$$p = a - bQ = \frac{a + 3c - cx}{4} = \frac{a + c(3-x)}{4} \quad (6.13)$$

式(6.12)和式(6.13)为企业在东道国进行绿地投资后的均衡产出与均衡价格。

企业进行绿地投资时，同时在东道国公司控股比例不变的情况下，转移技术的边际成本递增，则将上述均衡解带入绿地投资企业，可以得出：

$$
\begin{aligned}
\pi_m &= \pi_M - kx^2 \\
&= pq_M - c(1-x)q_M - kx^2 \\
&= \frac{a^2 + c^2(1-3x)^2 - 2ac(1-3x)}{16} - kx^2
\end{aligned}
\tag{6.14}
$$

其中，π 表示利润，m 表示并购企业；π_m 表示并购企业利润；k 表示系数；x 表示技术转移度。

对式（6.14）进行求导，可以得到

$$
\frac{\partial \pi_m}{\partial x} = \frac{-3c^2(1-3x) + 3ac}{8} - 2kx
\tag{6.15}
$$

从而求得最优技术转移度为

$$
x = \frac{3ac - 3c^2}{16k - 9c^2} = \frac{3c(a-c)}{16k - 9c^2}
\tag{6.16}
$$

因此，在绿地投资的情况下，其技术转移度为上式的取值。

6.3.4　企业海外并购中技术转移度理论机制研究

在企业对目标企业进行海外并购时，其技术随其股权占有程度增大而增大，即股权占有权重为 $\theta(0 < \theta \leqslant 1)$，对于 A、B、M 企业分析如下：

$$
\pi_A = (p-c)q_A
$$
$$
\pi_B = (p-c)q_B
$$
$$
\pi_M = [p - c(1-x)]q_M
$$

其中，x 为技术转移度。当技术转移度越高，成本 $c(1-x)$ 越低，假设技术转移度的边际成本为递增函数，即 $C(x) = kx^2(k > 0)$，企业在市场上进行古诺竞争，则由上述分析可以得出与企业进行绿地投资时相同的均衡产出、总产出与均衡价格：

$$
q_A = q_B = \frac{a - c(1+x)}{4b}
$$
$$
q_M = \frac{a - c(1-3x)}{4b}
$$
$$
Q = \frac{3a - c(3-x)}{4b}
$$
$$
p = \frac{a + c(3-x)}{4}
$$

企业海外并购与绿地投资不同的方面为

$$\begin{aligned}\pi_m &= \theta\pi_M - kx^2 \\ &= \theta\frac{a^2 + c^2(1-3x)^2 - 2ac(1-3x)}{16} - kx^2\end{aligned} \tag{6.17}$$

其中，θ 为股权占有率。

对其进行一阶求导得

$$\frac{\partial\pi_m}{\partial x} = \theta\frac{-3c^2(1-3x) + 3ac}{8} - 2kx \tag{6.18}$$

解得此时的最优技术转移度为

$$x = \frac{3\theta ac - 3\theta c^2}{16k - 9\theta c^2} = \frac{3\theta c(a-c)}{16k - 9\theta c^2} \tag{6.19}$$

故在企业进行海外并购时，其技术转移度与其所占股权份额有关，其关系如式 (6.19) 所述。

6.3.5　企业海外并购与绿地投资技术转移程度比较

通过以上对企业海外并购与绿地投资的分析，不难看出，企业进行海外并购时，其技术转移度与其所占股权份额相关；而绿地投资相比于企业海外并购而言，其所占股权份额往往高于绿地投资。针对上述情况，进一步推导得出以下两个命题。

命题一：企业进行海外并购时，并购企业控制股权份额越多，则其对应的技术转移程度越高，而获得的逆向研发资金溢出与逆向人力资本溢出越低，其与母国技术进步程度呈反比例关系。

证明：由式 (6.19) 中对股权份额求导数可以得到：

$$\begin{aligned}\frac{\partial x}{\partial\theta} &= \frac{(3ac - 3c^2)(16k - 9\theta c^2) + 9c^2(3\theta ac - 3\theta c^2)}{(16k - 9\theta c^2)^2} \\ &= \frac{48ck(a-c)}{(16k - 9\theta c^2)^2} > 0\end{aligned} \tag{6.20}$$

说明如下，其中：

$$p = a - bQ$$

$$\pi = pQ - C = (a - bQ)Q - cQ = (a-c)Q - bQ^2$$

企业在进行生产时，考虑其利润最大化原则，不难看出 $a > c$ 条件，又因为 $c > 0$、$k > 0$，则通过观察式 (6.20)，可以得出 $\partial x/\partial\theta$ 符号大于 0 的结论。由于式 (6.20) 导数大于 0，可以得出企业海外并购技术转移度与其所占股权份额呈现单调递增的函数关系，即随着股权份额越多，其技术转移度就越高，同时，其带来的企业海外并购逆向技术溢出效应越低，包括研发资金的溢出与人力资本的溢出；反之，则亦然。

命题二：同一企业在进行海外并购和绿地投资选择时，企业选择海外并购投资的技术转移度低于企业选择绿地投资的技术转移度，即企业选择海外并购获得的逆向研发资金溢出与逆向人力资本溢出高于绿地投资。

证明：令绿地投资的技术转移度=企业海外并购的技术转移度，即

$$x_{\text{green}} = x_{\text{ma}} \tag{6.21}$$

通过计算得下式：

$$\frac{3c(a-c)}{16k-9c^2} = \frac{3\theta c(a-c)}{16k-9\theta c^2}$$

我们可以得出当且仅当 $\theta=1$ 时，两种投资方式的技术转移度相等，又由于 $0 < \theta \leqslant 1$，同时通过式(6.20)知道企业海外并购的技术转移度为股权份额 θ 的增函数，则能够得出企业海外并购的技术转移度低于绿地投资。通过假设不难得出，企业海外并购获得的逆向技术溢出高于绿地投资，命题二得证。

结论与建议：企业对外直接投资进行海外并购对母国技术进步具有正向促进作用，企业海外并购技术转移度与控股份额成正比，即企业海外并购控股份额越高，其技术转移度越高，则逆向技术越低。同时，企业海外并购与绿地投资相比，其对母国的技术进步作用较强，企业海外并购对目标企业的技术转移度低于绿地投资的技术转移度，意味着企业海外并购获得的逆向技术溢出(包括逆向研发资金溢出与逆向人力资本溢出)大于绿地投资的逆向技术溢出，即企业海外并购对母国技术进步的推动作用高于绿地投资。

因此，我国在鼓励企业"走出去"的政策背景下，应该大力支持企业进行对外直接投资，加强企业海外并购与绿地投资的份额。相比于绿地投资，企业进行海外并购更容易获取逆向研发资金溢出与逆向人力资本溢出，同时，并购企业与目标企业可以通过研发成果互相反馈机制，可以增加并购企业与目标企业技术的有机融合，促进企业内部技术进步。而对于企业外部而言，企业海外并购可获得上游与下游企业的关联效用，以及在东道国尤其是发达国家的集聚效应，这种高新技术的产业集聚效应，能带动上游与下游企业技术进步，倒逼企业技术变革与创新，进而促进母国技术进步。我国在现行外汇储备充足及经济呈现新常态的情况下，提出了"一带一路"的倡议，我国也应提出对应的经济政策，实现经济的快速进步与发展，同时企业急需"走出去"获得技术进步，进而促进我国经济转型与升级及产业结构不断调整和优化。因此，企业海外并购这一企业对外直接投资方式，尤其是高新技术企业的海外并购对我国企业转型与经济结构调整及经济发展均具有重要意义。

同时，企业也应抓住"一带一路"倡议，加强自身的企业创新能力，提高企业"走出去"的能力，在宏观经济政策的支持下，获得先进科学技术的同时，整合自身科学技术；在相同成本下，扩大企业自身的规模，增加企业的产出与收益，加强企业长期可持续发展的能力，进而获得长足发展。相应的，企业的技术创新与变革会带动企业本身及上游和下游企业的技术进步，同时带动企业所处产业链横向技术进步，横向产业链的进步对我国整体经济结构的转型与技术进步都具有推动作用。

6.4　企业对外直接投资逆向技术溢出门槛与母国技术进步
——基于企业海外并购与绿地投资省际层面的数据分析

一个国家或地区的技术进步来源于国家内部因素和国家外部因素,内部因素是指在国内所产生的技术改革与创新,主要包括国内研发投入、人力资本与外商直接投资等;外部因素主要包括通过企业海外并购与绿地投资构成的企业对外直接投资方式获得逆向技术溢出效应(包括逆向研发资金溢出效应与逆向人力资本溢出效应),带来母国技术进步。经过第 5 章分析,企业对外直接投资通过逆向技术溢出对我国技术进步具有促进作用,其中包括企业海外并购获得目标企业逆向研发资金溢出与逆向人力资本溢出等促进我国技术进步,而企业对外进行绿地投资也能够获得逆向技术溢出促进我国技术进步。为了对比企业海外并购与绿地投资对我国技术进步的影响程度,本节对这两个企业对外直接投资方式进行实证分析。

6.4.1　变量定义与描述

1. 变量定义

(1)全要素生产率。本书利用全要素生产率衡量我国技术进步水平,以 OP 法对超越对数生产函数进行测算,以得到的全要素生产率衡量我国技术进步水平。依据 1990~2014 年我国 30 个省(区、市)的 36 个工业行业数据,原始数据来源于《中国统计年鉴》《中国工业年鉴》《中国工业经济统计年鉴》。本书采用半参数估计测定方法(即 OP 法、LP 法及 BHC 法)旨在使参数估计更为准确,采用 OP 法得到的全要素生产率数值介于 LP 法与 OLS 之间,根据中心极限定理,在大样本条件下,中心值趋近于真实值,本书选择以 OP 法得到的全要素生产率进行实证分析。

(2)我国各省(区、市)人力资本水平。人力资本指数以受教育年限及教育回报率为代表,数据来源于 GGDC 数据库与历年统计年鉴。

(3)企业海外并购交易总额。企业海外并购交易总额来源于 Zephyr 数据库,统计我国企业海外并购的 30 个省(区、市)的 1205 家企业并购交易总额,本章用企业海外并购交易总额占企业对外直接投资交易总额的比例作为实证分析指标。

(4)绿地投资交易总额。本章用各省(区、市)企业对外直接投资交易总额与企业海外并购交易总额的差额得出绿地投资交易总额,进而用绿地投资交易总额占企业对外直接投资交易总额作为实证分析的指标。

(5)各省(区、市)研发资本投入,即研发资本流量,采用研发资本投入占各省(区、市)GDP 的比重作为实证分析指标。

2. 变量描述

为了能够更清晰地描述我国企业海外并购与绿地投资对母国技术进步影响，给出全要素生产率、人力资本水平、企业海外并购交易总额占比、绿地投资交易总额占比等指标进行分析，并将用于实证分析的变量进行下列描述，包括变量的观测值、均值、标准差、最小值与最大值，如表 6.4 所示。

表 6.4　变量描述

变量名	观测值	均值	标准差	最小值	最大值
OFDI	750	26 257.9200	35 811.7200	830.0000	107 840.0000
Merger	750	16 131.2800	23 057.6500	8.0000	66 900.0000
Green	750	10 126.6400	14 593.2000	446.0000	51 940.0000
TFP	750	0.8807	0.1894	0.5 966	1.2086
Rand D	750	0.4187	0.1142	0.2711	0.6378
Merger Ratio	750	0.3966	0.2682	0.0088	0.9327
Green Ratio	750	0.6034	0.2682	0.0673	0.9912
ln TFP	750	−0.1499	0.2204	−0.5165	0.1895
ln Merger Ratio	750	−1.3123	1.1068	−4.7373	−0.0696
ln Green Ratio	750	−0.6437	0.6155	−2.6993	−0.0088
Rand D ln Merger Ratio	750	−0.5523	0.5157	−2.2215	−0.0310
Rand D ln Green Ratio	750	−0.2729	0.2797	−1.2022	−0.0041
HC	750	2.2881	0.2048	1.9684	2.5792
DRC	750	79 854.3000	62 045.4000	957 8.0770	192 875.9000

注：OFDI 表示企业对外直接投资；Merger 表示企业海外并购；Green 表示绿地投资；TFP 表示全要素生产率；Rand D 表示研发投入；Merger Ratio 表示企业海外并购占有比例；Green Ratio 表示绿地投资占有比例；ln TFD 表示全要素生产率对数值；ln Merger Ratio 表示企业海外并购占有比例对数值；ln Green Ratio 表示绿地投资占有比例对数值；Rand D ln Merger Ratio 表示研发投入与企业海外并购占有比例对数值交叉项；Rand D ln Green Ratio 表示研发投入与绿地投资占有比例对数值交叉项；HC 表示母国人力资本；DRC 表示母国研发资金存量。

6.4.2　企业海外并购与绿地投资对我国技术进步影响的实证分析结果

表 6.4 给出了企业对外直接投资、企业海外并购、绿地投资、企业海外并购与对外直接投资总额的比例、绿地投资与对外直接投资总额的比例等统计变量，应用上述统计变量可对企业海外并购与绿地投资对我国技术进步的影响进行实证分析。实证分析结论，如表 6.5 所示。

表 6.5 企业海外并购对我国技术进步的影响

变量	模型 1ª lnTFP	模型 2ª lnTFP	模型 3ª lnTFP
ln Merger Ratio	0.5360***	0.5400***	1.6350***
	(0.0960)	(0.0959)	(0.4110)
Rand D		−0.2310	0.7860*
		(0.2250)	(0.4230)
Rand D ln Merger Ratio			−2.5780**
			(0.9470)
常数项	0.6680***	0.7630***	0.3340*
	(0.0457)	(0.1030)	(0.1820)
行业	控制	控制	控制
地区	控制	控制	控制
样本数量 N	750	750	750
相关系数 R^2	0.5750	0.5950	0.7000

*、**、***分别表示 10%、5%和 1%的显著性水平。

注：括号内为标准差。

　　表 6.5 为企业海外并购对我国技术进步的影响，通过表 6.5 可以看出，企业海外并购对我国技术进步具有正向促进作用，无论是引入研发投入这一指标还是研发投入资金存量与企业海外并购的交叉项，都能够看出企业海外并购对我国技术进步具有促进作用。同时，在不考虑其他因素的前提下，我国研发投入资金存量对我国技术进步亦具有促进作用，而引入研发投入资金存量与企业海外并购的交叉项后，可以看到，其在 5%的显著性水平下影响显著，企业海外并购对我国技术进步的促进作用受到国内研发投入资金存量的影响，并且母国研发投入资金存量对企业海外进步给母国带来的技术进步具有异化排斥效应，从其符号上可以得到异化排斥效应在 5%的水平下显著，这说明对我国企业海外并购存在门槛效应。只有当企业海外并购数量超过临界值时，才能够使我国技术水平全要素生产率的数值为正，说明我国企业海外并购与研发投入资金存量具有联合效应，既存在同化吸收作用又存在异化排斥作用。当企业海外并购跨越门槛临界值时，并购企业同化吸收目标企业带来的逆向技术溢出效应，使其全要素生产率数值为正数；反之，存在异化排斥作用。因此，通过上述分析可以看出，企业海外并购与母国技术进步在 1%的水平下显著，且显著水平较高，与此同时企业海外并购有门槛要求，要想使我国技术进步为正则必须跨越门槛临界值。因此，扩大企业海外并购规模与进行高新技术企业海外并购对我国企业技术进步、产业链有机融合及国家技术进步具有深远的意义与作用。

　　表 6.6 为绿地投资对我国技术进步影响的实证分析。我国企业对外直接投资中

绿地投资这部分对我国技术进步具有抑制作用，其原因可能为企业对外进行绿地投资将本国技术向国外进行转化，大量研发资源与人力资本向国外转移，而本国企业得到的绿地投资获得的逆向技术溢出效应较低，相比而言，绿地投资使得母国成为技术的净输出国，因而导致绿地投资对我国技术进步具有抑制作用。同时我们看到，本国企业研发投入资金存量对我国技术进步的影响并不显著，因此，本章对本国的研发投入资金存量不予考虑，而从研发投入资金存量与绿地投资占企业对外直接投资比例的交叉项可以得到，母国研发投入资金存量对绿地投资的吸收具有促进效应，其存在门槛效应，交叉项在 5%的水平下显著。当企业绿地投资在门槛值内，全要素生产率为正，绿地投资对我国技术进步具有促进作用；而企业绿地投资在门槛值外，全要素生产率为负，绿地投资对我国技术进步具有抑制作用，这相当于对绿地投资获得母国企业技术进步设立了最高的门槛值。因此，从表 6.6 可以看出，企业绿地投资在门槛值内对我国技术进步具有促进作用，超越门槛值后，则对我国技术进步具有抑制作用。因此，我国应该合理减少企业绿地投资而增加企业海外并购在企业对外直接投资中的比例分布。

表 6.6　绿地投资对我国技术进步影响的实证分析

变量	模型 1[a] lnTFP	模型 2[a] lnTFP	模型 3[a] lnTFP
ln Green Ratio	−0.2280***	−0.2300***	−0.9100**
	(0.0575)	(0.0585)	(0.3260)
Rand D		−0.1800	0.7210
		(0.315)	(0.5160)
Rand D ln Green Ratic			1.5790**
			(0.7460)
常数项	−0.2970***	−0.2230	−0.6070**
	(0.0507)	(0.1400)	(0.2230)
行业	控制	控制	控制
地区	控制	控制	控制
样本数量 N	750	750	750
相关系数 R^2	0.4060	0.4150	0.5180

和*分别表示 5%和 1%的显著性水平。

注：括号内为标准差。

表 6.7 为企业海外并购与绿地投资对我国技术进步影响的实证分析，通过上述分析可以看出企业海外并购对我国技术进步具有促进作用，而企业对外进行绿地投资对我国技术进步影响并不显著。经过表 6.5 和表 6.6 对比分析企业海外并购与绿地投资对我国技术进步的影响情况，得出企业海外并购对我国技术进步具有促进作用，

而绿地投资对我国技术进步具有抑制作用，因此，我国实施对外"走出去"政策，应增加企业海外并购在企业对外直接投资中的占比，尤其是国家战略技术与资源企业方面的并购，这对我国企业技术进步具有同化吸收效应。同时，将我国研发投入资金存量这一指标加入企业海外并购与绿地投资模型中时，研发投入资金存量对我国企业技术进步仍具有正向促进作用，这更能体现出我国研发投入资金存量对我国技术进步的作用十分强烈。通过企业海外并购与我国研发投入资金存量的交叉项可以得到，企业研发投入资金存量对企业海外并购仍然设置了门槛值，本章对比该门槛值与未考虑绿地投资时的门槛值，得到5%的显著性水平下技术进步对企业海外并购设置的门槛值分别为-2.578**与-0.895**，这说明随着对绿地投资的引入，企业海外并购对我国技术进步的门槛值降低了，门槛值的降低更为有效地促进了企业海外并购提高我国技术进步的情况。总而言之，企业海外并购相比于绿地投资，对我国技术进步影响更大，同时，绿地投资降低了企业海外并购对我国技术进步设置的门槛值，提高了我国技术进步的强度，降低了企业海外并购带动我国技术进步的难度。

表 6.7　企业海外并购与绿地投资对我国技术进步影响的实证分析(一)

变量	模型 1[a] lnTFP	模型 2[a] lnTFP	模型 3[a] lnTFP	模型 4[a] lnTFP
ln Merger Ratio	0.1400***	0.1020**	0.1010**	0.5100**
	(0.0295)	(0.0435)	(0.0445)	(0.181)
ln Green Ratio		−0.0920	−0.0953	−0.0648
		(0.0782)	(0.0801)	(0.0741)
Rand D			0.1210	1.1170**
			(0.2900)	(0.505)
Rand D ln Merger Ratio				−0.8950**
				(0.3870)
常数项	0.0341	−0.0748	−0.0286	0.4510*
	(0.0502)	(0.105)	(0.1540)	(0.2500)
年份	控制	控制	控制	控制
地区	控制	控制	控制	控制
样本数量 N	750	750	750	750
相关系数 R^2	0.4960	0.526	0.5290	0.6290

*、**、***分别表示 10%、5%和 1%的显著性水平。

注：括号内为标准差。

通过表 6.8 分析得到，企业海外并购对我国技术进步具有促进作用，引入我国研发投入资金存量与企业绿地投资占企业对外直接投资比例的交叉项，得到研发投入资金存量对绿地投资带动我国技术进步具有促进作用，而企业对外进行绿地投资则对我国技术进步具有抑制作用。如上述分析,研发投入资金存量仍为绿地投资设立了最高门槛值,但总体上分析,我国企业对外直接投资对我国技术进步具有促进作用,研发投入资金存量在10%的水平下显著,说明我国研发投入资金存量对我国技术进步具有促进作用。引入了研发投入资金存量与我国绿地投资占比交叉项后可以得到,研发投入资金存量对绿地投资技术同化吸收具有促进作用,其对企业绿地投资带动我国技术进步设立了最高门槛值,而对比我国研发投入资金存量与我国企业海外并购占比交叉项可以看出,研发投入资金存量对我国企业海外并购设立了最低的门槛值。因此,将企业海外并购与企业绿地投资进行对比,可以发现企业海外并购对我国技术进步的促进作用较强。

表6.3 企业海外并购与绿地投资对我国技术进步影响的实证分析(二)

变量	模型 1[a] lnTFP	模型 2[a] lnTFP	模型 3[a] lnTFP	模型 4[a] lnTFP
ln Merger Ratio	0.1400***	0.1020**	0.1010**	0.1030**
	(0.0295)	(0.0435)	(0.0445)	(0.0400)
ln Green Ratio		−0.0920	−0.0953	−0.0790**
		(0.0782)	(0.0801)	(0.0293)
Rand D			0.1210	0.8060*
			(0.2900)	(0.4600)
Rand D ln Green Ratio				1.6210**
				(0.6620)
常数项	0.0341	−0.0748	−0.0286	−0.418*
	(0.0502)	(0.1050)	(0.1540)	(0.2110)
行业	控制	控制	控制	控制
地区	控制	控制	控制	控制
样本数量 N	750	750	750	750
相关系数 R^2	0.4960	0.5260	0.5290	0.6380

*、**、***分别表示 10%、5%和 1%的显著性水平。

注:括号内为标准差。

笔者通过表 6.9 分析,引入了我国研发投入资金存量与人力资本水平作为控制变量,得到企业海外并购对我国技术进步具有促进作用,而绿地投资却不显著,说明企业对外进行绿地投资对我国技术进步的影响不显著,而我国研发投入资金存量对我国技术进步仍然具有促进作用。与此同时,我国人力资本水平对我国技术进步的影响也非常显著,通过研发投入资金存量与绿地投资占比的交叉项也能够看出,研发投入资金存量与绿地投资占比对我国技术进步具有促进作用,而研发投入资金存量不显著。因此,在实证模型中,通过表 6.9 可以看出,企业海外并购对我国技术进步影响显著，绿地投资对我国技术进步影响不显著，同时控制变量中研发投入资金存量与我国人力资本水平对我国技术进步均有显著的影响，门槛效应与门槛值的设立与上文一致，其并没有发生显著的变化。因此，我国应该加大对企业海外并购在企业对外直接投资方式中的占比，促进我国企业进行海外并购，获得目标企业的逆向研发资金溢出与逆向人力资本溢出，进而带动我国持续的经济增长与技术进步。

表6.9　企业海外并购、绿地投资与我国技术进步的影响

变量	模型 1[a] lnTFP	模型 2[a] lnTFP	模型 3[a] lnTFP	模型 4[a] lnTFP	模型 5[a] lnTFP	模型 6[a] lnTFP
ln Merger Ratio	0.5360***	0.9240***	0.9190***	1.9470***	0.3530**	0.3500**
	(0.0960)	(0.2550)	(0.2550)	(0.4360)	(0.1570)	(0.1610)
ln Green Ratio		0.1820	0.1780	0.1630	0.0231	0.0244
		(0.1110)	(0.1110)	(0.0972)	(0.0280)	(0.0292)
Rand D			0.2180	1.7290***	0.6360***	0.6290***
			(0.2180)	(0.5830)	(0.1740)	(0.1810)
Rand D ln Green Ratio				2.4930**	0.7080**	0.6960**
				(0.9100)	(0.2740)	(0.2840)
HC					0.8790***	0.8480***
					(0.0558)	(0.1300)
DRC						0.0011
						(0.0041)
常数项	0.6680***	0.6310***	0.7220***	0.3100*	−1.1670***	−1.1030***
	(0.0457)	(0.0496)	(0.1030)	(0.1750)	(0.1050)	(0.2660)
行业	控制	控制	控制	控制	控制	控制
地区	控制	控制	控制	控制	控制	控制
样本数量 N	750	750	750	750	750	750
相关系数 R^2	0.5750	0.6210	0.6390	0.7370	0.9810	0.9810

*、**、***分别表示 10%、5%和 1%的显著性水平。

注：括号内为标准差。

6.4.3　小结

通过上文理论模型设定与实证模型分析，得出结论：企业海外并购技术转移度低于绿地投资技术转移度，因而企业海外并购获得的逆向技术溢出(包括研发资金溢出与人力资本溢出)高于绿地投资获得的逆向技术溢出，因此，企业海外并购对我国技术进步的影响程度高于绿地投资。同时，我们对理论模型进行了实证检验，发现

企业海外并购对我国技术进步影响的显著性高于绿地投资对我国技术进步影响的显著性，并且企业海外并购对我国技术进步的影响超过绿地投资对我国技术进步的影响。因此，我国为调整经济结构、产业结构与产业布局，促进经济稳健发展，则必须加强我国企业海外并购份额，其中战略性资源与先进技术的企业并购对我国经济可持续发展具有重要的战略意义。

在进行实证分析时，首先对数据进行异方差检验，结合散点图可以看出实证分析数据不存在异方差状况，同时通过 White 检验，说明我国企业海外并购与绿地投资对我国技术进步影响这一实证分析模型中并不存在异方差效应。通过以上实证分析，得出企业海外并购对我国技术进步具有显著影响。

6.5　本章小结

本章通过对我国历年企业海外并购与绿地投资数据进行对比和分析，得出企业海外并购与绿地投资在总体上对我国技术进步均有正向促进作用，随着"走出去"政策的实施，我国企业海外并购对我国技术进步促进作用大于绿地投资，具体而言，企业海外并购获得的逆向技术溢出(包括逆向研发资金溢出与逆向人力资本溢出)大于绿地投资带来的逆向技术溢出作用。本章通过理论模型的设定与推导，说明企业海外并购相比于绿地投资更能够促进我国技术进步，并通过实证分析验证了这一结论，同时本章还得出我国研发投入资金存量与人力资本水平对企业海外并购和绿地投资均设定了门槛，对企业海外并购设定了最低门槛，而对绿地投资设定了最高门槛，因此，应加大企业海外并购份额而降低绿地投资份额，这种"走出去"政策对我国技术进步均具有促进作用。本章通过对企业海外并购与绿地投资的对比，发现两者在企业对外直接投资中均能够获取目标企业的先进技术，有利于我国企业技术获取并双向传递，带动我国上下游企业的技术进步，同时，我国为获取技术进步必须对两种对外投资数量进行控制，对于企业海外并购，应增加其比重使其超过门槛值，进而带动企业海外并购对外部逆向人力资本溢出与逆向研发资金溢出的吸收；对于绿地投资，应降低其比重使其低于门槛值，进而保证绿地投资这一企业对外直接投资方式获取逆向技术溢出。

第7章 企业海外并购全球生产网络空间集聚与母国技术进步

本章基于扩展的新-新贸易理论模型,从跨国公司组织形式和地理区位的选择出发,建立一个两个国家、两个生产环节、一种要素投入的理论模型。本章考察了跨国公司全球生产网络(global production networks, GPN)形态选择的空间集聚方式。随后利用美国 39 个行业 2002~2013 年的面板数据进行实证检验,实证结论显示:在产业因素方面,产业生产效率水平、研发投入对跨国公司全球生产网络空间集聚具有正向作用,而资本密集度与产业平均规模对其有抑制作用;在国家因素方面,东道国市场规模、东道国技术水平、制度环境和工资水平四个指标对东道国吸引相关跨国公司投资均有促进作用;在行业方面,企业海外并购分为零部件密集型行业与总部密集型行业,其中,对零部件密集型行业的并购为技术输出,不利于母国公司的技术进步,而对总部密集型行业的并购对母国技术进步作用显著;在地区方面,企业海外并购面向发展中国家与发达国家,其中发展中国家的企业海外并购不利于母国技术进步,而发达国家的企业海外并购更容易获得逆向研发资金溢出与逆向人力资本溢出,利于国家技术进步。因此,我国企业海外并购应加强对发达国家总部密集型企业的并购。

7.1 问题的提出

传统的跨国公司理论主要从企业自身特定优势出发考虑问题,包括为什么会产生跨国公司、为什么会发生外商直接投资,由此形成了一些具有代表性的跨国公司理论,如垄断优势理论、产品生命周期理论、内部化理论、生产折衷理论等。因此,这些理论以企业收益与成本为基础,通过追求利润最大化为目标选择适宜的全球生产网络空间集聚方式,讨论不同产业及东道国特性对全球生产网络发展的影响,从而产生了一系列典型的理论模型,包括垂直型跨国公司模型(Helpman, 1984)、水平型跨国公司模型、知识资本模型、技术互动与全球经济版图模型、新经济地理产业集聚模型、多个国家和多个产业的一般均衡模型(Melitz, 2003)、企业最优一体化战略模型(Grossman et al.，2004)、空间选择效应(selection effect)模型和空间排序效应(sorting effect)模型。

本章从全球生产网络及价值链横、纵两个方面研究跨国公司，同时研究全球生产组织问题，但讨论产业地理空间集聚问题尚不多见。产品复杂程度越高，包含的生产工序越多，其纵向维度就越长；产业专业化分工导致企业规模报酬递增，进而生产企业获得规模经济，其价值链横向维度更广，故而形成规模密集、结构庞杂的全球生产网络。本书基于这一思路，从全球价值链、全球生产网络的理论模型角度分析，跨国公司主要通过将生产过程分解到不同国家，充分利用其具有不同要素禀赋的比较优势，获取生产过程的经济利润，同时支付固定的额外费用，这些费用与企业的所有制类型、所处产业特性、母国与企业所在东道国国家类型密切相关。那么跨国企业在不同组织类型和地理区位之间如何选择专业化生产、如何在全球范围内构建最优生产网络？本章从跨国公司的角度出发，分析跨国公司在构建全球生产网络面临以下两种选择时如何做出最优选择：一种选择是针对某项具体业务是通过企业自身完成还是通过外包给其他企业辅助完成；另一种选择是针对跨国公司某项具体业务是放在国内生产还是转移至国外生产，因而形成两种全球生产网络的主要形式，即在国内完成(国内一体化与国内外包)和在国外完成(国外一体化与国外外包)。在跨国企业构建全球生产网络选择的同时，企业生产对母国技术进步也有非常重要的影响，企业选择零部件密集型企业进行并购将对母国技术进步具有抑制作用，而选择总部密集型企业进行并购将有益于母国的技术进步。同时，跨国企业在选择目标企业时，重点考虑目标企业的区位因素，通常目标企业在发达国家对母国技术进步的促进作用高于在发展中国家带来的技术进步作用；反之，企业海外并购对母国技术进步具有抑制作用。

7.2　理　论　模　型

7.2.1　基本假设

本节将在 Melitz 异质性企业贸易模型和 Antras 企业内生边界模型的基础上，加入零部件密集产业和总部密集产业两种因素，从跨国公司的角度出发，建立一个"2×2×1"的一般均衡模型，即两个国家(N 与 S)、两个生产环节(上游与下游)、一种要素投入(劳动)，分析不同产业与国家异质性对全球生产网络的影响。该模型假定两个国家，即 N 和 S，只有劳动一种要素投入。消费者具有相同的偏好，其效用函数设定：

$$U = X_0 + \frac{1}{\mu} \sum_{j=1}^{J} X_j^{\mu}, 0 < \mu < 1 \tag{7.1}$$

其中，X_0 为消费一单位同质产品而获得的效用；X_j 为 j 部门总体消费指数，X_j 的不变替代弹性效用函数为 $X_j = \left[\int x_j(i)^a \, \mathrm{d}i\right]^{1/\alpha}, 0 < \alpha < 1$，$x_j(i)$ 为 j[①]产业中对于不同产品的消费组合；i 为消费组合的内生变量；μ 为消费一单位同质产品获得效用替代弹性，即产业间产品的替代弹性。任意两种产品之间的替代弹性为 $1/(1-\alpha)$。假设 $\alpha > \mu$，即假设产业内产品替代弹性大于产业间产品的替代弹性。所以，j 产业中每一种产品 i 的反需求函数为

$$p_j(i) = X_j^{\mu-\alpha} x_j(i)^{\alpha-1} \tag{7.2}$$

不同产品的厂商在 N 与 S 两国内劳动力供给弹性无穷大。用 ω^N 和 ω^S 代表两个国家的工资水平。假设 ω^l 是在 l 国家（$l = N, S$）生产 x_0 的劳动生产率，依据劳动力供给弹性无穷大的因素，导致 N、S 两国均选择 x_0 产出，即 $\mu = \alpha$。厂商生产任何最终产品都需要 $h_j(i)$ 和 $m_j(i)$ 两种特定的中间投入品，这两种投入品分别代表总部服务与零部件生产。故而每种最终产品产出可以用柯布-道格拉斯生产函数表示：

$$x_j(i) = \theta \left(\frac{h_j(i)}{\eta_j}\right)^{\eta_j} \left(\frac{m_j(i)}{1-\eta_j}\right)^{1-\eta_j}, 0 < \eta_j < 1 \tag{7.3}$$

其中，全要素 θ 为企业生产率参数；η_j 为产业生产率变量，η_j 的大小代表产业要素投入高低，其值越大则总部服务越密集，即契约要素投入产业中比例越高；总部服务 $h_j(i)$ 只能在 N 国家生产，每单位总部服务需要匹配单位要素投入；$m_j(i)$ 无论选择 N 国还是选择 S 国进行生产，其每单位产品的产出均需要相同单位的劳动投入与之搭配。零部件产品要与企业生产的最终产品保持高度一致性，同时最终产品产出厂商与产品供应商存在契约要素的不完全性。

7.2.2　模型推导及均衡

依据上述假设，包括两个生产环节及两个生产者：一是最终产品厂商，负责供给总部服务；二是零部件供应商，负责供给中间产品，这里用字母 H 与 M 表示。根据上面分析，跨国公司生产网络的组织形式包括：垂直一体化，V；外包，O，$k \in \{V, O\}$。空间结构（M 的选址）有两种：N 或 S，$l \in \{N, S\}$。一个生产网络的形式由所有权结构与空间结构组成，所以，形成以下几种网络形式：在 N 国一体化与外包、在 S 国一体化与外包。

因为在国外生产、寻租等成本高于国内，所以在这里假设 M 在 S 国经济成本要

---

① 因为我们只讨论 j 行业，所以省略所有变量的角标 j。

高于 M 在 N 国的各项经济成本，即 $f_k^S > f_V^N, f_k^S > f_O^N, k = V, O$。采取 V 型的跨国公司相对于 O 型跨国公司，固定组织成本的排序为

$$f_V^S > f_O^S > f_V^N > f_O^N \tag{7.4}$$

根据不完全契约理论，厂商与零部件生产厂商之间达成合同较为困难。因此，在最终产品厂商和零部件生产厂商之间具有两个阶段博弈：阶段一，厂商考虑是否按照企业要求生产中间产品；阶段二，厂商将中间产品送至最终产品企业，然后进行议价讨论。

如果双方成功地达成协议，H 通过外包至其他企业获得零部件，则从成品售出中得到的潜在收益为 $R(i) = p(i)x(i)$[①]，将式(7.2)和式(7.3)代入：

$$R(i) = X^{\mu-\alpha} \theta^{\alpha} \left(\frac{h(i)}{\eta} \right)^{\alpha\eta} \left(\frac{m(i)}{1-\eta} \right)^{\alpha(1-\eta)} \tag{7.5}$$

在这种情况下，支付分别为：H 获得 $\beta R(i)$，而 M 获得 $(1-\beta)R(i)$。

如果双方未能达成协议，H 采取一体化模式，其固定利润为 $\left(\delta^l\right)^{\alpha} R(i)$；则双方合作的潜在盈余为 $\left[1 - \left(\delta^l\right)^{\alpha}\right] R(i)$。则成品企业的支付为 $\left(\delta^l\right)^{\alpha} R(i) + \beta \left[1 - \left(\delta^l\right)^{\alpha}\right] R(i)$；而零部件供应商 M 获得 $(1-\beta)\left[1 - \left(\delta^l\right)^{\alpha}\right] R(i)$。$H$ 的支付费用为 $\beta_k^l R(i)$，其中，k 为所有权结构；l 为中间品生产国家。假设 $\delta^N \geqslant \delta^S$，则：

$$\beta_V^N = \left(\delta^N\right)^{\alpha} + \beta \left(1 - \left(\delta^N\right)^{\alpha}\right) \geqslant \beta_V^S = \left(\delta^S\right)^{\alpha} + \beta \left(1 - \left(\delta^S\right)^{\alpha}\right) > \beta_O^N = \beta_O^S = \beta \tag{7.6}$$

最终产品在 N 国生产时，对于厂商来说，外包模式相比于垂直一体化模式能够得到更多的收益。使用式(7.5)将两个项目的一阶最大化条件带入，得到合作的总价值用总的利润解析式表达如下：

$$\pi_k^l(\theta, X, \eta) = X^{(\mu-\alpha)/(1-\alpha)} \theta^{\alpha/(1-\alpha)} \psi_k^l(\eta) - \omega^N f_k^l \tag{7.7}$$

其中，

$$\psi_k^l(\eta) = \frac{1 - \alpha\left[\beta_k^l \eta + \left(1 - \beta_k^l\right)(1-\eta)\right]}{\left[\frac{1}{\alpha}\left(\frac{\omega^N}{\beta_k^l}\right)\left(\frac{\omega^l}{1-\beta_k^l}\right)^{1-\eta}\right]^{\alpha/(1-\alpha)}} \tag{7.8}$$

---

① 一般情况，要素投入强度是指各种投入在商品制造中的相对需求。但在不完全契约理论里，将成品企业直接控制的中间品投入和由供应商提供的中间品投入的相对值称为契约要素投入强度。契约要素投入强度可以影响成品企业对供应商的激励强度。中间品投入由供应商控制得越多，成品企业给供应商的激励就越强。一般其组织结构选择，如采取外包还是一体化，在很大程度上是由其对供应商激励的影响程度决定的。η 可以看成是一个技术变量，其随时间而变化，所以新产品的 η 较高，而且随着上市时间延长，生产经验积累，η 会下降。这和产品生命周期理论相一致：新产品的所有环节都在 N 国，过一段时间后，零部件通过设立分支机构转移到 S 国，当产品成熟后，零部件通过外包在 S 国生产。

利润函数 $\pi_k^l(\theta, X, \eta)$ 三个变量中，θ 为生产厂商内生变量，表示不同生产厂商的规模；X 与 η 为产业层面变量。在生产率水平 θ 一定的前提下，最终产品厂商 H 选择最优化所有权结构与空间地理位置，为使式 (7.7) 利润最大化，支付门槛最低成本为 $\omega^N f_E$。这个生产率水平临界值，满足：

$$\pi(\theta, X, \eta) = \max_{k \in \{V, O\}, l \in \{N, S\}} \pi_k^l(\theta, X, \eta) \tag{7.9}$$

则 θ 定义为

$$\pi(\underline{\theta}, X, \eta) = 0 \tag{7.10}$$

全要素生产率水平为隐函数 $\underline{\theta}(X)$。

为了使式 (7.9) 的利润函数最大化，最终产品厂商通过选择 $(\beta_k^l, \omega^l, f_k^l)$ 三个变量使式 (7.7) 最大化。从式 (7.7) 看，$\pi_k^l(\theta, X, \eta)$ 随 ω^l 和 f_k^l 递减。最终产品厂商依据成本最小化安排生产。从可变成本角度研究，无论 N 国零部件制造厂商具有任何产权制度结构，其厂商均趋于 S 国内产出；从固定成本角度研究，利润公式与式 (7.4) 逆向排列。

如果成品生产商能够自由选择它的收益分配比例参数 β_k^l，将依据 $\psi_k^l(\eta)$ 最大化的目标，安排最优分配比率：

$$\beta^*(\eta) = \frac{\eta(\alpha\eta + 1 - \alpha) - \sqrt{\eta(1-\eta)(1-\alpha\eta)(\alpha\eta + 1 - \alpha)}}{2\eta - 1}, \quad \beta^* \in [0, 1] \tag{7.11}$$

虽然 β_k^l 越大，H 能够得到越高的收益分配，然而 M 生产的中间零部件数量会随之而减少，因此最终产品厂商将会相机抉择进行生产活动。根据以上分析，如果企业生产率不高于最低水平 $[\underline{\theta}(X)]$，其利润将为负，企业选择退出该行业。

当企业 $\theta > \underline{\theta}(X)$，企业留在该行业中，否则退出该产业。在此情况下，自由进入条件表示为

$$\int_{\underline{\theta}(X)}^{\infty} \pi(\theta, X, \eta) \mathrm{d}G(\theta) = \omega^N f_E \tag{7.12}$$

通过式 (7.12)，确定该指数 X 有固定的解。利用该固定的解 X，反向带入式 (7.12)，能够求解出其余所有需要变量，如 $\underline{\theta}(X)$ 生产厂商数目等变量。

7.2.3　跨国公司全球生产网络形态的选择及其演进的影响因素

本章只研究零部件密集行业与总部密集这两个典型行业。以生产率高低分别代表总部活动密集与零部件密集的产业（也可用其他具有代表性指数作为衡量指标，结论与此相似）。

命题一：零部件密集行业（η 低），厂商根据生产率水平选择国外外包、国内外包或退出产业等方式组织生产。

企业生产率低于 θ_M ，则退出；企业生产率在 θ_M 和 θ_{MO}^N 之间，则在 N 国外包；企业生产率大于 θ_{MO}^N ，则在 S 国外包。其中：

$$
\left.\begin{array}{l}
\theta_M = X^{(\alpha-\mu)/\alpha}\left[\dfrac{\omega^N f_O^N}{\psi_O^N(\eta)}\right]^{(1-\alpha)/\alpha}, \\[4mm]
\theta_{MO}^N = X^{(\alpha-\mu)/\alpha}\left[\dfrac{\omega^N\left(f_O^S - f_O^N\right)}{\psi_O^S(\eta)-\psi_O^N(\eta)}\right]^{(1-\alpha)/\alpha}
\end{array}\right\}
\tag{7.13}
$$

在此情况下，当企业能够自由进出行业中时满足条件 (7.12)，加上式 (7.7) 和式 (7.9)，意味着：

$$
\omega^N X^{(\alpha-\mu)/(1-\alpha)} = \frac{\psi_O^N(\eta)\left[V(\theta_{MO}^N)-V(\theta_M)\right] + \psi_O^S(\eta)\left[1-V(\theta_{MO}^N)\right]}{f_E + f_O^N\left[G(\theta_{MO}^N)-G(\theta_M)\right] + f_O^S\left[1-G(\theta_{MO}^N)\right]}
\tag{7.14}
$$

$$
V(\theta) = \int_0^\theta y^{\alpha/(1-\alpha)}\mathrm{d}G(y)
$$

式 (7.13) 和式 (7.14) 可以提供 θ_M 、θ_{MO}^N 和总消费指数 X 的隐含解。因此，在零部件密集的行业中，厂商选择外包至其他企业的模式或退出该行业，即随着企业生产率水平变化由高至低，依次选择 S 国国外外包、N 国国内外包，进而退出该产业。

命题二：总部密集行业 (η 高)，厂商根据生产率水平选择外包、一体化或退出行业等方式组织生产。

同理，我们能够用企业自由进出行业的式 (7.12) 推导出和式 (7.14) 相似的公式。式 (7.14) 和式 (7.15) 一起用来求解临界值和消费指数 X ，从这一角度可以研究企业所属类型、全球生产网络的构建与企业海外并购和母国技术进步之间的关系。

$$
\left.\begin{array}{l}
\theta_H = X^{(\alpha-\mu)/\alpha}\left[\dfrac{\omega^N f_O^N}{\psi_O^N(\eta)}\right]^{(1-\alpha)/\alpha} \\[4mm]
\theta_{HO}^N = X^{(\alpha-\mu)/\alpha}\left[\dfrac{\omega^N\left(f_V^N - f_O^N\right)}{\psi_V^N(\eta)-\psi_O^N(\eta)}\right]^{(1-\alpha)/\alpha} \\[4mm]
\theta_{HV}^N = X^{(\alpha-\mu)/\alpha}\left[\dfrac{\omega^N\left(f_O^S - f_V^N\right)}{\psi_O^S(\eta)-\psi_V^N(\eta)}\right]^{(1-\alpha)/\alpha} \\[4mm]
\theta_{HO}^S = X^{(\alpha-\mu)/\alpha}\left[\dfrac{\omega^N\left(f_V^S - f_O^S\right)}{\psi_V^S(\eta)-\psi_O^S(\eta)}\right]^{(1-\alpha)/\alpha}
\end{array}\right\}
\tag{7.15}
$$

所得结论为，在总部活动密集 (即 η 较高) 的行业中，厂商生产模式随企业生产率水平的高低而逐渐变化，即生产率水平最高的企业选择 S 国一体化，生产率水平较高的企业选择在 S 国外包，生产率较低的企业选择在 N 国一体化，生产率水平最

低的企业选择在 N 国内外包或退出该行业。

笔者根据 Melitz（2003）和 Helpman 等（2004）的模型，认为 $G(\theta)$ 是一个符合参数 k 的帕累托分布：

$$G(\theta)=1-\left(\frac{b}{\theta}\right)^{k'},\theta\geqslant b>0 \tag{7.16}$$

其中，k' 取值较大，表示企业生产分布规模有限。

σ_{MO}^{l} 为厂商在 l 国实行生产外包活动占企业总体活动的比例。那么，$\sigma_{MO}^{S}=\left[1-G(\theta_{MO}^{N})\right]\big/\left[1-G(\theta_{-M})\right]$，$\sigma_{MO}^{N}=1-\sigma_{MO}^{S}$。式（7.16）存在帕累托改进，代表 $\sigma_{MO}^{S}=\left(\theta_{-M}\,/\,\theta_{MO}^{N}\right)^{k}$。将式（7.13）代入（7.16），得到：

$$\sigma_{MO}^{S}=\left[\frac{\psi_{O}^{S}(\eta)-\psi_{O}^{N}(\eta)}{\psi_{O}^{N}(\eta)}\times\frac{f_{O}^{N}}{f_{O}^{S}-f_{O}^{N}}\right]^{k(1-\alpha)/\alpha} \tag{7.17}$$

根据式（7.17），σ_{MO}^{S} 只是斜率比率 $\left[\psi_{O}^{S}(\eta)/\psi_{O}^{N}(\eta)\right]$ 和固定成本比率（f_{O}^{S}/f_{O}^{N}）的函数。

在以上对总部活动密集行业的研究中，得出结论：企业随生产率高低而选择的集聚方式存在差异，有国外一体化、国外外包、国内一体化与国内外包乃至于退出该行业。为此用 σ_{Hk}^{l} 表示选择（k,l）企业所占比例，k 为所有权结构；l 为 M 的地点。用帕累托分布和临界生产率，求解对应比例如下：

$$
\left.
\begin{aligned}
\sigma_{HO}^{N}&=1-\left[\frac{\psi_{V}^{N}(\eta)-\psi_{O}^{N}(\eta)}{\psi_{O}^{N}(\eta)}\times\frac{f_{O}^{N}}{f_{V}^{N}-f_{O}^{N}}\right]^{k(1-\alpha)/\alpha}\\[2mm]
\sigma_{HV}^{N}&=\left[\frac{\psi_{V}^{N}(\eta)-\psi_{O}^{N}(\eta)}{\psi_{O}^{N}(\eta)}\times\frac{f_{O}^{N}}{f_{V}^{N}-f_{O}^{N}}\right]^{k(1-\alpha)/\alpha}-\left[\frac{\psi_{O}^{S}(\eta)-\psi_{V}^{N}(\eta)}{\psi_{O}^{N}(\eta)}\times\frac{f_{O}^{N}}{f_{O}^{S}-f_{V}^{N}}\right]^{k(1-\alpha)/\alpha}\\[2mm]
\sigma_{HO}^{S}&=\left[\frac{\psi_{O}^{S}(\eta)-\psi_{V}^{N}(\eta)}{\psi_{O}^{N}(\eta)}\times\frac{f_{O}^{N}}{f_{O}^{S}-f_{V}^{N}}\right]^{k(1-\alpha)/\alpha}-\left[\frac{\psi_{V}^{S}(\eta)-\psi_{O}^{S}(\eta)}{\psi_{O}^{N}(\eta)}\times\frac{f_{O}^{N}}{f_{V}^{S}-f_{O}^{S}}\right]^{k(1-\alpha)/\alpha}\\[2mm]
\sigma_{HV}^{S}&=\left[\frac{\psi_{V}^{S}(\eta)-\psi_{O}^{S}(\eta)}{\psi_{O}^{N}(\eta)}\times\frac{f_{O}^{N}}{f_{V}^{S}-f_{O}^{S}}\right]^{k(1-\alpha)/\alpha}
\end{aligned}
\right\} \tag{7.18}
$$

本书通过以上分析可以发现，在零部件密集的行业（η 低），企业将会选择外包模式，随全要素生产率水平由高到低的变化，企业将会分别做出将零部件外包至 S 国生产与在 N 国国内外包，再随着生产率水平的降低，低至临界水平下，企业将选择退出该行业。在总部密集的行业（η 高），四种生产模式均可能出现，按企业生产率水平从高到低，企业将会做出如下选择：生产率水平最高的企业选择 S 国一体化；生产率水平较高的企业选择在 S 国外包；生产率水平较低的企业选择在 N 国一体化；

生产率水平最低的企业选择在 N 国国内外包；低至临界水平以下的企业选择退出该行业。在行业方面，企业海外并购分为零部件密集型行业与总部密集型行业，其中企业对零部件密集型行业的并购为技术输出，不利于母国技术进步，而总部密集型行业的并购对母国技术进步作用显著；在地区方面，企业海外并购面向发展中国家与发达国家，其中对发展中国家企业的海外并购不利于母国技术进步，而对发达国家企业的海外并购更容易获得逆向研发资金溢出与逆向人力资本溢出，利于母国技术进步。为此，笔者给出跨国企业全球生产网络空间集聚形态分布，如图7.1所示。

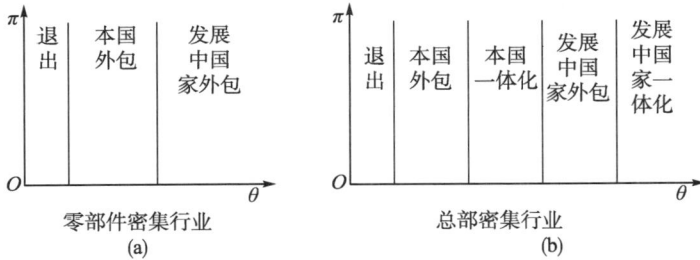

图 7.1　跨国企业全球生产网络空间集聚形态分布

7.3　实证结果分析

7.3.1　数据来源及变量描述

本节为了更好地说明全球生产网络战略的差异，选取美国商务部(United States Department of Commerce)经济分析局(Bureau of Economic Analysis,BEA) 2002～2013 年 39 个产业的面板数据,该数据具有典型的代表性。国家宏观数据来源于 BVD 数据库的子数据库 EIU Country Data，包括 2002～2013 年 11 个国家的面板数据。其中发达国家包括美国、加拿大、德国、英国、意大利、法国、日本；发展中国家包括巴西、俄罗斯、印度、中国。在分析不同产业特性对全球生产网络空间集聚影响的回归结果时，选取 2002～2013 年共 12 年的数据，包含 39 个行业，每个行业从 Zephyr 数据库中选取了 5 家代表性跨国企业(按企业规模)进行实证分析，故样本量为 12×39×5=2340，39 个具体行业包括石油和天然气开采业、专业商用设备制造业、管理科学和技术咨询业、石油和石油制品业、房地产和租赁业、农林牧渔业、非银行金融业、饮料和烟草制造业、建筑工程服务业、化工行业、电气设备和元器件业、广告服务业、木制品业、计算机系统设计服务业、餐饮住宿业、塑料和橡胶制品业、废物管理服务业、金属原料和制品业、纺织服装和皮革制品业、非金属矿制品业、其他制造业、仓储运输业、造纸业、计算机和电子产品业、影视唱片业、建筑业、机械行业、食品制造业、出版业、石油和煤制品业、家具和相关制品业、信息和数据服务业、零售贸易业、广播电信业、交通设备制造业、印刷业、保险业、健康和社会救济服务业、其他服务业。

　　企业选择空间集聚同产业特性与东道国特性两个因素相关，产业的全球生产网络分散程度存在较大的差异，上游与下游环节在发达国家和发展中国家的集聚程度也不相同。沿着该思路，笔者从全球生产网络分散程度和集聚程度这两个方面，研究产业特性与东道国特性对全球生产网络布局选择的影响，其变量描述和具体变量选择与预测分别见表 7.1 及表 7.2。本书主要针对表 7.1 变量，运用面板数据研究、比较相关解释变量对企业选择生产网络空间集聚形态的影响。

表 7.1　跨国公司全球生产网络空间集聚实证分析变量定义及说明

变量	定义及说明
asset_ratio	固定产业海外所属分支机构总资产与其母公司总资产的比例(%)
productivity	产业全要素生产率。使用人均劳动生产率作为代理变量(万美元增加值 / 人)
capital	资本密集度。使用人均资本作为代理变量(万美元 / 人)
r_d	契约要素投入约束。使用研发费用占销售额比重作为代理变量(%)
labor	产业平均规模。使用差异产业单个企业平均雇员数作为代理变量(人)
asset_ratio2	美国跨国企业在不同国家所属分支机构资产占全部资产的比例(%)，用来代理空间集聚分布情况
AGDP	东道国人均 GDP 与美国当年人均 GDP 的比例(%)，用来代理市场规模大小
wage	东道国平均实际工资与美国工资平均指数的比例(%)，用来代理东道国的工资水平
TFP	东道国全要素生产率增长率(%)，用来代理东道国技术进步程度
Kaufmann	制度发展指数，采用世界银行对各国防治腐败指数，即 Kaufmann 指数，以此衡量各国制度环境，本书采用的 Kaufmann 指数为东道国与美国的相对比例(%)
avd	增加值分布，东道国增加值和美国的比例(%)，用来衡量生产过程创造的新增价值和固定资产的转移价值

表 7.2　跨国公司全球生产网络空间集聚效应指标体系选择及影响预测

项目	分散程度	产业影响因素			
指标	某产业海外资产 / 国内资产比例	人均劳动生产率	资本密集度(人均资本)	R&D 强度(研发投入占销售总额比重)	产业规模(企业雇员平均数量)
预测		+	—	+	—
项目	空间集聚程度	东道国环境影响因素			
指标	某产业在特定国家海外资产 / 所有海外总资产比例	市场规模(GDP)	工资水平(平均实际工资指数)	技术水平(全要素生产率增长率)	制度环境(Kaufmann 指数)
预测		+	—	+	+

　　注：+代表能够加强生产网络集聚程度；—代表能够减弱生产网络集聚程度。

关于制度环境的评价,具有代表性的为 Kaufmann 指数,其中对六项指标进行聚类分析,具体如下:①言论权和问责权(voice and accountability,VA);②政治稳定与无暴力程度(political stability and absence of violence,PV);③政府效率(government effectiveness,GE);④规制水平(regulatory quality,RQ);⑤法治(rule of law,RL);⑥腐败控制(control of corruption,CC)。

依据理论模型,本章做出表 7.2 预测,下面从不同产业特性及不同东道国特性两个角度进行检验。

7.3.2 产业特性对跨国企业全球生产网络空间集聚的影响

根据以上理论条件,本章主要研究产业全要素生产率、资本密集度、研发费用和企业规模对跨国企业全球生产网络选择及其集聚与分散程度的关系,为了克服数据本身异方差性,对各个变量做同时取对数的处理;为了考察产业特性对全球生产网络扩张的影响,笔者采用不变系数回归方式对面板数据进行处理并分析,结论见表 7.3。通过 Hausman 检验来选择固定效应模型(fix-effects models)和随机效应模型(random-effects models),得到 Hausman 统计量为 63.4386(0.0000)。由于 $p < 0.05$,接受原假设而拒绝备择假设,本章采用面板模型中的固定效应模型。

表 7.3 不同产业特性对跨国企业全球生产网络空间集聚影响的回归结果

变量	模型 1[b] asset_ratio	模型 2[b] asset_ratio	模型 3[b] asset_ratio	模型 4[b] asset_ratio
ln produtiyty	0.0302***	0.02430***	0.02160***	0.02530***
	(0.0032)	(0.0094)	(0.0095)	(0.0093)
ln capital		-0.6040***	-0.6300***	-0.6750***
		(0.1240)	(0.1350)	(0.1380)
ln labor			-0.7240***	-0.7560***
			(0.0059)	(0.0059)
ln r_d				1.3570*
				(0.0795)
常数项	0.6860***	1.3690***	-0.4180**	-0.3930**
	(0.0732)	(0.4780)	(1.7570)	(1.7770)
样本数量 N	2340	2340	2340	2340
相关系数 R^2	0.4830	0.5370	0.6520	0.8640

和*分别表示5%和1%的显著性水平。

注:括号内为标准差;ln productiyty 表示产业全要素生产率对数值;ln captical 表示人均资本对数值;ln labor 表示企业平均雇员对数值;ln r_d 表示研发费用占销售额比重对数值。

　　跨国企业在构建全球生产网络时受到全要素生产率水平、研发投入、资本密集度与产业平均规模等因素制约，其中，全要素生产率水平及研发投入对跨国企业生产网络扩张(即选择在当地一体化或外包)具有促进作用。东道国生产率水平越高则跨国企业越要在当地外包生产，进而带动跨国企业在该国集聚；相反，东道国生产率水平越低，则抑制跨国企业在该国生产与扩张，阻碍跨国企业在该国集聚。同时，对于研发投入来说，跨国企业应利用研发投入专项资产的方式进行对外直接投资，增加其海外资产比例。而资本密集度与企业雇员数量则对跨国企业空间集聚效应具有抑制作用，资本密集度越高、企业雇员数越多的跨国企业发展规模越大，进而形成规模效应，导致跨国企业更倾向在 S 国选择一体化或在 S 国外包，不利于跨国企业在该地进行投资、建厂等。因此，本书沿着这一思路，对企业海外并购时全球生产网络的构建对母国技术进步具有促进或抑制作用进行理论分析，从行业角度分析，企业在全球生产网络的构建过程中，不同的产业特性影响着跨国企业在全球范围内进行生产布局，企业在全球范围内生产网络的构建与企业海外并购同母国技术进步之间存在着内在机理和联系。

7.3.3　东道国特性对跨国企业全球生产网络空间集聚的影响

　　东道国特性主要考虑市场规模大小、工资水平、技术进步和制度环境几个方面，为了考察东道国特性对跨国公司全球生产网络空间聚集的影响，通过不变系数面板数据进行回归，结果见表 7.4。

表 7.4　东道国特性对跨国企业全球生产网络空间集聚影响的回归结果

变量	模型 1[b] asset_ratio2	模型 2[b] asset_ratio2	模型 3[b] asset_ratio2	模型 4[b] asset_ratio2	模型 5[b] asset_ratio2
AGDP	0.0424***	0.0453***	0.0396***	0.0401***	0.0387***
	(0.0044)	(0.0063)	(0.0063)	(0.0051)	(0.00289)
wage		−0.5310***	−0.5860***	−0.6170***	−0.6320***
		(0.1140)	(0.1020)	(0.2150)	(0.1580)
TFP			0.8360**	0.8790**	0.8910**
			(0.2790)	(0.2800)	(0.2860)
Kaufmann				0.1790**	0.1820**
				(0.1090)	(0.1310)
avd					0.2170***
					(0.0054)
常数项	0.0668***	0.0193***	0.0364**	0.0465*	0.0847*
	(0.0016)	(0.0468)	(0.0585)	(0.0614)	(0.0756)
样本数量 N	468	468	468	468	468
相关系数 R^2	0.1600	0.7990	0.8640	0.8750	0.8970

*、**、***分别表示10%、5%和1%的显著性水平。

注：括号内为标准差。

　　跨国企业在 N 与 S 国家(发展中国家与发达国家)构建全球生产网络时受到东道国技术进步(全要素生产率、市场规模、制度环境、增加值分布及工资水平)的影响,其中,东道国的全要素生产率、市场规模、制度环境及增加值分布对跨国企业空间集聚效应具有促进作用,而工资水平则对跨国企业空间集聚效应具有抑制作用。全要素生产率越高,则跨国企业越倾向于在当地进行股权投资,而影响跨国企业选择在 S 国一体化或外包;而全要素生产率较低的国家,跨国企业更倾向于采用外包方式进行零部件的生产,即在 S 国外包或在 N 国外包,不利于跨国企业的集聚。与此相反,东道国工资水平则对跨国企业空间集聚效应具有抑制作用,东道国工资水平越高,跨国企业选择在当地集聚的成本越高,而不利于吸引其在当地进行投资,跨国企业更倾向于选择在 N 国外包;东道国工资水平越低,则越容易通过该项指标吸引跨国企业在当地建厂投资,即跨国企业选择在 N 国一体化。此外,跨国企业在选择构建全球生产网络时,还会考虑东道国制度环境、市场规模、增加值分布等因素,这些因素的改善和提高与全要素生产率指标类似,都能够促进跨国企业在该地建厂集聚及股权投资。沿着这一思路,分析企业海外并购在不同的东道国特性条件下,其在全球范围内生产布局。在地区方面,全球生产网络的构建,本书考虑了发达国家与发展中国家;企业海外并购若选择在发达国家,企业海外并购对母国技术进步会有较大的帮助;而对生产率低的发展中国家企业进行海外并购将不利于母国的技术进步,究其原因是发达国家企业具有先进科学技术,生产效率明显高于发展中国家。并购企业对发达国家的企业进行海外并购,技术输出少于逆向技术溢出的获得,即技术获得净流入,同时通过技术反馈与双向传导机制将先进技术转移到母国企业,因此,并购企业对发达国家企业的海外并购将有利于母国的技术进步。而并购企业对发展中国家企业进行海外并购,其技术输入大于技术溢出的获得,即技术净流出,对于母国来说,企业海外并购导致母国技术进步程度降低,因此,并购企业对发展中国家企业的海外并购不利于母国的技术进步。为分析跨国企业全球生产网络构建选择机制问题,笔者给出图7.2。

　　通过上述跨国企业与全球生产网络构建的实证分析,笔者试图找到企业海外并购与跨国企业在全球范围内生产网络构建之间的关系。研究发现,企业海外并购与跨国企业全球生产网络的构建存在两方面的关系。其中一方面为企业海外并购与跨国企业全球生产网络构建中东道国之间的关系。东道国分为发达国家与发展中国家,布局在发达国家的企业海外并购,将有益于母国技术进步;反之,布局在发展中国家的企业海外并购,将不利于母国技术进步。另一方面为企业海外并购与跨国企业全球生产网络构建中企业类型之间的关系。研究发现,跨国企业在全球范围内生产网络的构建,其并购总部密集型的企业将有利于母国企业技术进步,而对零部件密集型企业的并购将不利于母国企业技术进步。因此,从母国企业技术进步的角度出发,跨国公司在全球范围内进行布局时,从国家宏观经济战略考虑,应以发达国家总部密集型企业的海外并购为主,这样有利于母国企业的技术进步。所以,对于一国或地区企业进行海外并购或企业进行全球生产网络的构建与布局时，应加大对发达国家总部密集型企业的海外并购，而降低发展中零部件密集型企业的海外并购。

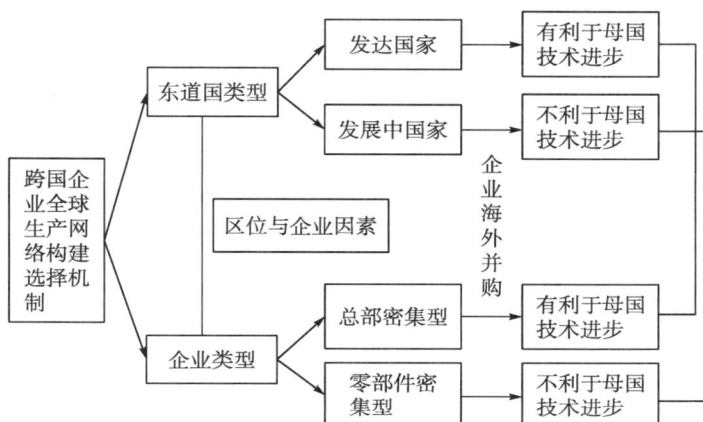

图 7.2　跨国企业全球生产网络构建与母国技术进步

7.4　本 章 小 结

通过对美国各产业跨国企业生产网络空间集聚方式进行实证分析，得出如下结论：在产业特性方面，生产率水平及契约要素投入强度(研发投入)对跨国企业构建全球生产网络具有正向促进作用，而资本密集度与企业雇员数量对其具有反向抑制作用；在东道国特性方面，东道国市场规模、技术进步、增加值分布、制度环境及工资水平的改善均对跨国公司空间集聚有促进作用，这与理论分析一致，跨国企业在构建全球生产网络时，应考虑产业特性与东道国特性来决定其生产网络空间分布形态。据此，本章提出以下建议：一是跨国企业在构建全球生产网络时，优先考虑并收集和分析全要素生产率水平、研发投入数量、资本密集度及企业雇员数量各项指标状况，对指标进行量化并带入模型分析，确定其投资方式(股权投资和兼并方式抑或业务外包等非股权方式)并在全球范围内分析各产业空间集聚方式；二是跨国企业应综合分析东道国市场规模、全要素生产率、制度环境指数、增加值在各产业分布比例的发展情况，选择在地区专业化生产、地区一体化生产、多国分散独立生产、全球集中生产中的空间集聚方式；三是发展中国家跨国企业在构建全球生产网络时，应借鉴发达国家发展经验。从发达国家跨国企业投资分布情况看，股权投资主要集中于资源性产业，而非股权投资主要集中于服务业，制造业中既有股权投资也有非股权投资，在发达国家产业中，大部分产业以水平型生产网络为主，少数垂直一体化网络分布于制造业、高新技术产业及交通运输制造业等行业，这对作为世界发展中大国的中国的跨国企业进行全球生产网络构建及投资方式选择具有一定程度的指导意义。

第 8 章　企业海外并购政策启示与研究展望

8.1　本书主要结论

笔者通过对企业海外并购文献研究，发现多数企业海外并购与绿地投资的研究均关注于东道国经济增长、出口与就业等方面，而少数文献关注于企业海外并购与母国经济增长、技术进步方面，从实证角度研究企业海外并购与绿地投资之间关系的文献尚属少见，因此，本书从实证的角度研究企业海外并购与母国技术进步的问题。本书通过对 OECD 国家企业海外并购和中国企业海外并购与母国技术进步的研究，得出如下结论：企业海外并购与绿地投资两种企业对外直接投资方式在逐年增长，企业海外并购无论从成交数量与交易金额方面增长速度和增幅均高于绿地投资，从 2006 年企业海外并购成交数量明显超过绿地投资后始终处于领先地位，企业海外并购与绿地投资两种企业对外直接投资方式均对母国技术进步具有显著的促进作用。对于企业海外并购而言，受母国固有的研发投入资金存量与人力资本水平影响，研发投入资金存量与人力资本水平为投资总额设立了最低的门槛值，当企业海外并购投资总额超过门槛值时，企业海外并购对母国技术进步具有明显的促进作用，即母国的企业能够有效地吸收被并购的目标企业的逆向研发资金溢出与逆向人力资本溢出，进而有效地推动母国技术进步；反之，当企业海外并购投资总额不足门槛值时，企业海外并购投资总额的增加，其获得目标公司的逆向技术溢出（包括研发资金溢出与人力资本溢出）反而会抑制母国技术进步。笔者通过第 6 章企业海外并购与绿地投资对比分析，绿地投资相比于企业海外并购而言，受到母国研发投入资金存量与人力资本水平的影响，其投资总额没有最高的门槛值，当其超过门槛值后，绿地投资会使母国成为技术的净输出国，因此，绿地投资数额应控制在最高门槛值以下，这样将有益于并购企业对东道国目标企业的技术获得。尤其是对东道国目标企业上游与下游企业的逆向技术溢出的获得，也只有低于其门槛值，绿地投资获得的逆向技术溢出才能高于母国的技术输出，此时，绿地投资对母国的技术进步才具有正向的促进作用。反之，当绿地投资总额超过其门槛值时，随着绿地投资总额的不断增加，其抑制母国技术进步的强度就越大。综上所述，母国固有的研发投入资金存量与人力资本水平为企业海外并购和绿地投资分别设立了最低及最高门槛值，企业海外并购高于最低门槛值与绿地投资总额低于最高门槛值时，企业海外并购与绿地投资这两种企业对外直接投资方式均会带动母国技术进步，并且此时随着企业海外并购与绿地投资总额的增加，其对母国技术进步的促进作用也会增大；反之，企业海外并购投资总额低于最低门槛值或是绿地投资总额高于最高门槛值，企业海外并购与绿地投资这两种企业对外直接投资方式均会抑制母国技术进步，并且，此时随着企业海外并购与绿地投资总额的增加，其对母国技术进步的抑制程度不断增强。随后，通过建立新-新贸易理论模型对企业海外并购在全球生产网络空间集聚与母国技术进步进行实证分析，得出两方面的结论。一方面，企业海外并购与全球生产网络布局的区位选择对母国技术进步的影响不同，当企业海外并购在全球范围内布局多为发达国家，则此时企业海外并购对母国技术进步具有促进作用；相反，企业海外并购在全球范围内布局多为发展中国家，则企业海外并购投资总额的增加将不利于母国技术进步。另一方面，企业海外并购在全球范围内布局多为总部密集型企业时，其对母国技术进步具有促进作用，而企业海外并购在全球范围内布局多为零部件密集型企业时，其对母国技术进步具有抑制作用。

8.2 "一带一路"倡议提出背景及其对企业海外并购的影响

亚洲基础设施投资银行(以下简称亚投行)的筹建和"新丝绸之路经济带"和"21世纪海上丝绸之路"倡议(以下简称"一带一路"倡议)的提出，将成为中国真正走上世界舞台中央的一个起点。亚投行是中国首个牵头筹建的政府间金融合作多边开发机构，它不但是对现有国际金融银行体系(即世界银行、国际货币基金组织及亚洲开发银行等)的补充，亦将倒逼现有国际金融体系的自我革新，产生鲶鱼效应。"一带一路"倡议通过陆路和海陆将亚、非、欧三大洲联系起来，其横跨 26 个国家和地区，覆盖 44 亿人口，其占全球总人口数的 63%，有望成为覆盖面最广、发展潜力最大、影响最深刻的人类发展工程，为相关研究提供有价值的意见和参考。截至 2016年 6 月，申请成为创始成员国的国家总计有 52 个，其中亚洲 30 个，欧洲 18 个，大洋洲 2 个，南美洲 1 个，非洲 1 个。在二十国集团中已占 13 席，包括中国、印度、印度尼西亚、沙特阿拉伯、法国、德国、意大利、英国、澳大利亚、土耳其、韩国、巴西、俄罗斯。亚投行在创建伊始，就广泛地涵盖了来自五个大洲的国家，包括了联合国安理会常任理事国的四席，吸纳了二十国集团的大多数成员国，这说明亚投行的创建，顺应了国际发展大潮的需要，获得了大多数国家的认可，其也成为继世界银行、国际货币基金组织及 WTO 之外，涵盖国家最广泛的国际性多边合作组织，亚投行将成为国际融资体系外的更好选择。就传统行业而言，中国钢铁行业产能过剩 1.6 亿吨以上，水泥产能过剩超过 3 亿吨。破解产能过剩难题，一方面要坚决淘汰落后产能；另一方面要积极开拓化解产能的突破口。"一带一路"倡议为中国巨大的过剩产能找到了极好的出口：一方面"一带一路"倡议的区域内有许多发展中国家，它们的发展需要进行大规模基础设施建设，如此，中国的原材料便找到了一片广阔的市场；另一方面，日常消费品也存在不同程度的产能过剩问题，当国家间的合作孕育出一个 44 亿人口的大市场的时候，我们可以相信无数个企业个体有力争上游的能力。在亚投行的建设与"一带一路"倡议和"走出去"的政策支持下，我国将会出现企业海外并购的第三轮高峰，这对我国企业海外并购具有较为深远的意义。因此，企业应抓住该轮政策支持，加大海外并购数额。

亚投行与"一带一路"倡议的出现，将会为中国和世界带来三方面的深刻影响。

第一方面是亚投行将打破现有的、由美国主导的国际金融秩序。亚投行的出现，让美国主导的以世界银行和国际货币基金组织为核心的世界金融秩序产生动摇；亚投行的出现，不但可以作为现有世界金融体系很好的补充，又可以倒逼现有国际金融体系的自我修正和自我革新，提高行政效率、开放合作和减少金融胁迫将是现有国际金融体系最应该自我反思的方面；亚投行的出现，甚至有机会动摇布雷顿森林体系所确立的美元中心，亚投行如果能运转流畅，许多政府和国家会明白，美元结算的世界，本身就被美元"绑架"了。

第二方面是"一带一路"倡议深刻迎合当今世界和平发展的主旋律，为不同历史、不同文明、不同体制、不同发展阶段的国家打造了一个互利共赢的发展平台。"一带一路"倡议看似以广泛发展为主旋律，实则是中国向世界传递和平共处、合作共赢的中国发展观的良好契机。"一带一路"倡议的出现，让世界明白，发展不是单纯向资本主义模仿、发展不是意识形态输出、发展不是和超级大国结盟就能"背靠大树好乘凉"。本书以为，"一带一路"倡议的最终形态，将是一个充分尊重国家历史、文化、体制及人民诉求的政治经济共同发展方式。

第三方面是亚投行和"一带一路"倡议将成为中国展现中国式领导力的最佳舞台。中国将有机会向世界展示中国式的管理艺术和战略思维；中国将有机会带领世界挣脱现有秩序的桎梏，走出一条具有中国特色的发展之路。

因此，在"一带一路"倡议背景下，研究中国对哪些行业进行投资、中国企业海外并购侧重于哪些类别的企业具有实践意义。

"一带一路"倡议，不仅是从国家利益出发，更是从世界发展的角度出发。"一带一路"倡议从陆路和海陆将亚、非、欧三大洲联系起来，形成了一个广阔的人类文明发展圈。"一带一路"倡议联系的是一个有着 44 亿人口的大圈子，它将人类社会 63%的人口涵盖进来，贯穿亚、非、欧大陆。"一带一路"倡议使沿途甚至周边国家通过这一前所未有的联系带，在经济、政治、文化等诸多方面相互联系、开放包容、携手发展，因此，"一带一路"倡议将为中国打开一个前所未有的大市场。中国经历 40 年改革开放发展至今，经济社会取得了巨大的成就，同样，今天的中国面临着产能过剩的症结，政府运用一些手段来淘汰落后产能，试图遏制产能过剩带来的危害，然而巨大的生产基础终究要寻找出口，新城镇化建设是一条路，"一带一路"倡议或许能成为解决产能过剩的另一条路。在"一带一路"倡议的基础上以交通、能源和通信等为主的基础设施的互联互通将形成巨大的需求。而中国在基础设施建设上，无论是成本控制、工程质量还是建设时间上，都有着全球性的竞争力。"一带一路"倡议的广阔市场，将为大型机械、钢铁水泥、工程建设等领域的企业"走出去"带来前所未有的发展契机，因此，建议我国工程建设相关领域的企业"走出去"，加大对外直接投资数额与并购数额。一方面，母国企业将国外先进技术带回国内，使母国企业技术进一步升级；另一方面，企业海外并购可以将过多的产能转移出去，缓解国内产能过剩的压力，同时，双向传导使国内企业在新一轮"一带一路"倡议和"走出去"政策的支持下技术升级，使"中国智造"迈向新的台阶。

8.3　企业海外并购与母国技术进步政策启示

通过对企业海外并购和母国技术进步的理论与实证分析，综合第 4～7 章的结论，并通过理论与实证分析所得的结论，笔者认为，在我国实施的"一带一路"倡议政策背景下，企业"走出去"以企业海外并购与绿地投资方式对外直接投资，可将国内过剩的产能转移出去，同时企业海外并购应将重点放在促进母国企业技术进步上，这样才能使企业的技术不断革新、产业链条不断升级、产业结构不断优化，改变中国"两头在外，中间在内"的格局，使"中国制造"向"中国智造"更近一步。基于以上结论，本章研究了我国企业对外直接投资中企业海外并购的相关问题，同时提出对未来的研究展望。一方面，本章提出对应的政策建议以期促进我国"走出去"政策的实施，进而获得更高的逆向技术溢出，包括逆向研发资金溢出与逆向人力资本溢出，促进对逆向技术溢出的吸收与同化；另一方面，本章通过对企业海外并购与绿地投资的对比和分析，提出调整和控制我国企业对外直接投资中企业海外并购与绿地投资的比例，促进母国技术进步。从我国企业海外并购发展现状来看，其增长速度、总量与其在企业对外直接投资中所占比例均在不断增大，并且增大幅度也较为明显，因此，研究企业海外并购对我国经济增长具有重要的现实意义。笔者提出以下建议：一是国家政策应该继续支持我国企业"走出去"，但"走出去"的方式应该有所转变，应由原来我国具有优势的劳动密集型企业，如对服装、纺织等企业的绿地投资，转变为对高新技术企业的海外并购，相比于绿地投资，企业海外并购能够更快速、高效地吸收先进技术，改善中国"两头在外，中间在内"的格局，使中国进一步向"中国智造"迈进；二是企业应抓住国家政策优惠、打开格局，建立企业自身的全球生产网络，通过理论与实际的结合，对同类行业的企业或具有该类行业企业的优势企业、先进技术企业实施并购，学习并购前的准备，并购中的每个阶段、流程和并购后的母国企业与目标企业的有机融合；三是加强企业的研发投入、提高企业的生产效率的同时，研发先进的生产、交易与销售技术，培育企业自身的核心竞争力，为企业未来的发展奠定基础，将企业自身技术不断升级，并通过研发资金的大量投入，将先进的科研成果与生产实际融合，增加企业自身的品牌影响力；四是加强企业的国际化视角，先进技术企业要不断引进高端技术人才，做好企业未来的发展规划，将企业国际化。我国作为发展中的大国，应采取适当的产业政策，从而改善投资环境。我国目前处于国际产业链的低端制造环节，因此，延伸产业链(向上游延伸到基础产业环节和技术研发环节，向下游延伸到市场拓展环节)也是我国实现产业链优化升级、在全球的国际分工中争取有利地位的现实途径，企业和政府应采取积极的政策鼓励企业海外并购。

8.4　进一步研究方向

中国作为一个发展中的转型大国，同发达国家相比具有特殊性。中国企业海外并购，特别是大规模企业海外并购的时间很短，和发达国家具有上百年的投资历史相比，中国企业海外并购仅处于起步阶段。本书研究企业海外并购与母国技术进步、中国企业海外并购与我国技术进步问题时，采用的数据为企业海外并购加总至各个区域范围内，即以省际层面的数据对我国企业海外并购与我国技术进步问题进行探讨和分析。然而，省际层面的数据只能在一定程度上分析企业海外并购与母国技术进步的问题，并不能够从更为细微的企业层面探讨我国企业海外并购与我国技术进步问题。通过对数据的整理，本书作者下一步将对我国所有海外并购的企业进行更为细微的统计与数据整理，并将我国企业海外并购的数据微观化，这将有利于分析企业海外并购与母国技术进步及企业海外并购相关的其他方面的问题。同时，作者将重点放在企业海外并购对母国经济增长、技术进步、产业结构、出口等方面的研究，进一步研究企业"走出去"不同时期的不同动机及企业海外并购后获得目标公司的逆向研发资金溢出与逆向人力资本溢出对企业技术进步的整合、吸收与转化、创新过程，并在此基础上探讨企业海外并购的可持续性问题。作者将通过更为微观的数据研究企业海外并购与企业价值链、国家产业链之间的内在关联，并找出我国企业海外并购与世界经济之间的关联，进一步说明政府在企业海外并购中应该起的作用。

下一步作者将分析我国企业海外并购的特点、趋势及优缺点，并利用相关经济学理论探寻我国企业海外并购的成因、机制，以及在不同行业、所有制及区域间的差异的基础上进一步对企业数据进行整理，从企业层面探寻我国企业海外并购对我国技术进步所起到的作用及对我国企业价值链与国家产业链产生的影响。从企业层面分析能更为真实地探讨企业海外并购与母国技术进步之间的内在联系，具体分析不同企业海外并购与母国技术进步存在的相同之处与差异；从企业层面数据可分析企业海外并购获得的逆向技术溢出(包括逆向研发资金溢出与逆向人力资本溢出)效应的大小，在此基础上，分析是否存在其他重要因素对我国企业海外并购与母国技术进步具有直接的影响。同时，探讨企业所属行业海外并购与母国技术进步之间的内在联系，并针对我国企业海外并购中所存在的"两头在外，中间在内"问题提出针对性的建议，使"中国制造"向"中国智造"更进一步。

　　未来研究思路：将从当前世界范围内的经济发展趋势的实际背景出发，首先整理企业海外并购企业层面数据，进一步加强对企业海外并购理论与实证的分析，从而为更深层次研究我国企业海外并购提供理论依据；其次根据当前世界经济范围内的发展趋势，进一步对我国企业海外并购与我国技术进步之间存在的风险及问题进行探讨研究，从理论和政策两个角度探讨我国企业的海外并购对我国经济发展的影响，并提出规避各类问题的解决方案，包括微观企业方面的细微研究与论证和宏观国家方面产业链升级、产业结构优化，使企业不断创新、技术不断升级、价值链不断延伸、国家产业链不断优化。从微观与宏观两个方面进行研究，并根据这些问题提出解决优化对策，希望通过这些对策提升我国企业的国际竞争力，为我国企业海外并购的成功率增加有效的砝码，进而提升我国企业或某一产业资源的优化配置，以期对现有的企业海外并购理论做出进一步的补充和说明。

参 考 文 献

白洁. 2009. 对外直接投资的逆向技术溢出效应——对中国全要素生产率影响的经验检验[J]. 世界经济研究, 8:65-69.

白玫. 2002. 基于知识和技术的并购[J]. 经济经纬, 5:52-54.

陈漓高, 齐俊妍. 2004. 技术进步与经济波动:以美国为例的分析[J]. 世界经济, 4:35-43.

陈劲, 景劲松, 吴沧澜, 等. 2003. 我国企业技术创新国际化的模式及其动态演化[J]. 科学学研究, 3:315-320.

陈松, 冯国安. 2003. 三种技术导入模式的技术效果[J]. 科研管理, 3:58-62.

陈涛涛. 2003. 中国FDI行业内溢出效应的内在机制研究[J]. 世界经济, 9:23 - 28.

陈小洋, 朱铁成. 2003. 海外并购对东道国的技术效应[J]. 科技与管理, 2:21-22.

陈钰芬, 陈劲. 2009. 开放式创新促进创新绩效的机理研究[J]. 科研管理, 4:1-7.

储贻波. 2010. 对外直接投资和出口贸易的逆向技术溢出效应分析[D]. 上海:复旦大学.

褚音. 2008 中国企业海外并购的财务绩效研究——基于上市公司的实证分析[D]. 上海:复旦大学.

戴大双, 石纪. 2001. 技术资产评估的方法选择研究[J]. 中国软科学, 9:58-59.

戴觅, 余淼杰. 2011. 企业出口前研发投入、出口及生产率进步——来自中国制造业企业的证据[J]. 经济学(季刊),
    10:211-230.

邓乐元, 成良斌. 2004. 企业并购对技术创新的影响[J]. 科技与管理, 2:108-111.

董俊武, 黄江圳, 陈震红. 2004. 基于知识的动态能力演化模型研究[J]. 中国工业经济, (2):77-85.

杜健. 2005. 基于产业技术创新的FDI溢出机制研究[D]. 杭州:浙江大学.

杜群阳. 2006. R&D全球化、反向外溢与OFDI[J]. 国际贸易问题, 12:88-91.

杜群阳, 朱勤. 2004. 中国企业技术获取型海外直接投资理论与实践[J]. 国际贸易问题, 11:67-69.

冯根福, 吴林江. 2001. 我国上市公司并购绩效的实证研究[J]. 经济研究, 1: 54-61.

冯勤, 杨雪, 陈春春. 2008. 浙江省科技企业技术并购实证研究[J]. 技术经济, 2:12-15。

冯子标. 2001. 企业间的经济技术关系与并购模式[J]. 经济学家, 5:17-21.

傅家骥, 仝允桓. 1996. 工业技术经济学[M]. 北京:清华大学出版社.

葛顺奇, 罗伟. 2013. 中国制造业企业对外直接投资和母公司竞争优势[J]. 管理世界, 6:28-42.

顾海峰, 谢晓晨. 2013. 中国企业海外并购绩效评价的理论与实证研究——来自 2000-2010 年中国企业的经验证据[J].
    会计与审计研究, 6:110-115.

郭承来. 2004. 海外并购:动机、功能与绩效——基于中国上市公司的经济分析[D]. 开封:河南大学.

侯汉坡, 张璐璐. 2009. 基于模糊积分的技术并购对象选择模型研究[J]. 技术经济与管理研究, 5:15-18.

黄玖立, 冼国明. 2010. 金融发展、FDI与中国地区的制造业出口[J]. 管理世界, 7:8-17.

贾名清, 方琳. 2007. 中国企业海外并购的障碍因素与对策再思考[J]. 经济问题, 10:59-61.

江积海. 2006. 知识传导、动态能力与后发企业成长研究[J]. 研究与发展管理, 2:22-27.

江小涓. 2004. 吸引外资对中国产业技术进步和研发能力提升的影响[J]. 国际经济评论, 4:13-18.

蒋殿春, 张宇. 2006. 行业特征与外商直接投资的技术溢出效应——基于高新技术产业的经验分析[J]. 世界经济, 10:21 - 29.

揭水晶, 吉生保, 温晓慧. 2013. OFDI 逆向技术溢出与我国技术进步——研究动态及展望[J]. 国际贸易问题. 8:161-168.

李东阳. 2002. 国际直接投资与经济发展[M]. 北京:经济科学出版社.

李纪珍. 2000. 研究开发合作的原因与组织[J]. 科研管理, 1:34-38.

李蕊. 2003. 海外并购的技术寻求动因解析[J]. 世界经济, 2:19-24.

李善民. 2004. 收购公司与目标公司配对组合绩效的实证分析[J]. 经济研究, 6:96-104.

李善民, 陈玉罡. 2002. 上市公司兼并与收购的财富效应[J]. 经济研究, 11:27-35.

李善民, 曾昭灶. 2003. 质量差异化与产品互补型企业兼并问题[J]. 管理科学学报, 6:54-60.

李邃, 江可申, 郑兵云, 等. 2010. 高技术产业研发创新效率与全要素生产率增长[J]. 科学学与科学技术管理, 11:169-175.

李显戈. 2011. 浙江省出口贸易波动的实证分析——基于 CMS 模型[J]. 中外企业家, 11:48-51.

李扬, 张涛. 2009. 中国地区金融生态环境评价[M]. 北京:中国金融出版社.

李增泉, 余谦, 王晓坤. 2005. 支持与并购重组——来自我国上市公司的经验证据[J]. 经济研究, 1:95-105.

廖运凤. 2007. 中国企业海外并购案例分析[M]. 北京:企业管理出版社.

梁琦. 2005. 空间经济学:过去、现在与未来——兼评《空间经济学:城市、区域与国际贸易》[J]. 经济学(季刊), 7:1067-1086.

林萍, 江向东. 2000. 上市公司与高科技联姻的模式分析[J]. 软科学, 3:45-47.

刘宏, 张蕾. 2012. 中国 ODI 逆向技术溢出对全要素生产率的影响程度研究[J]. 财贸经济, 1:95-100.

刘开勇. 2004. 企业技术并购战略与管理[M]. 北京:中国金融出版社.

刘伟全. 2011. 中国 OFDI 逆向技术溢出与国内技术进步研究——基于全球价值链的视角[M]. 北京:经济科学出版社.

刘志彪, 张杰. 2007. 全球代工体系下发展中国家俘获型网络的形成、突破与对策——基于 GVC 与 NVC 的比较视角[J]. 中国工业经济, 5:34-37.

罗秀妹, 吴茜茜. 2011. 中国企业海外并购实证研究[J]. 国际贸易, 4:19-20.

马金城. 2006. 海外并购的效率改进研究[M]. 大连:东北财经大学出版社.

马亚明, 张岩贵. 2003. 技术优势与对外直接投资:一个关于技术扩散的分析框架[J]. 南开经济研究, 4:10-19.

孟雪. 2011. 海外并购对中国高技术产业技术溢出效应的影响——吸收能力视角的实证分析[J]. 国际经贸探索, 5:50-59.

彭灿, 杨玲. 2009. 技术能力、创新战略与创新绩效的关系研究[J]. 科研管理, 2:26-32.

盛斌, 果婷. 2014. 亚太区域经济一体化博弈与中国的战略选择[J]. 世界经济与政治, 10:4-21.

帅传敏, 程国强, 张金隆. 2003. 中国农产品国际竞争力的估计[J]. 管理世界, 1:97-103.

孙建中. 2004. 技术获取型对外直接投资的选择[J]. 生产力研究, 8:10-15.

王辉. 2005. 中国企业技术寻求型海外并购行为分析[J]. 国际商务研究, 4:5-17.

王洛林, 江小涓, 卢圣亮. 2000. 大型跨国公司投资对中国产业结构、技术进步和经济国际化的影响(上)——以全球 500 强在华投资项目为主的分析[J]. 中国工业经济, 5:5-187.

王谦. 2006. 中国企业海外并购协同问题研究[M]. 北京:经济科学出版社.

王谦, 王迎春. 2006. 中国企业逆向型海外并购绩效评价[J]. 财会通讯(理财版), 4:70-82.

王宛秋, 王森. 2009. 基于动态能力观的技术并购整合研究[J]. 经济问题探索, 3:34-38.

王宛秋, 张永安, 刘煜. 2009. 我国上市公司技术并购绩效的实证研究[J]. 科学学研究, 11:1712-1719

王晓东, 赵勃升. 2005. 基于 DEA 的我国上市高科技公司的经营效率和技术进步率分析[J]. 软科学, 5:12-14.

王英, 刘思峰. 2008. 中国 ODI 反向技术外溢效应实证分析[J]. 科学学研究, 2:294-298.

王振江, 龚国华. 1991. 用层次分析法计算企业技术进步[J]. 数量经济技术经济研究, 5:45-46

魏权龄. 2004. DEA 数据包络分析[M]. 北京:科学出版社.

魏小仑. 2010. 我国企业海外并购经营绩效实证研究[J]. 现代商贸工业, 1:102-103.

翁轶丛, 陈宏民, 倪苏云. 2002. 基于网络外部性的企业 R&D 行为与兼并研究[J]. 系统工程, 1:51-55.

吴贵生. 2000. 技术创新管理[M]. 北京:清华大学出版社.

吴先明. 2003. 中国企业对外直接投资论[M]. 北京:经济科学出版社.

吴先明. 2007. 中国企业对发达国家的逆向投资:创造性资产的分析视角[J]. 工业经济, 11:40-44.

谢富纪. 2004. 技术转移与技术交易[M]. 北京:清华大学出版社.

谢伟, 孙忠娟, 李培馨. 2011. 影响技术并购绩效的关键因素研究[J]. 科学学研究, 2:245-251.

谢众. 2009. 国际贸易的技术溢出效应及其对我国 TFP 的影响[J]. 华东经济管理, 12:81-83.

徐玖平, 吴巍. 2006. 多属性决策的理论与方法[M]. 北京:清华大学出版社.

徐雨森, 张宗臣. 2002. 基于技术平台理论的技术整合模式及其在企业并购中的应用研究[J]. 科研管理, 3:64-65.

许罗丹, 谭卫红, 刘民权. 2004. 四组外商投资企业技术溢出效应的比较研究[J]. 管理世界, 6:14-25.

薛敬孝, 韩燕. 2004. FDI 并购与新建比较研究[J]. 世界经济研究, 4:71-79.

阎大颖, 葛顺奇. 2012. 中国企业技术获取型国际化发展战略[J]. 国际经济合作, 9:11-19.

杨瑞龙, 聂辉华. 2006. 不完全契约理论:一个综述[J]. 经济研究, 2:104 - 114.

于开乐, 王铁民. 2008 基于并购的开放式创新对企业自主创新的影响[J]. 管理世界, (4):150-160.

于培友, 奚俊芳. 2006. 企业技术并购后整合中的知识转移研究[J]. 科研管理, 5:39-44.

袁诚, 陆挺. 2005. 外商直接投资与管理知识溢出效应:来自中国民营企业家的证据[J]. 经济研究, 3:69-79.

袁晓玲, 张宝山, 方莹. 2009. 通信设备制造业全要素生产率增长与技术进步[J]. 经济管理, 1:126-131.

乐琦, 蓝海林, 蒋峦. 2008. 技术创新战略与企业竞争力——基于中国高技术行业中木土企业与外资企业的比较分析[J]. 科学学与科学技术管理, 10:47-52.

赵伟, 古广东, 何元庆. 2006. 外向 FDI 与中国技术进步:机理分析与尝试性实证[J]. 管理世界, 7:53-59.

赵晓庆, 许庆瑞. 2002. 企业技术能力演化的轨迹[J]. 科研管理, 1:70-76.

张秋生. 2010. 并购学:一个基本理论框架[M]. 北京:中国经济出版社.

张新. 2003. 并购重组是否创造价值? ——中国证券市场的理论与实证研究[J]. 经济研究, 6:20-29.

张延锋, 李垣. 2002. 能力、资源与核心能力形成分析[J]. 科研管理, 4:1-5.

周诚. 2009. 基于技术并购视角的技术创新研究[J]. 科学学研究, 3:4-7.

周伟. 2006. 我国企业创造性资产寻求型 FDI 的最新动向研究——基于联想海外并购 IBMPC 业务的案例分析[J]. 科学学与科学技术管理, 1:17-20.

周游. 2009. 我国 OFDI 对国内全要素生产率影响的理论与实证分析[J]. 科技与管理, 2:46-49.

朱桂龙, 周全. 2006. 企业技术创新战略选择机理与模式研究[J]. 科技管理研究, 3:51-53.

朱勤, 刘垚. 2013. 我国上市公司海外并购财务绩效的影响因素分析[J]. 国际贸易问题, 8:151-160.

朱彤, 崔昊. 2011. 对外直接投资、逆向研发溢出与母国技术进步——数理模型与实证研究[J]. 世界经济研究, 12:71-77.

邹玉娟, 陈漓高. 2008. 我国对外直接投资与技术提升的实证研究[J]. 世界经济研究, 5:70-77.

Aghion P, Blundell R, Griffith R, et al. 2009. The effects of entry on incumbent innovation and productivity[J]. The Review of Economics and Statistics, 91 (1):20-32.

Ahern K R, Dominelli D, Fracassi C. Lost in transition? The effects of cultural values in mergers[J]. Journal of Financial Economics, 169(1):165-189.

Amburgey T L, Miner A S. 1992. Strategic momentum: the effects of repetitive, positional and contextual momentum on merger activity[J]. Strateg Manage J, 13:335-348.

Amiti M , Weinstein D E. 2011. Exports and financial shocks [J]. The Quarterly Journal of Economics, 126 (4):1841-1877.

Ang S, Michailova S. 2008. Institutional explanations of cross-border alliance modes: the case of emerging economies firms[J]. Management International Review, 48(5):551-576.

Barkema H G, Vermeulen F. 1998. International expansion through start-up or acquisition: a learning perspective[J]. Strategic Management Journal, 41:7-26.

Bertrand O, Hakkala K N, Norbaeck P J, et al. 2012. Should countries block foreign takeovers of R&D champions and promote greenfield entry?[J]. Canadian Journal of Economics, 45 (3):1083-1124.

Bertrand O, Zuninga P. 2006. R&D and M&A: are cross-border M&A different? An investigation on OECD countries. International Journal of Industrial Organization, 24:401-423.

Bjorvatn K. 2004. Economic integration and the profitability of cross-border mergersand acquisitions[J]. European Economic Review, 48:1211-1226.

Blonigen B A. 2005. A review of the empirical literature on FDI determinants[J]. Atlantic Economic Journal , 33 (4): 383-403.

Blonigen B A, Fontagné L, Sly N, et al. 2012. Cherries for sale: export network sand the incidence of cross-border M&A[R]. NBER Working Paper No. 18414.

Boubakri N, Guedhami O, Mishra D, et al. 2012. Political connections and the cost of equity capital[J]. Journal of Corporate Finance, 18:541-559.

Brainard S L. 1997. An empirical assessment of the proximity-concentration trade-off between multinational sales and trade[J]. American Economic Review, 87 (4):520-544.

Briske D D, Fuhlendorf S D, Smeins F E. 2006. A Unified framework for assessment and application of ecological thresholds[J]. Rangeland Ecology & Management, 59(3):225-236.

Brown H J. 2011. Energetic limits to economic growth[J]. Bioscience, 61(1):19-26.

Calomiris C W, Fisman R , Wang Y. 2010. Profiting from government stakes in acommand economy: evidence from Chinese asset sales[J]. Journal of Financial Economics, 96: 399-412.

Carr L D Markusen R J. 1998. Estimating the knowledge-capital model of the multinational enterprise[R]. NBER Working Paper No 6773.

Cassiman B, Colombo M. 2006. Literature review on M&A and R&D[A]//Veugelers R. Mergers and Acquisitions-the Innovation Impact[C]. Bollettino Dell'stituto Sieroterapic Milanese, 38(1/2):3-20.

Cassiman B, Colombo M, Garrone P, et al. 2005. The impact of M&A on the R&D process: an empirical analysis of the role of technological and market-relatedness[J]. Research Policy, 34 (2) :195-220.

Chaney T. 2013. Liquidity constrained exporters [R]. National Bureau of Economic Research Working Paper Series.

Christensen L R, Jorgenson D W, Lau L J. 1973. Transcendental logarithmic production frontiers[J]. Review of Economics & Statistics, 55 (1) :28-45.

Cohen W, Levine R. 1989. Empirical studies of innovation and market structure[J]. Handbook of Industrial Organization, 2 (2) :1059-1107.

Costanza R, Voinov A. 2002. Integrated ecological economic modeling of the Patuxent River watershed, Maryland[J]. Ecological Monographs, 72 (2) : 203-231.

Crossan M M, Lane H W, White R E. 1999. An organizational learning framework: from intuition to institution[J]. Academy of Management Review, 24:522-537.

Cui L , Jiang F. 2012. State ownership effect on firms? FDI ownership decisions under institutional pressure: a study of Chinese outward investing firms[J]. Journal of International Business Studies, 43 (3) :264-284.

Daily C M, Dalton D R. 1994. Corporate governance and the bankrupt firm: an empirical assessment[J]. Strateg Manage J , 15:643-654.

Danbolt J , Maciver G. 2012. Cross-border versus domestic acquisitions and the impact on shareholder wealth[J]. Journal of Business Finance and Accounting, 39 (7/8) :1028-1067.

Desyllas P, Hughes A. 2010. Do high technology acquirers become more innovative?[J]. Research Policy, 39 (8) :1105-1121.

Edwards S. 2000. Capital flows and the emerging economies: theory, evidence, and controversies[A]//Krugman P. Frie Sale FDI[C]. Chicago: NBER Books Cambridge:582-583.

Eije H V, Wiegerinck H. 2010. Shareholders' reactions to announcements of acquisitions of private firms:do target and bidder markets make a difference?[J]. International Business Review, 19: 360-377.

Ellison G. 2002. The slowdown of the economics publishing process[J]. Journal of Political Economy, 110 (5) :947-993.

Endangering D J. 2000. Endangering the economics of extinction[J]. Wildlife Society Bulletin, 28 (1) :34-41.

European Commission. 2011. The 2011 EU industrial R&D investment scoreboard[R]. JRC Science and Technical Research Series.

Finkelstein S, Haleblian J. 2002. Understanding acquisition performance: the role of transfereffects[J]. Organization Science, 13:36-47.

Frey R, Hussinger K. 2011. European market integration through technology driven M&A[J]. Applied Economics , 43 (17) : 2143-2153.

Fuhlendorf F E. 2006. Smeins, a unified framework for assessment and application of ecological thresholds[J]. Rangeland Ecology & Management, 59 (3) :225-236.

Fuller K, Netter J , Stegemoller M. 2002. What do returns to acquiring firms tell us? Evidence from firms that make many acquisitions[J]. Journal of Finance, 57: 1763-1793.

Gereffi G. 1998. International trade and industrial upgrading in the apparel commodity chain[J]. Journal of International Economics, 48:37- 40.

Gereffi G, Sturgeon T. 2005. The governance of global value chains[J]. Review of International Political Economy, 12(1):78-104.

Gilbert R. 2006. Looking for Mr. Schumpeter: where are we in the competition–innovation debate?[J]. Innovation Policy and Economy, 6(6):159-215.

Gowdy M J. 2000. Terms and concepts in ecological economics terms and concepts in ecological economics[J]. Wildlife Society Bulletin, 28(1):26-33.

Greenway D , Kneller R. 2007. Firm heterogeneity, exporting and foreign direct investment [J]. Economic Journal, 117(517):134-161.

Griliches Z. 1984. Using linked patent and R&D data to measure inter industry technology flows[A]//Scherer M F. R&D, Patents, and Productivity[C]. Chicago:Vniversity of Chicago Press: 417-464.

Grossman M G, Helpman E. 2004. Managerial incentives and the international organization of production[J]. Journal of International Economics, 63:237- 262.

Grossman M G, Helpman E, Szeidl A 2003. Optimal integration strategies for the multiantinal firm[R]. NBER Working Paper No 10189.

Guadalupe M, Kuzmina O, Thomas C. 2012. Innovation and foreign ownership[J]. American Economic Review, 102 (7):3594-3627.

Guariglia A, Liu X, Song L. 2011. Internal finance and growth: macro econometric evidence on Chinese firms[J]. Journal of Development Economics, 96(1): 79-94.

Haagedorn J, Duysters G. 2002. The effect of mergers and acquisitions on the technological performance of companies in a high-tech environment[J]. Technology Analysis and Strategic Management, 14:67-85.

Haleblian J, Finkelstein S. 1999. The influence of organizational acquisition experience on acquisition performance: a behavioral learning perspective[J]. Administrative Science Quarterly, 44:29-56.

Haleblian J J, Kim J Y J , Rajagopalan N. 2006. The influence of acquisition experience and performance on acquisition behaviour: evidence from the U. S. commercial banking industry[J]. Academy of Management Journal, 49(2):357-370.

Halme M, Laurila J. 2009. Philantmopy, integration or innovantion Exploring the financial and societal outcomes of different types of corporate responsibility[J]. Journal of Business Ethics, 84(3):325-339.

Helpman E. 1984. A simple theory of trade with multinational corporation[J]. Journal of Political Economy, 92(3):451-471.

Helpman E. 2006. Trade, FDI and the organization of firms[J]. Journal of Economic Literature, 44 (3): 589-630.

Helpman E, Melitz M J , Yeaple S R. 2004. Export versus FDI with heterogeneous firms[J]. American Economic Review, 94(1):300-316.

Helpman E, Melitz M J , Rubinstein Y. 2008. Estimating trade flows: trading partners and trading volumes[J]. Quarterly Journal of Economics, 123:441-487.

Henderson J, Dicken P, Hess M. 2002. Global production networks and the analysis of economic development[J]. Review of International Political Economy, 9(3): 436-464.

Jansen K J. 2004. From persistence to pursuit: a longitudinal examination of momentum during the stages of strategic change[J]. Organization Science, 15:276-294.

Jepma C J. 1986. Extension and Application Possibilities of the Constant Market Shares Analysis: The Case of the Developing Countries Exports[M]. Groningen:University Press Groningen.

Jovanovic B, Rousseau P L. 2008. Mergers as reallocation[J]. The Review of Economics and Statistics, 90（4）: 765-776.

Kaplan S. 1989. The effects of management buyouts on operating performance and value[J]. Journal of Financial Economics, 44: 611-632.

Kogut B , Singh H. 1988. The effect of national culture on the choice of entry mode[J]. Journal of International Business Studies, 19（3）:411-432.

Kolb D. 1984. Experiential Learning: Experience as the Source of Learning and Development[M]. Englewood Cliffs: Prentice Hall.

Konings J, Murphy A. 2006. Do multinational enterprises relocate employment to low-wage regions? Evidence from European multinationals[J]. Review of World Economics, 142（2）: 267-286.

Lin H C M , Bo H. 2012. State ownership and financial constraints on investment of Chinese listed firms: new evidence[J]. European Journal of   Finance, 18（6）:497-513.

Luo Y. 2004. Building a strong foothold in an emerging market: a link between resource commitment and environment conditions[J]. Journal of Management Studies, 41:749-773.

Luo Y, Xue Q , Han B. 2010. How emerging market governments promote outward FDI: experience from China[J]. Journal of World Business, 45:68-79.

MacDonald M J. 1985. R&D and the direction of diversification[J]. The Review of Economics and Statistics, 47:583-590.

McNamara M G, Haleblian J, Dykes J B. 2008. The performance implications of participating in an acquisition wave: early mover advantages, bandwagon effects, and the moderating influence of industry characteristic and acquirer tactics[J]. Academy of Management Journal, 51（1）: 113-130.

Melitz M J. 2003. The impact of trade on intra-industry reallocations and aggregate industry productivity[J]. Econometric, 71 （6）:1695-1725.

Nadolska A, Barkema H G. 2007. Learning to internationalise: the pace and success of foreign acquisitions[J]. Journal of International Business Studies, 38:1170-1186.

Nagano M , Yuan Y. 2013. Cross-border acquisitions in the transition economy: the recent experiences of China and India[J]. Journal of Asian Economics, 24: 66-79.

Nocke V, Yeaple S R. 2008. An assignment theory of foreign direct investment[J]. Review of Economic Studies, 75 （2）:529-557.

Omoregie M E, Thomson J K 2001. Measuring regional competitiveness in oilseeds production and processing in Nigeria : a spatial equilibrium modelling approach[J]. Agricultural Economics , 26（3）:281-294.

Palepu K. 1985. Diversification strategy, profit performance and the entropy measure[J]. Strategic Management Journal, 6:239-255.

Poncet S, Steingress W , Vandenbussche H. 2010. Financial constraints in China: firm-level evidence[J]. China Economic

Review, 21 (3): 411-422.

Reuer J J, Shenkar O, Ragozzino R. 2004. Mitigating risk in international mergers and acquisitions: the role of contingent payouts[J]. Journal of International Business Studies, 35:19-32.

Rui H C , Yip G S. 2008. Foreign acquisitions by Chinese firms: a strategic intent perspective[J]. Journal of World Business, 43: 213-226.

Sacco D, Schmutzler A. 2011. Is there a u-shaped relation between competition and investment?[J]. International Journal of Industrial Organization, 29:65-73.

Saggi K. 2002. Trade, foreign direct investment, and international technology transfer: a survey[J]. The World Bank Research Observer, 17 (2):191-235.

Sanders W G. 2001. Behavioral responses of CEOs to stock ownership and stock option pay[J]. Acad Manage J, 44:477-492.

Segerstrom S P, Anant A C T, Dinopoulous E. 1990. A schumpeterian model of the product life cycle[J]. The American Economic Review, 80 (4): 1077-1192.

Shiue H C, Keller W. 2004. Markets in China and Europe on the eve of the industrial revolution[J]. Centre for Ewnomic Polily 97 (4):1189-1216.

Singh J. 2004. Multinational firms and knowledge diffusion: evidence using patent citation data[J]. SSRN Electronic Journal, (1):1-6.

Sjöholm F. 1996. International transfer of knowledge: the role of international trade and geographic proximity[J]. Weltwirtschaftliches Archiv, 132 (1):97-115.

Slangen A H L , van Tulder R J M. 2009. Cultural distance, political risk, or governance quality? Towards a more accurate conceptualization and measurement of external uncertainty in foreign entry mode research[J]. International Business Review, 18:276-291.

Starbuck W H. 2015. Organizations as action generators[J]. Social Science Eletronic Publishing, 48(1):91-102.

Stiebale J, Trax M 2011. The effects of cross-border M&As on the acquirers' domestic performance: firm-level evidence[J]. Canadian Journal of Economics, 44 (3):957-990.

Tallman S, Li J. 1996. Effects of international diversity and product diversification on the performance of multinational firms[J]. Academy of Management Journal, 39:179-96.

Tian L H , Estrin S. 2008. Retained state shareholding in Chinese PLCs: does government ownership always reduce corporate value?[J]. Journal of Comparative Economics, 36 (1):74-89.

Tsui-Auch L S. 1999. International production relationships developmental impacts[J]. International Journal of Urban & Regional Research, 23 (2):345-359.

UNCTAD. 2007. Transnational corporations, extractive industries and development[R] . World Investment Report 2007.

UNCTAD. 2012. Toward a new generation of investment policies[R]. World Investment Report 2012.

UNCTAD. 2013. Global value chains; investment and trade for development[R]. World Investment Report 2013.

Vermeulen F, Barkema H G. 2002. Pace, rhythm and scope: process dependence in building a profitable multinational corporation[J]. Strategic Management Journal, 23:637-653.

Vives X. 2008. Innovation and competitive pressure[J]. The Journal of Industrial Economics, 56 (3): 419-467.

Voss H, Buckley P J , Cross A R. 2010. The impact of home country institutional effects on the internationalization strategy of Chinese firms[J]. Multinational Business Review, 18 (3) : 25-48.

Wei Z, Xie F , Zhang S. 2005. Ownership structure and firm value in China's privatized firms[J]. Journal of Financial Quantitative Analysis, 40: 87-108.

Wooldridge J M. 2009. Should Instrumental variables be used as matching variables?[J]. Research in Economics, 70(2):232-237.

Xu D, Pan Y, Beamish P W. 2004. The effect of regulative and normative distances on MNE ownership and expatriate strategies[J]. Mir Management International Review, 44:285-307.

Xu E , Zhang H. 2008. The impact of state shares on corporate innovation strategy and firm value in China[J]. Asia Pacific Journal of Management, 25: 473-487.

Yelle L E. 1979. The learning curve: historical review and comprehensive survey[J]. Decision Sciences, 10:302-328.

Zhou B, Guo J, Hua J, et al. 2012. Does state ownership drive M&A Performance? Evidence from China[J]. European Financial Management, 21(1):79-105.

附　　录

序号	目标企业	并购企业	交易日期	交易值/百万美元	净债务目标/百万美元	目标企业净规模/百万美元	目标企业净债务/百万美元	目标企业总债务/百万美元	目标企业每股收益/美元	每股价格/美元
1	EKF Diagnostics Holdings PLC	Jinjing（Group）Co Ltd	09-07-2015	—	—	62.41	136.12	211.16	−0.02	—
2	Yamal SPG	SRF	09-03-2015	—	—	2.49	—	—	—	—
3	SIBUR Holding	China Petrochemical Corp	09-03-2015	—	—	—	—	—	—	—
4	Meishan Changhong Agriculture	Tianshui Zhongxing Bio—tech	09-02-2015	1.34	1.34	—	—	—	—	—
5	Fuze Entertainment Co Ltd	Linekong	09-02-2015	9.25	9.25	—	—	—	—	—
6	Hacienda y Vinedos Marques	Yantai Changyu Pioneer Wine	08-31-2015	—	—	—	—	—	—	—
7	Armour Energy Ltd	WestSide Corp Ltd	08-31-2015	26.21	20.10	0.08	51.88	53.54	−0.02	0.09
8	Ageas Asia Holdings Ltd	Kunwu Jiuding Capital Co Ltd	08-30-2015	1 379.00	1 379.00	—	—	—	—	—
9	Kawata Mach Mnfg—Factory	Shanghai Xinzhuang Industrial	08-28-2015	3.67	3.67	—	—	—	—	—
10	World Triathlon Corp	Dalian Wanda Group Corp Ltd	08-27-2015	650.00	650.00	—	—	—	—	—
11	MM&R Inc	Shanghai Shenda America LLC	08-26-2015	—	—	—	—	—	—	—
12	Rio Verde SA，TNE—Triunfo	China Three Gorges Brasil	08-25-2015	531.73	531.73	—	—	—	—	—
13	Cytovance Biologics Inc	Hepalink USA Inc	08-24-2015	205.68	205.68	—	—	—	—	—
14	Tianjin Bright Xinli Trade Co	Yang Guang Co Ltd	08-21-2015	124.42	124.42	—	—	—	—	—
15	Technogenetics Srl	Shanghai Kehua Bio—Engineering	08-20-2015	—	—	—	—	—	—	—
16	Kee International BVI Ltd	Foshan City Nanhai Jinheming	08-20-2015	—	—	—	—	—	—	—
17	Tianjian Medi Tech Co Ltd	Investor Group	08-20-2015	17.20	17.20	—	—	—	—	—
18	P&P Industrietechnik GmbH	Harbin Boshi Envi Tech Co Ltd	08-20-2015	8.14	8.14	—	—	—	—	—
19	KEE（Zhejiang）Garment —Assets	Foshan City Nanhai Jinheming	08-20-2015	—	—	—	—	—	—	—
20	KUKA AG	Midea Group Co Ltd	08-20-2015	—	—	2 903.00	676.29	2 272.00	2.81	—

续表

序号	目标企业	并购企业	交易日期	交易值/百万美元	净债务目标/百万美元	目标企业净规模/百万美元	目标企业净债务/百万美元	目标企业总债务/百万美元	目标企业每股收益/美元	每股价格/美元
21	Altergon Italia—Diagno Bus Ass	Shanghai Kehua Bio—Engineering	08-20-2015	—	—	—	—	—	—	—
22	Kee Holdings Co Ltd	Glory Emperor Trading Ltd	08-20-2015	91.17	91.17	21.20	42.87	50.72	0.00	0.29
23	Kee Holdings Co Ltd	Glory Emperor Trading Ltd	08-20-2015	43.44	43.44	21.20	42.87	50.72	0.00	0.12
24	500-520 Pac Highway，St	Investor Group	08-19-2015	110.04	110.04	—	—	—	—	—
25	Mackinaw Administrators LLC	Meadowbrook Ins Grp Inc	08-19-2015	—	—	—	—	—	—	—
26	Concepts ETI Inc	Fujian Snowman Co Ltd	08-19-2015	4.00	4.00	—	—	—	—	—
27	Coastal Wuxi Power Ltd	Investor Group	08-19-2015	4.03	4.03	—	—	—	—	—
28	Kuxun.cn	Meituan.com	08-19-2015	—	—	—	—	—	—	—
29	Snapdeal.Com	Investor Group	08-18-2015	500.00	500.00	—	—	—	—	—
30	Shenzhen Xing Fei Tech Co Ltd	Fujian Start Grp Co Ltd	08-15-2015	260.57	260.57	—	—	—	—	—
31	Macrolink Real Estate Co Ltd	New Hualian Holdings Ltd	08-14-2015	156.48	156.48	540.97	944.25	4 233.00	0.04	1.48
32	Suniva Inc	Shunfeng Intl Clean Energy Ltd	08-13-2015	—	—	—	—	—	—	—
33	Harbin Shengtai Biological	Tonghua Golden—Horse Pharm	08-12-2015	406.31	406.31	—	—	—	—	—
34	Planar Systems Inc	Leyard Optoelectronic Co Ltd	08-12-2015	149.72	133.36	201.05	49.09	81.82	0.30	6.58
35	Berkenhoff GmbH	Powerway Group Co Ltd	08-11-2015	—	—	—	—	—	—	—
36	China Cord Blood Cor—Assets	Nanjing Xinjiekou Dept Store	08-07-2015	966.25	966.25	—	—	—	—	—
37	Chih Ching Holding Co Ltd	Aocheng Group Co Ltd	08-07-2015	0.16	0.16	—	—	—	—	—
38	Henan Lihua Pharmaceutical Co	Guangdong VTR Bio—Tech Co Ltd	08-06-2015	48.80	48.80	—	—	—	—	—
39	Xtremeair GmbH	RotorSchmiede GmbH	08-06-2015	3.93	3.93	—	—	—	—	—
40	Bionime Corp	Tonghua Dongbao Pharm Co Ltd	08-06-2015	35.99	35.99	51.54	43.10	132.64	0.06	3.00
41	Yancheng Atesi Xiexin Solar	Xiexin Integration Tech	08-05-2015	2.06	2.06	—	—	—	—	—
42	Holland Novochem BV	Forbon Tech Netherlands BV	08-05-2015	19.38	19.38	—	—	—	—	—
43	eLong Inc	TCH Sapphire Ltd	08-04-2015	552.98	274.70	169.70	274.41	472.37	-0.94	9.00
44	Sharp Electna Mexico SA de CV	Investor Group	07-31-2015	23.70	23.70	—	—	—	—	—

序号	目标企业	并购企业	交易日期	交易值/百万美元	净债务目标/百万美元	目标企业净规模/百万美元	目标企业净债务/百万美元	目标企业总债务/百万美元	目标企业每股收益/美元	每股价格/美元
45	ZETH Chem Ind Tech Co Ltd	Xinjiang Xuefeng Sci—Tech	07-31-2015	—	—	—	—	—	—	—
46	Vision Eye Institute Ltd	Jangho Group Co Ltd	07-31-2015	24.78	24.78	86.93	76.65	114.39	0.05	—
47	Jiangxi Gaofeng Ecological	Jiangsu Sihuan Bioengineering	07-31-2015	104.51	104.51	—	—	—	—	—
48	Delphi Automotive PLC—Receptio	Northeast Industries Grp Co	07-30-2015	—	—	—	—	—	—	—
49	Swissport International AG	HNA Group Co Ltd	07-30-2015	2 819.00	2 819.00	—	—	—	—	—
50	Reptech Co Ltd	Xiamen Comfort Science&Tech	07-30-2015	—	—	—	—	—	—	—
51	UF1	Chongyi Zhangyuan Tungsten Co	07-30-2015	4.20	4.20	—	—	—	—	—
52	ELBASA	Chongyi Zhangyuan Tungsten Co	07-30-2015	—	—	—	—	—	—	—
53	GAE Inc	Talkweb Info System Co Ltd	07-30-2015	—	—	—	—	—	—	—
54	Wuhan Jui Li Auto Ind Co Ltd	Dapeng Automobile Parts Co Ltd	07-29-2015	3.56	3.56	—	—	—	—	—
55	Elaphe Propulsion Tech Ltd	Zhejiang Asia—Pacific	07-28-2015	11.06	11.06	—	—	—	—	—
56	Investa Property Group	China Investment Corp	07-27-2015	—	—	—	—	—	—	—
57	SHL Telemedicine Ltd	Shanghai Jiuchuan Invest Grp	07-27-2015	114.15	119.77	36.81	61.40	87.36	0.07	10.91
58	Sirius International Insurance	CM International Holding Pte	07-27-2015	2 235.00	2 235.00	—	—	—	—	—
59	BHF Kleinwort Benson Group SA	Eastgate Billion SARL	07-27-2015	534.09	534.09	500.48	965.15	11 305.00	0.87	5.66
60	Top Spring Intl Hldg Ltd	Caiyun Intl Invest Ltd	07-27-2015	159.34	159.34	906.04	897.32	5 464.00	0.08	0.49
61	MIC Electronics Ltd	Leyard Hong Kong Co Ltd	07-26-2015	19.50	19.50	19.53	68.82	111.73	−0.12	0.39
62	Bankware Global Ltd	Ant Financial Services Group	07-26-2015	—	—	—	—	—	—	—
63	AMINO Motorcycle Co	Chongqing Loncin Motor Parts	07-25-2015	3.84	3.84	—	—	—	—	—
64	Guidercare Software Tech Grp	Beijing Honggao Constr	07-24-2015	32.21	32.21	—	—	—	—	—
65	Joyview Group Ltd	Ease Success Holdings Ltd	07-24-2015	445.96	445.96	—	—	—	—	—
66	NAGICO Holdings Ltd	Peak Reinsurance Co Ltd	07-23-2015	—	—	—	—	—	—	—
67	Grainland Moree Pty Ltd	PGG Wrightson Ltd	07-23-2015	—	—	—	—	—	—	—
68	Grayrentals Plc	Hong Kong Int Aviation Leasing	07-21-2015	—	—	—	—	—	—	—

序号	目标企业	并购企业	交易日期	交易值/百万美元	净债务目标/百万美元	目标企业净规模/百万美元	目标企业净债务/百万美元	目标企业总债务/百万美元	目标企业每股收益/美元	每股价格/美元
69	Soaring Wisdom Capital LLC	Shanghai InfoTM Microelectron	07-21-2015	0.05	0.05	—	—	—	—	—
70	BridgeLux Inc	Investor Group	07-21-2015	—	—	—	—	—	—	—
71	Undisclosed LED Co	Shenzhen Kaifa Tech Co Ltd	07-21-2015	130.00	130.00	—	—	—	—	—
72	Miquel Alimentacio Grup SA	Bright Food（Group）Co Ltd	07-21-2015	—	—	—	—	—	—	—
73	Maple Semiconductor Inc	Wedge Industrial Co Ltd	07-21-2015	14.48	14.48	—	—	—	—	—
74	Nkwe Platinum Ltd	Jin Jiang Mining Ltd	07-21-2015	22.69	22.69	0.01	138.54	140.15	-0.01	0.07
75	Beijing Skyworth Hightong	Liang Xue	07-21-2015	1.27	1.27	—	—	—	—	—
76	Guangdong Shengchi Biological	Wuzhou Shenguan Invest Dvlp	07-20-2015	23.65	23.65	—	—	—	—	—
77	Novel Sunrise Investments Ltd	Hope Rosy Ltd	07-20-2015	—	—	—	—	—	—	—
78	OmniLytics Inc	Phagelux Inc	07-20-2015	—	—	—	—	—	—	—
79	Reed Industrial Minerals Pty	Jiangxi Ganfeng Lithium Co Ltd	07-16-2015	19.50	19.50	—	—	—	—	—
80	Reed Industrial Minerals Pty	Jiangxi Ganfeng Lithium Co Ltd	07-16-2015	—	—	—	—	—	—	—
81	Perwaja Holdings Bhd	Tianjin Zhi Yuan Investment	07-15-2015	446.80	446.80	225.79	-260	433.29	-0.50	0.05
82	Agrocentro Uruguay	PGG Wrightson Ltd	07-14-2015	—	—	—	—	—	—	—
83	Rising Sheen Ltd	Shengyu（BVI）Ltd	07-14-2015	415.35	415.35	—	—	—	—	—
84	Avolon Holdings Ltd	Bohai Leasing Co Ltd	07-14-2015	2 555.29	2 555.29	—	—	—	—	31.00
85	Starplex Cinemas	AMC Entertainment Holdings Inc	07-14-2015	172.00	172.00	—	—	—	—	—
86	Lucky Benefit Ltd	Shengyu（BVI）Ltd	07-14-2015	423.27	423.27	—	—	—	—	—
87	UMP Healthcare Holdings Ltd	Pinyu Ltd	07-13-2015	23.22	23.22	—	—	—	—	—
88	CBRE—Shopping Ctrs	Investor Group	07-13-2015	1 445.00	1 445.00	—	—	—	—	—
89	Micron Technology Inc	Tsinghua Unigroup Ltd	07-13-2015	—	—	16 819.00	13 355.00	24 583.00	3.00	—
90	Amartus Ltd—Software Assets	Huawei Technologies Co Ltd	07-13-2015	—	—	—	—	—	—	—
91	Masood Textile Mills Ltd	Xinao Industrial Co Ltd	07-11-2015	—	—	251.17	67.71	216.82	0.13	—
92	Best Legend Intl Hldg Ltd	Empire Sail Ltd	07-10-2015	26.56	26.56	—	—	—	—	—
93	Xuzhou Chiway Constr Co Ltd	Qidong Junrui Industrial Co	07-09-2015	6.44	6.44	—	—	—	—	—
94	Ecovix—Estaleiro Rio Grande	Offshore Oil Engineering Co	07-09-2015	—	—	—	—	—	—	—

续表

序号	目标企业	并购企业	交易日期	交易值/百万美元	净债务目标/百万美元	目标企业净规模/百万美元	目标企业净债务/百万美元	目标企业总债务/百万美元	目标企业每股收益/美元	每股价格/美元
95	Singapore Post Ltd	Alibaba Investment Ltd	07-08-2015	138.68	138.68	715.45	864.12	1 670.00	0.05	1.29
96	Quantium Solutions Intl Pte	Alibaba Investment Ltd	07-08-2015	67.95	67.95	—	—	—	—	—
97	Kunming Baker Norton Pharm	KPC Pharmaceuticals Inc	07-08-2015	47.35	47.35	—	—	—	—	—
98	Shenzhen Zhongzhou Ppty Mgmt	Shenzhen Centralcon Invest	07-07-2015	0.58	0.58	—	—	—	—	—
99	Hauck & Aufhaeuser Privatbank	Fosun Industrial Holdings Ltd	07-07-2015	232.56	232.56	—	—	—	—	—
100	YGM Clothing Ltd	Shenzhen Mass Power Electn Ltd	07-07-2015	7.29	7.29	—	—	—	—	—
101	Animoca Brands Corp Ltd	FingerFun HK Ltd	07-06-2015	2.33	2.33	0.85	-2.44	2.37	-7.61	0.16
102	Western Potash Corp	Beijing Tairui Innovation	07-06-2015	60.23	60.23	—	63.40	63.64	-0.02	0.25
103	PT BUMI MOROWALI UTAMA	H & Shun International Pte	07-06-2015	9.80	9.80	—	—	—	—	—
104	Napa Chiles Valley Winery	Qinghai Huzhu Barley Wine Co	07-06-2015	—	—	—	—	—	—	—
105	Qingdao Railway FRP Co Ltd	Beijing Yunxin Invest Mgmt Co	07-04-2015	1.61	1.61	—	—	—	—	—
106	Qingdao Railway FRP Co Ltd	Beijing Wushi Envi	07-04-2015	1.61	1.61	—	—	—	—	—
107	Undisclosed Nickel Mining Co	China Hanking Holdings Ltd	07-03-2015	38.00	38.00	—	—	—	—	—
108	Armitage Holdings Ltd	Shiji (HK) Co Ltd	07-03-2015	12.09	12.09	—	—	—	—	—
109	Cangzhou Desalination (HK) Ltd	Beijing Capital (Hong Kong) Ltd	07-02-2015	—	—	—	—	—	—	—
110	Harvest Years Ltd	Silver Knight Global Ltd	07-02-2015	87.04	87.04	—	—	—	—	—
111	Resolution Ppty Invest Mgmt	Fosun Property Holdings Ltd	07-02-2015	—	—	—	—	—	—	—
112	Plexus Holdings PLC	Jereh International (Hong Kong	07-02-2015	12.55	12.55	46.24	59.17	74.42	0.10	—
113	Henan Zhongfu Ind Co Ltd	Investor Group	07-01-2015	564.52	564.52	1 417.00	980.52	4 025.00	0.00	1.28
114	GBM Resources Ltd	Jiangxi Centre Mining Co Ltd	07-01-2015	—	—	0.26	13.29	13.71	-0.01	—
115	Gruppa Kompanii SU—155	Shanghai Step Electric Corp	06-30-2015	—	—	—	—	—	—	—
116	Paytm Mobile Solutions Pvt Ltd	Alibaba Group Holding Ltd	06-30-2015	—	—	—	—	—	—	—
117	Mox Products Pty Ltd	Vastsuccess Holdings Ltd	06-30-2015	44.43	44.43	—	—	—	—	—

续表

序号	目标企业	并购企业	交易日期	交易值/百万美元	净债务目标/百万美元	目标企业净规模/百万美元	目标企业净债务/百万美元	目标企业总债务/百万美元	目标企业每股收益/美元	每股价格/美元
118	Max Harvest Enterprise Ltd	Vigor Legend Investment Ltd	06-30-2015	1.48	1.48	—	—	—	—	—
119	Berjaya Envi Engineering	Foshan Nanhai Hanlan Soild	06-30-2015	20.44	20.44	—	—	—	—	—
120	Shanghai ANE Logistics Co Ltd	Investor Group	06-29-2015	170.00	170.00	—	—	—	—	—
121	apt Hiller GmbH	SEDANT Foundation Hldg Co Ltd	06-29-2015	—	—	—	—	—	—	—
122	Royal Bk of Scotland Grp—Loans	China Construction Bank Corp	06-29-2015	106.34	106.34	—	—	—	—	—
123	Henniges Automotive Hldg Inc	Aviation Industry Corp of	06-29-2015	—	—	—	—	—	—	—
124	Vitatech Nutritional—Assets	Xiamen Kingdomway Group Co	06-29-2015	—	—	—	—	—	—	—
125	Beijing Zhuoyuechenxing Tech	Tianjin Zhuoyue Mobile Tech	06-29-2015	20.94	20.94	—	—	—	—	—
126	KTG Agrar SE	Fidelidade—Cia de Seguros SA	06-29-2015	—	—	283.30	137.25	830.15	1.48	—
127	YKS Electronic Commerce Co Ltd	Shenzhen Youkeshu Tech Co Ltd	06-27-2015	—	—	—	—	—	—	—
128	Airspan Networks Inc	GO Scale Capital	06-27-2015	50.00	50.00	—	—	—	—	—
129	Singapore Technologies Semicon	Jiangsu Changjiang Electronics	06-26-2015	—	—	—	—	—	—	—
130	Zestfinance Inc	JD.com Inc	06-26-2015	—	—	—	—	—	—	—
131	KOCH H&K Industrieanlagen GmbH	Xinjiang Yilu Wanyuan	06-25-2015	—	—	—	—	—	—	—
132	HG Holdco Pty Ltd	Wanda Cinema Line Co Ltd	06-25-2015	365.70	365.70	—	—	—	—	—
133	Advanced Irrigation Sys—Turf	PGG Wrightson Ltd	06-25-2015	—	—	—	—	—	—	—
134	MMOGA Ltd	Kee Ever Bright Decorative	06-25-2015	338.25	338.25	—	—	—	—	—
135	Beijing Lingzhiye Educ Tech	Beijing Weidong Educ Tech Co	06-24-2015	2.59	2.59	—	—	—	—	—
136	Maple Semiconductor Inc	Yangzhou Yangjie Electn Tech	06-23-2015	—	—	—	—	—	—	—
137	Mascotte Holdings Ltd	Investor Group	06-23-2015	83.80	83.80	12.91	−58.18	16.19	0.00	0.00
138	ATS Wickel und Montagetechnik	ZHEJIANG Juli Tech Co Ltd	06-23-2015	—	—	—	—	—	—	—
139	OpenSky Corp	Alibaba Group Holding Ltd	06-23-2015	—	—	—	—	—	—	—
140	Phoenix Gold Ltd	Zijin Mining Group Co Ltd	06-22-2015	36.51	29.27	10.31	42.07	45.38	−0.03	0.08

续表

序号	目标企业	并购企业	交易日期	交易值/百万美元	净债务目标/百万美元	目标企业净规模/百万美元	目标企业净债务/百万美元	目标企业总债务/百万美元	目标企业每股收益/美元	每股价格/美元
141	Phoenix Holdings Ltd	PI Emerald II (UK) Ltd	06-21-2015	488.77	488.77	3 031.00	1 007.00	25 019.00	0.28	—
142	Yinyi Real Estate Co Ltd	Jikai Xiong	06-19-2015	403.88	403.88	887.96	826.96	4，356	0.11	1.62
143	China Ppty Invest Hldg Ltd	CSR (Hong Kong) Co Ltd	06-19-2015	83.86	83.86	1.71	63.50	79.35	0.00	0.01
144	Yinyi Real Estate Co Ltd	Investor Group	06-19-2015	479.02	479.02	887.96	826.96	4 356.00	0.11	2.40
145	Peerless Media Ltd	Noble Link Global Ltd	06-19-2015	35.00	35.00	—	—	—	—	—
146	Noberfun China Chemical Co Ltd	Kingenta Ecological	06-18-2015	12.00	12.00	—	—	—	—	—
147	NK Wuhan Cable Co Ltd	Yangtze Optical Fibre & Cable	06-18-2015	2.90	2.90	—	—	—	—	—
148	Ferretto Group SpA	Guangdong Dongfang Precision	06-18-2015	—	—	—	—	—	—	—
149	SoftBk Robotics Hldg Corp	Investor Group	06-18-2015	235.92	235.92	—	—	—	—	—
150	Harbour Air Ltd	Zongshen Tianchen General	06-17-2015							
151	Promethean World PLC	Digital Train Ltd	06-16-2015	127.17	119.64	184.10	57.06	103.42	−0.13	0.63
152	Redrover Co Ltd	Suning Universal Media Co Ltd	06-16-2015	30.53	30.53	47.26	64.21	85.12	0.01	5.69
153	Red Lion Hotels Corp	HNA Group Co Ltd	06-16-2015	—	—	144.73	168.54	277.60	0.81	—
154	Redrover Co Ltd	Suning Universal Media Co Ltd	06-16-2015	10.09	10.09	47.26	64.21	85.12	0.01	6.98
155	UYT Ltd	N Press Assembly Ltd	06-15-2015	46.77	46.77	—	—	—	—	—
156	ECO Industrial Environmental	Beijing Capital (Hong Kong) Ltd	06-15-2015	182.87	182.87	—	—	—	—	—
157	Asia Television Ltd	Rongbin Si	06-15-2015	—	—					
158	Coast Holdings Ltd	Marvel Star Group Ltd	06-15-2015	9.03	9.03	—	—	—	—	—
159	XCMG Brasil Investimentos Ltda	XCMG (HK) Intl Corp Dvlp	06-13-2015	61.16	61.16	—	—	—	—	—
160	Harbin Shengtai Biological	Investor Group	06-13-2015	354.38	354.38	—	—	—	—	—
161	Axiom Properties Ltd	Oriental Univ City Hldg (HK)	06-12-2015	2.84	2.84	5.41	17.49	50.07	0.01	0.05
162	LendInvest Ltd	Beijing Kunlun Lexiang	06-12-2015	34.23	34.23	—	—	—	—	—
163	Twin Prosperity Group Ltd	Longcheer Holdings Ltd	06-12-2015	111.63	111.63	—	—	—	—	—
164	Xcerra Corp—Semiconductor	Fastprint Hong Kong Ltd	06-12-2015	23.00	23.00	—	—	—	—	—

续表

序号	目标企业	并购企业	交易日期	交易值/百万美元	净债务目标/百万美元	目标企业净规模/百万美元	目标企业净债务/百万美元	目标企业总债务/百万美元	目标企业每股收益/美元	每股价格/美元
165	Jeju Semiconductor Inc	Wing Champ Investment Ltd	06-12-2015	89.67	89.67	41.63	37.03	62.38	−0.11	4.68
166	Micro Coml Components Corp	Yangzhou Yangjie Electn Tech	06-11-2015	25.00	25.00	—	—	—	—	—
167	Global Bio—chem Tech Grp Co	Jilin Province Commun Invest	06-10-2015	241.76	241.76	825.30	162.23	1 774.00	−0.13	—
168	Far East Horizon—Assets	CITIC Securities Co Ltd	06-10-2015	549.62	549.62	—	—	—	—	—
169	LEVITAS SPA	Canudilo	06-09-2015	45.87	45.87	—	—	—	—	—
170	Kore Technology Ltd	Beijing SDL Technology Co Ltd	06-09-2015	2.04	2.04	—	—	—	—	—
171	Kore Technology Ltd	Beijing SDL Technology Co Ltd	06-09-2015	0.50	0.50	—	—	—	—	—
172	Dirk Bikkembergs	Guangzhou CANUDILO Fashion	06-09-2015	45.87	45.87	—	—	—	—	—
173	Dreamcis Inc	Hongkong Tigermed Co Ltd	06-08-2015	24.17	24.17	—	—	—	—	—
174	Bank Windu Kentjana	China Construction Bank Corp	06-08-2015	—	—	74.79	94.85	777.26	0.00	—
175	Fortescue Metals Group—Iron Op	Baosteel Group Corp	06-08-2015	—	—	—	—	—	—	—
176	Top Plastic (HK) Co Ltd	Qingdao Yingdong Molding Tech	06-08-2015	1.60	1.60	—	—	—	—	—
177	Advion Inc	BBITC Acquisition Corp	06-05-2015	28.00	28.00	—	—	—	—	—
178	Harvest Op Corp—Oil & Gas Asts	Rally Canada Resources Ltd	06-03-2015	22.73	22.73	—	—	—	—	—
179	ATCO Energy Solutions—Pipeline	Rally Canada Resources Ltd	06-03-2015	—	—	—	—	—	—	—
180	Arete M Pte Ltd	8Telecom Intl Hldgs Co Ltd	06-02-2015	1.60	1.60	—	—	—	—	—
181	Hoyts Group	Wanda Cinema Line Co Ltd	06-02-2015	—	—	—	—	—	—	—
182	Ladurner Ambiente SpA	Investor Group	06-02-2015	83.66	83.66	—	—	—	—	—
183	Starthigh International Ltd	Shengyu (BVI) Ltd	06-02-2015	887.38	887.38	—	—	—	—	—
184	Energiebau Solarr—Cert Asts	Solar Power Inc	06-01-2015	—	—	—	—	—	—	—
185	Balco Holdings Pty Ltd	Shanghai Yanhua Hi—Tech Co Ltd	06-01-2015	9.18	9.18	—	—	—	—	—
186	Beijing Josuikei Mgmt	Wenxue Jing	06-01-2015	—	—	—	—	—	—	—
187	popIn Inc	Baidu Japan Inc	05-31-2015	8.06	8.06	—	—	—	—	—
188	Jiangsu Province Fullshare	Nanjing Shanbao Invest Mgmt	05-29-2015	75.35	75.35	—	—	—	—	—

序号	目标企业	并购企业	交易日期	交易值/百万美元	净债务目标/百万美元	目标企业净规模/百万美元	目标企业净债务/百万美元	目标企业总债务/百万美元	目标企业每股收益/美元	每股价格/美元
189	KG Technologies Inc	Hongfa Holdings US Inc	05-29-2015	—	—	—	—	—	—	—
190	Simpson Marine Holdings Ltd	Sundiro Holding Co Ltd	05-29-2015	35.00	35.00	—	—	—	—	—
191	Belt Collins Intl(HK)Co Ltd	Palm Landscape Architecture	05-29-2015	103.19	103.19	—	—	—	—	—
192	New Sky(Thailand)Co Ltd	C&G(Asia)Engineering Co Ltd	05-28-2015	8.06	8.06	—	—	—	—	—
193	NXP Semiconductors—RF Business	JianGuang Asset Management	05-28-2015	1 799.00	1 799.00	—	—	—	—	—
194	Piraeus Consulting LLC	Beyondsoft Consulting Inc	05-27-2015	7.50	7.50	—	—	—	—	—
195	Undisclosed RE Dvlp Co，US	Taikang Life Insurance Co Ltd	05-27-2015	20.00	20.00	—	—	—	—	—
196	Barrick(Niugini)Ltd	Gold Mountains(HK)Intl Mining	05-26-2015	298.00	298.00	—	—	—	—	—
197	New Star Energy Ltd	Sinoenergy Pacific Corp	05-26-2015	173.01	173.01	—	—	—	—	—
198	Comair Ltd	HNA Grp(Intl)(Netherlands)	05-26-2015	13.24	13.24	590.71	100.42	378.31	0.05	0.46
199	Kamoa Holding Ltd	Gold Mountains(HK)Intl Mining	05-26-2015							
200	Kamoa Holding Ltd	Gold Mountains(HK)Intl Mining	05-26-2015	412.00	412.00	—	—	—	—	—
201	Oney Accord Bus Consulting	Investor Group	05-26-2015	12.01	12.01	—	—	—	—	—
202	V Plus SA	Bloomage BioTechnology Corp	05-26-2015	64.79	64.79	—	—	—	—	—
203	Anglorand Securities Ltd	Ningbo Construction Internatio	05-26-2015	5.98	5.98	—	—	—	—	—
204	eLong Inc	Investor Group	05-22-2015	306.64	306.64	169.70	274.41	472.37	-0.94	14.63
205	Beijing Nitta Collagen	Beijing Qiushi Agriculture	05-22-2015	—	—	—	—	—	—	—
206	Ambrx Inc	Investor Group	05-22-2015	—	—	19.63	26.62	70.02	-1.16	—
207	WorldTool Co Ltd	CLSA Capital Partners(HK)Ltd	05-22-2015	—	—	—	—	—	—	—
208	H3C Technologies Co Ltd	Unisplendour Corp Ltd	05-22-2015	3 041.00	3 041.00	—	—	—	—	—
209	Liugong Metso Construction Equ	Guangxi Liugong Mach Co Ltd	05-21-2015	2.88	2.88	—	—	—	—	—
210	Soitec SA—Solar Sys Bus	ConcenSolar	05-21-2015	—	—	—	—	—	—	—
211	Undisclosed Oil & Gas	Changchun Dept Jituan Store Co	05-19-2015	200.00	200.00	—	—	—	—	—

续表

序号	目标企业	并购企业	交易日期	交易值/百万美元	净债务目标/百万美元	目标企业净规模/百万美元	目标企业净债务/百万美元	目标企业总债务/百万美元	目标企业每股收益/美元	每股价格/美元
212	Banco BBM SA	Bank of Communications Co Ltd	05-19-2015	173.11	173.11	—	—	—	—	—
213	China Mobile Games & Ent	Investor Group	05-18-2015	704.30	704.30	—	—	—	—	22.00
214	China Overseas Grand Oceans	China Overseas Ppty Mgmt Co	05-18-2015	8.06	8.06	—	—	—	—	—
215	Svenska Rotor Maskiner AB	Fujian Snowman Co Ltd	05-16-2015	—	—	—	—	—	—	—
216	Svensk Roekgasenergi AB	Fujian Snowman Co Ltd	05-16-2015	—	—	—	—	—	—	—
217	Shanghai Felissimo—Assets	Wenyi Precision Tech	05-15-2015	4.58	4.58	—	—	—	—	—
218	Naftan OAO—Asphalt Prodn Asts	Jiangsu Baoli Asphalt Co Ltd	05-15-2015	—	—	—	—	—	—	—
219	OTO Bodycare Pte Ltd—Bus Asts	OTO Wellness Pte Ltd	05-15-2015	0.62	0.62	—	—	—	—	—
220	Opcon AB—Compressor & Waste	Shanghai XingXueKang Invest	05-15-2015	48.85	48.85	—	—	—	—	—
221	Asamiya Co Ltd	Sunrise Capital	05-15-2015	—	—	—	—	—	—	—
222	China Everbright Hldg Co Ltd	China Everbright Ltd	05-14-2015	—	—	—	—	—	—	—
223	Yongsheng (HK) Intl Co Ltd	Li Cheng	05-14-2015	1.91	1.91	—	—	—	—	—
224	Hangzhou Xiaoshan Yongsheng	Li Cheng	05-14-2015	1.77	1.77	—	—	—	—	—
225	21 Holdings Ltd	Investor Group	05-13-2015	87.80	87.80	26.28	43.35	61.00	0.00	0.05
226	Pocket Gems Inc	Tencent Holdings Ltd	05-13-2015	—	—	—	—	—	—	—
227	Sunset Laboratory Inc	Hebei Sailhero Envi Protection	05-13-2015	6.60	6.60	—	—	—	—	—
228	J&T Finance Group as	CEFC (Shanghai) Intl Grp Co	05-13-2015	89.75	89.75	—	—	—	—	—
229	Weststar Maxus Sdn Bhd	SAIC Motor Corp Ltd	05-13-2015	—	—	—	—	—	—	—
230	Iron Mining International Mngl	Zhongrun Resources Invest Corp	05-12-2015	1 935.00	1 935.00	—	—	—	—	—
231	Shiny Glow Ltd	Zhongrun Resources Invest Corp	05-12-2015	—	—	—	—	—	—	—
232	Rainy Co Inc	Shanghai Duhang Plating Ltd	05-11-2015	2.43	2.43	—	—	—	—	—
233	Integrated Svc (Kunshan)—Asts	Dekai Integrated (Kunshan)	05-11-2015	3.45	3.45	—	—	—	—	—
234	WiSpry Inc	AAC Technologies Holdings Inc	05-11-2015	—	—	—	—	—	—	—
235	Home & Health Care Hldg Ltd	Nanjing Xinjiekou Dept Store	05-11-2015	2.40	2.40	—	—	—	—	—

续表

序号	目标企业	并购企业	交易日期	交易值/百万美元	净债务目标/百万美元	目标企业净规模/百万美元	目标企业净债务/百万美元	目标企业总债务/百万美元	目标企业每股收益/美元	每股价格/美元
236	Zulily Inc	Alibaba Group Holding Ltd	05-09-2015	—	—	1 268.00	247.92	448.03	0.12	—
237	Bumps to Babes Ltd	Bababaobei Commerce Ltd	05-08-2015	7.73	7.73	—	—	—	—	—
238	Reorient Group Ltd	Investor Group	05-08-2015	501.10	501.10	17.20	131.67	175.51	0.22	0.26
239	Nanjing Mahui Ppty Dvlp Co Ltd	Hong Guo Industry Group Co Ltd	05-08-2015	46.07	46.07	—	—	—	—	—
240	Ingenico Holdings Asia Ltd	Fosun International Ltd	05-07-2015	—	—	—	—	—	—	—
241	Static Control Components Inc	Apex Technology Co Ltd	05-07-2015	63.00	63.00	—	—	—	—	—
242	C&M Technology (Shanghai) Ltd	Shanghai Liaoyuan Bus Mgmt Co	05-07-2015	38.67	38.67	—	—	—	—	—
243	Panoy Pty—Wollogorang Ranch	Pardoo Beef Co Pty Ltd	05-06-2015	37.45	37.45	—	—	—	—	—
244	Zlotkowski—Wentworth Ranch	Pardoo Beef Co Pty Ltd	05-06-2015	—	—	—	—	—	—	—
245	Lyomark Pharma GmbH	Hainan Shuangcheng Pharm Co	05-06-2015	32.26	32.26	—	—	—	—	—
246	BENDALIS GmbH	Hainan Shuangcheng Pharm Co	05-06-2015	—	—	—	—	—	—	—
247	ISI Co Ltd	Jiangsu Fengdong Thermal Tech	05-06-2015	2.78	2.78	—	—	—	—	—
248	Danbury Aerospace—Operating	Continental Motors Group	05-05-2015	—	—	—	—	—	—	—
249	CuDeco Ltd	Focus Sun Holdings Ltd	05-04-2015	39.17	39.17	0.60	371.40	385.66	−0.02	0.98
250	Unicreed Holdings Ltd	Green Oceans Invest Hldg Ltd	05-04-2015	8.09	8.09	—	—	—	—	—
251	Cotopaxi Ltd	Bus—intelligence of Oriental	05-04-2015	27.36	27.36	—	—	—	—	—
252	Ironshore Inc	Fosun International Ltd	05-03-2015	1 839.00	1 839.00	—	—	—	—	—
253	Infinity Investment Holding	Huajin Infinity Invest Hldg	05-01-2015	—	—	—	—	—	—	—
254	OHE Mining Technology GmbH	JHD Maschinenbau GmbH	05-01-2015	—	—	—	—	—	—	—
255	Vertex Telecom Inc	GW—Mobile Inc	04-30-2015	9.00	9.00	—	—	—	—	—
256	Shenzhen Mike OptoElectn Tech	Sunan Chen	04-29-2015	—	—	—	—	—	—	—
257	Shenzhen Mike OptoElectn Tech	Tianshui Huatian Tech Co Ltd	04-29-2015	8.07	8.07	—	—	—	—	—
258	Glu Mobile Inc	Tencent Holdings Ltd	04-29-2015	126.00	126.00	248.04	175.99	249.72	0.08	6.00
259	Shanghai Ind Dvlp Co Ltd	Investor Group	04-29-2015	930.17	930.17	592.30	903.91	2 960.00	0.05	1.89

序号	目标企业	并购企业	交易日期	交易值/百万美元	净债务目标/百万美元	目标企业净规模/百万美元	目标企业净债务/百万美元	目标企业总债务/百万美元	目标企业每股收益/美元	每股价格/美元
260	Changchun Tower Golden Ring	Fawer Automotive Parts Ltd Co	04-29-2015	—	—	—	—	—	—	—
261	Gestifute Gestao de Carreiras	Undisclosed Chinese Group	04-28-2015	—	—	—	—	—	—	—
262	Quam Ltd	CMBC Intl Hldg Ltd	04-28-2015	969.60	969.60	54.66	55.07	455.27	0.00	0.07
263	Resverlogix Corp	Shenzhen Hepalink Pharm Co Ltd	04-27-2015	29.08	29.08	—	−55.04	21.27	0.02	2.19
264	Shenzhen Huajun Finl Leasing	Harbin He Zhong Hui Li Econ	04-27-2015	14.96	14.96	—	—	—	—	—
265	HPG Hosp Privado De Guimaraes	Luz Saude SA	04-27-2015	—	—	—	—	—	—	—
266	Saude de Guimaraes—Clihotel Ga	Luz Saude SA	04-27-2015	—	—	—	—	—	—	—
267	MJ&CM Pinny Ltd—Farm Assets	Dakang New Zealand Farm Grp	04-27-2015	33.74	33.74	—	—	—	—	—
268	Micromax Informatics Ltd	Ant Financial Services Group	04-27-2015	—	—	—	—	—	—	—
269	Jolly Success Holdings Ltd	Wing Tat Development Ltd	04-26-2015	10.33	10.33	—	—	—	—	—
270	Lead Wealthy Investments	Wing Tat Development Ltd	04-26-2015	91.80	91.80	—	—	—	—	—
271	Tsann Kuen Advance	Hong Kong Aosheng Invest Co	04-25-2015	0.97	0.97	—	—	—	—	—
272	Hotel Barcelo Santiago	Chongqing Kangde	04-23-2015	54.11	54.11	—	—	—	—	—
273	Kee Ever Bright Decorative	Zhuhai Hengqin New District	04-23-2015	139.75	139.75	81.97	120.49	140.29	−0.15	3.31
274	Fidelix Co Ltd	Tongxin Semiconductor Co Ltd	04-22-2015	3.91	3.91	67.96	31.80	53.93	0.00	1.70
275	Machining Centers Manufacturin	RIFA PM	04-22-2015	40.37	40.37	—	—	—	—	—
276	Fidelix Co Ltd	Tongxin Semiconductor Co Ltd	04-22-2015	7.83	7.83	67.96	31.80	53.93	0.00	2.70
277	China Universal Ltd	Colorful Focus Ltd	04-21-2015	3.10	3.10	—	—	—	—	—
278	General Moly Inc	AMER International Group Co	04-21-2015	20.00	20.00	—	298.79	359.68	−0.13	0.50
279	General Moly Inc	AMER International Group Co	04-21-2015	40.00	40.00	—	298.79	359.68	−0.13	0.50
280	Regen Co Ltd	Investor Group	04-21-2015	13.86	13.86	13.13	22.20	32.12	−0.22	3.93
281	Boxhill Technologies PLC	YuuZoo Corp	04-20-2015	—	—	2.38	0.83	4.96	0.00	—
282	Jet Kingdom International Ltd	Grandeur Industries Ltd	04-20-2015	—	—	—	—	—	—	—
283	Kamboat China Ltd	Ever Concept International Ltd	04-20-2015	0.07	0.07	—	—	—	—	—

续表

序号	目标企业	并购企业	交易日期	交易值/百万美元	净债务目标/百万美元	目标企业净规模/百万美元	目标企业净债务/百万美元	目标企业总债务/百万美元	目标企业每股收益/美元	每股价格/美元
284	Tonkolili Iron Ore (SL) Ltd	Shandong Iron & Steel Group Co	04-20-2015	—	—	—	—	—	—	—
285	Xinjiang Jianiang Invest Co	Wuhan Derui Wanfeng Invest	04-18-2015	—	—	—	—	—	—	—
286	Fondo Omicron—Broggi Palace	Fidelidade—Cia de Seguros SA	04-17-2015	372.89	372.89	—	—	—	—	—
287	Xiamen Culiangwang Beverage	Coca Cola Beverages (Shanghai)	04-17-2015	400.50	400.50	—	—	—	—	—
288	ZBB Energy Corp	Solar Power Inc	04-17-2015	5.34	5.34	2.70	19.03	24.69	−0.45	0.67
289	ZBB Energy Corp	Solar Power Inc	04-17-2015	36.75	36.75	2.70	19.03	24.69	−0.45	0.74
290	ISE Commerce Co Ltd	Zhejiang Semir Garment Co Ltd	04-17-2015	18.48	18.48	58.92	20.73	41.28	0.04	—
291	Healthstats Intl Pte Ltd	Winsan (Shanghai) Ind Corp Ltd	04-16-2015	3.71	3.71	—	—	—	—	—
292	Delcom (HK) Co Ltd	263 Mobile Commun	04-16-2015	16.12	16.12	—	—	—	—	—
293	Segway Inc	Ninebot Ltd	04-15-2015	—	—	—	—	—	—	—
294	Shenzhen Xing Fei Tech Co Ltd	Shenzhen City Teng Xing Wang	04-13-2015	37.65	37.65	—	—	—	—	—
295	Zhuhai Nice Yacht Co Ltd	Zhuhai Sunbird Yachts	04-10-2015	—	—	—	—	—	—	—
296	Nanjing Baoqing Shangpin	Beijing Kingee Culture Dvlp	04-08-2015	64.21	64.21	—	—	—	—	—
297	Healthstats Tech (Suzhou Ind	Investor Group	04-04-2015	13.35	13.35	—	—	—	—	—
298	Might Seasons Ltd	Investor Group	04-04-2015	157.54	157.54	—	—	—	—	—
299	Meru Cab Co Pvt Ltd	Alibaba.com Ltd	04-03-2015	—	—	—	—	—	—	—
300	Go2Play Ltd	Digital Tamrac (Hong Kong)	04-03-2015	3.00	3.00	—	—	—	—	—
301	Magic Field International Ltd	Jumbo Talent Group Ltd	04-02-2015	—	—	—	—	—	—	—
302	FC Packaging (NE) Ltd	COFCO (BVI) No 33 Ltd	04-02-2015	12.88	12.88	—	—	—	—	—
303	China Modern Holdings Ltd	COFCO (BVI) No 33 Ltd	04-02-2015	3.27	3.27	—	—	—	—	—
304	Aerojet Solar Project, CA	Solar Power Inc	04-02-2015	—	—	—	—	—	—	—
305	Giochi Preziosi SpA	Michael Lee	04-01-2015	65.53	65.53	—	—	—	—	—
306	SNK Playmore Corp	Ledo Millennium Co Ltd	04-01-2015	63.50	63.50	—	—	—	—	—
307	IMD Natural Solutions GmbH	Zhejiang Hisun Pharm Co Ltd	03-31-2015	4.30	4.30	—	—	—	—	—
308	MHWirth GmbH—Roadheader Bus	CSR Henan Heavy Equip Co Ltd	03-31-2015	—	—	—	—	—	—	—

续表

序号	目标企业	并购企业	交易日期	交易值/百万美元	净债务目标/百万美元	目标企业净规模/百万美元	目标企业净债务/百万美元	目标企业总债务/百万美元	目标企业每股收益/美元	每股价格/美元
309	Universtar Science&Tech	Zhejiang Shangfeng Ind Hldg Co	03-31-2015	732.89	732.89	—	—	—	—	—
310	Philips—LED Components Bus	Investor Group	03-31-2015	2 900.00	2 900.00	1 917.00	—	—	—	—
311	Solar Juice Pty Ltd	SPI China (HK) Ltd	03-31-2015	19.51	19.51	—	—	—	—	—
312	AJM Tech (Shanghai) Co Ltd	Investor Group	03-31-2015	0.16	0.16	3.28	13.14	14.06	—	—
313	Harvest Kingdom Ltd	Million Creation Tech Ltd	03-30-2015	16.12	16.12	—	—	—	—	—
314	CPTF Optronics Co Ltd	Investor Group	03-30-2015	—	—	—	—	—	—	—
315	PanAust Ltd	Guangdong Rising HK (Hldg)	03-30-2015	734.79	835.17	617.55	775.25	1 187.00	-0.27	1.46
316	Blossom Time Group Ltd	Gold Apple Holdings Ltd	03-29-2015	32.00	32.00	—	—	—	—	—
317	Success Crest Investment Ltd	Hung Jia Holdings Ltd	03-27-2015	14.48	14.48	—	—	—	—	—
318	Chiho—Tiande Group Ltd	USUM Invest Grp Hong Kong Ltd	03-27-2015	294.03	294.03	758.08	82.97	468.52	-0.13	1.16
319	Fortis Surgical Hospital	Concord Med Svcs (Intl) Pte	03-27-2015	40.18	40.18	—	—	—	—	—
320	Alter NRG Corp	1030629 BC Ltd	03-27-2015	116.89	111.61	20.87	30.26	50.11	-0.26	4.01
321	China Public Procurement Ltd	Shenzhen Qianhai Zhongjin	03-27-2015	22.06	22.06	157.74	187.02	224.74	-0.01	0.02
322	Chiho—Tiande Group Ltd	USUM Invest Grp Hong Kong Ltd	03-27-2015	236.97	236.97	758.08	82.97	468.52	-0.13	1.16
323	Spring Asset Management Ltd	Huamao Property Holdings Ltd	03-26-2015	—	—	—	—	—	—	—
324	Artissimo Coffee & Tea Inc	Investor Group	03-25-2015	—	—	—	—	—	—	—
325	China Overseas Land & Invest	China Overseas Holdings Ltd	03-24-2015	5 518.00	5 518.00	15 475.00	17 643.00	44 893.00	0.44	3.27
326	Xinxing Cathay Intl Financing	Xinxing Ductile Iron Pipes Co	03-23-2015	8.21	8.21	—	—	—	—	—
327	Ivanhoe Mines Ltd	Zijin Mining Group Co Ltd	03-23-2015	83.34	83.34	—	202.37	253.03	-0.33	—
328	Vtion Anzhuo Technology Ltd	Investor Group	03-23-2015	0.97	0.97	—	—	—	—	—
329	Pirelli & C SpA	Marco Polo Industrial Hldg SpA	03-22-2015	59 437.00	7 064.00	7 282.00	3 160.00	8 984.00	0.75	16.31
330	Pirelli & C SpA	Marco Polo Industrial Hldg SpA	03-22-2015	1 817.00	1 817.00	7 282.00	3 160.00	8 984.00	0.75	16.31
331	China Traditional Chinese Medi	Sinopharm Group Hong Kong Co	03-22-2015	360.92	360.92	436.07	528.89	851.31	0.03	—
332	Guangxi Zifu Investment Co Ltd	Investor Group	03-20-2015	18.13	18.13	—	—	—	—	—
333	Orange Triangle Inc	HC International Inc	03-17-2015	240.04	240.04	—	—	—	—	—

序号	目标企业	并购企业	交易日期	交易值/百万美元	净债务目标/百万美元	目标企业净规模/百万美元	目标企业净债务/百万美元	目标企业总债务/百万美元	目标企业每股收益/美元	每股价格/美元
334	Mobpartner SAS	Cheetah Mobile Inc	03-16-2015	58.00	58.00	—	—	—	—	—
335	Kunkel Wagner India Pvt Ltd	Kuenkel Wagner Germany GmbH	03-15-2015	—	—	—	—	—	—	—
336	Magic Amah Hsehld（Taiwan）Co	Nice Zhejiang Investment Ltd	03-13-2015	70.00	70.00	—	—	—	—	—
337	SnapShot GmbH	Focus Info Tech Co Ltd	03-13-2015	7.44	7.44	—	—	—	—	—
338	Gate Ventures PLC	Jun（Michael）Zhu	03-13-2015	0.04	0.04	—	—	—	—	0.02
339	Centrealestate Inc	Chengdu Tianbao Heavy Ind Co	03-13-2015	8.50	8.50	—	—	—	—	—
340	Centrisys Corp	Chengdu Tianbao Heavy Ind Co	03-13-2015	62.40	62.40	—	—	—	—	—
341	Meta System SpA	Shenzhen Deren Electronic Co	03-12-2015	60.67	60.67	—	—	—	—	—
342	Integrated Silicon Solution	Integrated Silicon Solution	03-12-2015	813.42	682.26	330.00	319.30	394.50	0.41	23.00
343	Regent Ever Ltd	Guangzhou Zhenglin Invest Co	03-11-2015	—	—	—	—	—	—	—
344	Relais de Margaux SA	Huayu Resort & Spa	03-11-2015	5.59	5.59	—	—	—	—	—
345	Suzhou Industrial Pk	Investor Group	03-10-2015	4.80	4.80	—	—	—	—	—
346	Laox Co Ltd	GRANDA MAGIC Ltd	03-09-2015	89.15	89.15	491.29	312.92	405.33	0.05	—
347	South East Group Ltd	China Minsheng Jiaye Invest	03-09-2015	167.54	167.54	0.11	−0.74	9.20	0.00	0.03
348	Tebah Global Inc	Shanghai Shuoyi Invest Ctr LLP	03-07-2015	1.62	1.62	—	—	—	—	—
349	Thomas Cook Group PLC	Fidelidade—Cia de Seguros SA	03-06-2015	138.11	138.11	13 924.00	462.10	9 078.00	−0.13	1.89
350	Geely Auto Hldg—Assets	Zhejiang Wanliyang	03-04-2015	47.85	47.85	—	—	—	—	—
351	Hong Kong Tianranju Hldg Ltd	CITIC Shenzhen（Group）Co	03-03-2015	112.21	112.21	—	—	—	—	—
352	Qingdao Bolai Property Co Ltd	CITIC Shenzhen（Group）Co	03-03-2015	270.00	270.00	—	—	—	—	—
353	Ensogo Ltd	Vipshop Holdings Ltd	03-02-2015	5.00	5.00	52.95	32.90	59.27	−0.14	—
354	Guangxi Crystal Union	Guangzhou Hengxin Fund Mgmt	02-28-2015	1.60	1.60	—	—	—	—	—
355	Mitsui Huayang Automotive	Guizhou Guihang Automotive	02-27-2015	—	—	—	—	—	—	—
356	Qilintang Meijian Intl Trade	Wang Zhixiong	02-27-2015	—	—	—	—	—	—	—
357	Nobel Hygiene Pvt Ltd	ARIA Investment Partners IV LP	02-26-2015	10.00	10.00	—	—	—	—	—
358	Dongburobot Co Ltd	Investor Group	02-24-2015	10.05	10.05	28.81	4.37	28.57	−1.52	3.06

续表

序号	目标企业	并购企业	交易日期	交易值/百万美元	净债务目标/百万美元	目标企业净规模/百万美元	目标企业净债务/百万美元	目标企业总债务/百万美元	目标企业每股收益/美元	每股价格/美元
359	Elgama—Elektronika UAB	Jiangsu Linyang Electn Co Ltd	02-19-2015	—	—	—	—	—	—	—
360	Miniclip Group SA	Tencent Holdings Ltd	02-18-2015	—	—	—	—	—	—	—
361	Northern Minerals Ltd	Jien Mining Pty Ltd	02-18-2015	21.09	21.09	6.08	3.71	7.49	—0.07	0.16
362	IDT International Ltd	Jiangsu Hongtu High Tech Co	02-18-2015	32.18	32.18	174.36	61.86	105.71	0.00	0.03
363	IDT International Ltd	Investor Group	02-18-2015	4.66	4.66	174.36	61.86	105.71	0.00	0.03
364	Tong Yang Life Ins Co Ltd	Anbang Insurance Group Co Ltd	02-17-2015	1 022.00	1 022.00	3 716.00	1 316.00	18 682.00	1.46	15.08
365	Kyen Resources Pte Ltd	Feima Intl Hong Kong Co Ltd	02-17-2015	27.95	27.95	—	—	—	—	—
366	Otax Metal Parts Co Ltd	Victory Tech（Hong Kong）Co	02-16-2015	8.38	8.38	—	—	—	—	—
367	Shanghai Sanwa Shoji Co Ltd	Sen Wu	02-16-2015	0.33	0.33	—	—	—	—	—
368	LakeCoal Pty Ltd—Chain Valley	Lake Macquarie Coal Pty Ltd	02-16-2015	—	—	—	—	—	—	—
369	Reaal NV	Anbang Insurance Group Co Ltd	02-16-2015	170.24	170.24	—	—	—	—	—
370	Indeed Holdings Ltd	Phoenix Bridge Intl Hldg Grp	02-16-2015	14.17	14.17	—	—	—	—	—
371	Shenzhen Heungkong Bus Mgmt	Shenzhen Heungkong Hldg Co Ltd	02-14-2015	291.52	291.52	—	—	—	—	—
372	Shenzhen Dabenying Invest	Shenzhen Heungkong Hldg Co Ltd	02-14-2015	—	—	—	—	—	—	—
373	Saike International Medical	Major Bright Holdings Ltd	02-14-2015	3.21	3.21	—	—	—	—	—
374	Shanghai Zendai Property Ltd	Smart Success Capital Ltd	02-13-2015	191.96	191.96	203.72	809.53	2 741.00	0.00	0.03
375	Shanghai Zendai Property Ltd	Smart Success Capital Ltd	02-13-2015	0.12	0.12	203.72	809.53	2 741.00	0.00	0.03
376	Rock Mart Equities Ltd	Zheng Kai Su	02-12-2015	—	—	—	—	—	—	—
377	Guangzhou Zhuosheng Furniture	Guangzhou Panyu Jinjiang RE	02-11-2015	16.52	16.52	—	—	—	—	—
378	Librairie Le Phenix SAS	Shanghai Xinhua Media Co Ltd	02-11-2015	—	—	—	—	—	—	—
379	Liton Technology Corp	Guangdong Hec Technology	02-10-2015	14.45	14.45	59.33	52.88	103.46	0.01	0.51
380	Dongguan Eontec Co Ltd	Investor Group	02-10-2015	144.22	144.22	82.94	100.90	137.74	0.04	2.36
381	Infront Sports & Media AG	Investor Group	02-10-2015	1 188.00	1 188.00	968.03	—	—	—	—
382	Baccarat Hotel & Residences，Ne	Sunshine Ins Grp Corp Ltd	02-09-2015	—	—	—	—	—	—	—

序号	目标企业	并购企业	交易日期	交易值/百万美元	净债务目标/百万美元	目标企业净规模/百万美元	目标企业净债务/百万美元	目标企业总债务/百万美元	目标企业每股收益/美元	每股价格/美元
383	Honour Essence Trading Ltd	Beijing Tong Ren Tang Chinese	02-05-2015	9.31	9.31	—	—	—	—	—
384	Soil Machine Dynamics Ltd	Zhuzhou CSR Times Electric Co	02-05-2015	176.66	176.66	—	—	—	—	—
385	One97 Communications Pvt Ltd	Ant Financial Services Group	02-05-2015	—	—	—	—	—	—	—
386	Village Main Reef Ltd	Heaven—Sent Capital Mgmt Grp	02-04-2015	52.34	28.68	139.17	117.42	190.72	0.49	1.07
387	WEGU Holding GmbH	Zhongding Europe GmbH	02-03-2015	109.01	109.01	—	—	—	—	—
388	Fujian Leephick Pharm Co Ltd	Suzhou Tianma Specialty Chem	02-03-2015	9.78	9.78	—	—	—	—	—
389	Bestway Intl Hldgs Ltd	Fortune Sea Intl Invest Co Ltd	02-03-2015	63.55	63.55	0.29	76.96	98.53	0.00	—
390	Sun Hung Kai Financial Grp Co	Everbright Sec Finl Hldg Co	02-02-2015	528.26	528.26	—	—	—	—	—
391	HT Hauser Trucks GmbH	TIP Trailer Svcs Germany GmbH	02-01-2015	—	—	—	—	—	—	—
392	Storage Power Solutions Inc	Investor Group	01-31-2015	—	—	—	—	—	—	—
393	United Turbine Corp	Continental Motor Services Inc	01-31-2015	—	—	—	—	—	—	—
394	KVB Kunlun Financial Group Ltd	CITIC Securities Co Ltd	01-30-2015	100.58	100.58	24.33	50.65	80.68	0.00	0.08
395	Avensys Inc	O—Net Communications (Group) Ltd	01-30-2015	1.80	1.80	—	—	—	—	—
396	KVB Kunlun Financial Group Ltd	CITIC Securities Co Ltd	01-30-2015	0.26	0.26	24.33	50.65	80.68	0.00	0.08
397	Moxian Intellectual Ppty Ltd	Moxian China Inc	01-30-2015	6.78	6.78	—	—	—	—	—
398	Qingdao Railway FRP Co Ltd	Beijing Jinshi Invest Grp Co	01-29-2015	21.13	21.13	34.72	25.60	41.54	—	—
399	Shelcore Hong Kong Ltd	Shenzhen Shouxi Ppty Invest	01-29-2015	43.55	43.55	—	—	—	—	—
400	Shanghai Damei Info Tech Co	Hand Enterprise Solutions Co	01-28-2015	11.85	11.85	—	—	—	—	—
401	Guizhou Zhongtai Biological	China Biotechnology Group Corp	01-28-2015	57.66	57.66	—	—	—	—	—
402	Shenzhen Dongfeng Auto Co	Dongfeng Special Coml	01-28-2015	20.04	20.04	—	—	—	—	—
403	PC Specialties—China LLC	Kingsignal Technology Co Ltd	01-28-2015	17.70	17.70	—	—	—	—	—
404	Macrograph	Royal Group Co Ltd	01-27-2015	6.41	6.41	—	—	—	—	—
405	Dentons US LLP	Beijing Dacheng Law Offices	01-27-2015	—	—	—	—	—	—	—

序号	目标企业	并购企业	交易日期	交易值/百万美元	净债务目标/百万美元	目标企业净规模/百万美元	目标企业净债务/百万美元	目标企业总债务/百万美元	目标企业每股收益/美元	每股价格/美元
406	Allynita Intl Hldg Co Ltd	Broad Greenstate International	01-26-2015	18.86	18.86	—	—	—	—	—
407	Gold Fields House，Sydney，NSW	Dalian Wanda Group Corp Ltd	01-26-2015	328.60	328.60	—	—	—	—	—
408	Zhejiang Nita Landscape Dvlp	Shanghai Greenstate Landscape	01-26-2015	2.05	2.05	—	—	—	—	—
409	Zhaoqing Heping Refrigeration	Fujian Snowman Co Ltd	01-24-2015	3.45	3.45	—	—	—	—	—
410	China CITIC Bank Corp Ltd	Summit Idea Ltd	01-23-2015	1 694.00	16943.00	38 262.00	43 088.00	66 555.00	0.14	0.74
411	Carat Duchatelet SA	Dongfeng Design Inst Co Ltd	01-23-2015	80.00	80.00	—	—	—	—	—
412	Deutsche Asset & Wealth	Ping An Insurance (Grp) Co	01-23-2015	490.08	490.08	—	—	—	—	—
413	St Ermins Operating (UK) Ltd	Investor Group	01-22-2015	—	—	—	—	—	—	—
414	Fleming & Co Ltd—Farm assets	Dakang New Zealand Farm Grp	01-22-2015	16.34	16.34	—	—	—	—	—
415	Jiangsu Sanming New Energy Co	Yili Clean Energy Tech Co Ltd	01-22-2015	9.18	9.18	—	—	—	—	—
416	Club Atletico de Madrid SAD	Dalian Wanda Group Corp Ltd	01-21-2015	52.27	52.27	—	—	—	—	—
417	Chateau De La Bastide SARL	Xinjiang Bai Hua Cun Co Ltd	01-21-2015	—	—	—	—	—	—	—
418	Nanjing Gaote Gear Box Mnfg	Nanjing Jinguo Invest	01-21-2015	48.30	48.30	—	—	—	—	—
419	Beijing Sin Hua Yan Re Dvlp Co	Beijing Haina Junan Invest Co	01-21-2015	57.54	57.54	—	—	—	—	—
420	Topsearch Printed Circuits	China Step RE Invest Co Ltd	01-21-2015	27.34	27.34	—	—	—	—	—
421	Zhong—Chuan Heavy Duty Equip	Nanjing Jinguo Invest	01-21-2015	32.20	32.20	—	—	—	—	—
422	Fineline Global Pte Ltd	Fastprint Hong Kong Ltd	01-20-2015	20.24	20.24	—	—	—	—	—
423	Sunplus Tech Co Ltd—STB Asts	Availink Inc	01-20-2015	10.43	10.43	—	—	—	—	—
424	China Digital Interactive	Huawei HK Culture Dvlp Ltd	01-20-2015	3.77	3.77	—	—	—	—	—
425	Tsentralny Metallokombinat OOO	Suzhou Yangtze New Materials	01-19-2015	45.83	45.83	—	—	—	—	—
426	CAE Oxford Aviation Academy	Shanghai Eastern Flight	01-19-2015	—	—	—	—	—	—	—
427	Kaidan Water Intl Grp (Hong	China Gezhouba Grp Invest Hldg	01-17-2015	76.13	76.13	—	—	—	—	—
428	GINSMS Inc	Xinhua Mobile Ltd	01-15-2015	1.00	1.00	1.00	-4.31	4.26	-0.06	—
429	Helix Network Technologies Inc	Sunwave Communications	01-15-2015	0.64	0.64	—	—	—	—	—

续表

序号	目标企业	并购企业	交易日期	交易值/百万美元	净债务目标/百万美元	目标企业净规模/百万美元	目标企业净债务/百万美元	目标企业总债务/百万美元	目标企业每股收益/美元	每股价格/美元
430	Filmcutter SpA—Solar Cell	Filmcutter Advanced Material	01-15-2015	5.12	5.12	—	—	—	—	—
431	Zunyi Sancha Lafarge Shui On	Sichuan Shuangma Cement Co Ltd	01-14-2015	87.12	87.12	—	—	—	—	—
432	Chi Tai Health Tech Co Ltd	Comfort Enterprise（Hong Kong）	01-13-2015	9.43	9.43	—	—	—	—	—
433	Undisclosed Chem Mnfrr，Hong	Anton Oilfield Services Group	01-12-2015	—	—	—	—	—	—	—
434	CASH Financial Services Group	Oceanwide Hldg Intl Fin Ltd	01-12-2015	79.12	79.12	34.08	76.91	269.12	0.00	0.05
435	SINO Protection Hldg Co Ltd	Hong Kong Shangrong Grp Co Ltd	01-09-2015	15.81	15.81	—	—	—	—	—
436	NextCODE Health LLC	WuXi PharmaTech（Cayman）Inc	01-09-2015	65.00	65.00	—	—	—	—	—
437	Amerigen Pharmaceuticals Ltd	Shanghai Fosun Pharm（Grp）Co	01-09-2015	35.00	35.00	—	—	—	—	—
438	Beltco Systems GmbH	YongLi Germany GmbH	01-09-2015	0.59	0.59	—	—	—	—	—
439	MaterMacc SpA	Lovol Europe Engineering Srl	01-08-2015	—	—	—	—	—	—	—
440	Worx America Inc	Resort Savers Inc	01-08-2015	2.00	2.00	—	—	—	—	—
441	Undisclosed Aluminium Firm	Yunnan Aluminium Co Ltd	01-08-2015	28.05	28.05	—	—	—	—	—
442	Galaz & Co LLP	Investor Group	01-07-2015	100.00	100.00	—	—	—	—	—
443	Moment Track Ltd	Investor Group	01-07-2015	2.66	2.66	—	—	—	—	—
444	Ports Design Ltd	Bluestone Global Holdings Ltd	01-07-2015	65.65	65.65	304.65	337.86	465.55	0.02	0.39
445	Skying Co Ltd	Japan Hyron Co Ltd	01-06-2015	—	—	—	—	—	—	—
446	Ocean Resort Hotel	Sanran Investment Co Ltd	01-06-2015	—	—	—	—	—	—	—
447	KoZhaN	Geo—Jade Petroleum Corp	01-06-2015	350.00	350.00	—	—	—	—	—
448	Palm Inc	TCL Commun Tech Holdings Ltd	01-06-2015	—	—	—	—	—	—	—
449	Wellman Plastics Recycling LLC	Shanghai Pret Composites Co	01-06-2015	70.45	70.45	—	—	—	—	—
450	Keycharm Investments Ltd	Ping An RE（Hongkong）Co Ltd	01-06-2015	18.90	18.90	—	—	—	—	—
451	Madhav Solar（Karnataka）Pvt	AVIC Intl Renewable Energy	01-06-2015	—	—	—	—	—	—	—
452	TRAVELfusion Ltd	Ctrip.com International Ltd	01-05-2015	—	—	—	—	—	—	—
453	Prime Asset Investment Ltd	Zhan Yi Investments Ltd	01-05-2015	83.73	83.73	—	—	—	—	—

续表

序号	目标企业	并购企业	交易日期	交易值/百万美元	净债务目标/百万美元	目标企业净规模/百万美元	目标企业净债务/百万美元	目标企业总债务/百万美元	目标企业每股收益/美元	每股价格/美元
454	Town Health Intl Medical Group	China Life Insurance (Group) Co	01-05-2015	225.57	225.57	63.79	317.28	364.26	0.00	0.13
455	Milton Gate，London	Taikang Life Insurance Co Ltd	01-02-2015	303.44	303.44	—	—	—	—	—
456	Ardagh Australia Pty Ltd	Shanghai Yuanlong Invest Co	01-01-2015	—	—	—	—	—	—	—
457	China Minzhong Food Corp Ltd	China Minzhong Holdings Ltd	12-31-2014	314.25	314.25	382.84	846.50	1172.00	0.10	0.91
458	Sirton Pharmaceuticals SpA	3SBio Inc	12-31-2014	—	—	—	—	—	—	—
459	Airspan Networks Inc	GSR Ventures Management Co Ltd	12-31-2014	—	—	—	—	—	—	—
460	Applied Motion Products Inc	Shanghai Moons' Elec Co Ltd	12-31-2014	16.00	16.00	—	—	—	—	—
461	Dalian Huanpu Dvlp Co Ltd	Xinjianyuan Ind Dvlp Co Ltd	12-31-2014	6.48	6.48	—	—	—	—	—
462	WittyLiving (HK) Ltd	Shanghai International Holding	12-31-2014	—	—	—	—	—	—	—
463	Dostyk Gas Terminal LLP	Anhui Huaxin Intl Hldg Co Ltd	12-31-2014	36.00	36.00	—	—	—	—	—
464	Norgine BV—Assets	China Medical System Hldg Ltd	12-31-2014	—	—	—	—	—	—	—
465	TDPRO	Osell DinoDirect China Ltd	12-30-2014	—	—	—	—	—	—	—
466	Meadowbrook Ins Grp Inc	Fosun International Ltd	12-30-2014	433.31	433.31	761.22	448.10	2 710.00	0.18	8.65
467	EDP Asia Investimento e	ACE Asia Ltd	12-30-2014	114.29	114.29	—	—	—	—	—
468	Range Resources Drilling Svcs	Landocean Petroleum Corp Ltd	12-30-2014	7.20	7.20	—	—	—	—	—
469	Guangzhou Jinzhou Shipping Tec	Guangzhou ShipBldg & Marine	12-30-2014	5.45	5.45	—	—	—	—	—
470	Star Fountain Global Ltd	Shangshi Pharm R & D Co Ltd	12-30-2014	36.89	36.89	—	—	—	—	—
471	EDP Renovaveis Brasil SA—84MW	CWEI (Brasil) Participacoes	12-29-2014	110.59	110.59	—	—	—	—	—
472	Liandi (Nanjing) Info Sys Co	Nanjing Defurui Mgmt	12-29-2014	9.08	9.08	—	—	—	—	—
473	Fubon Bank (China)—Credit Asts	Zhuhai Hengqin Defeng Intl	12-29-2014	13.11	13.11	—	—	—	—	—
474	Daqing Nafei Le Consulting Co	Zhou Xing Zhong	12-29-2014	0.02	0.02	—	—	—	—	—
475	Societe D' Exploitation Agricol	New Century Tourism Group	12-27-2014	—	—	—	—	—	—	—
476	Excel Partner Holdings Ltd	3SBio Inc	12-26-2014	25.25	25.25	—	—	—	—	—

续表

序号	目标企业	并购企业	交易日期	交易值/百万美元	净债务目标/百万美元	目标企业净规模/百万美元	目标企业净债务/百万美元	目标企业总债务/百万美元	目标企业每股收益/美元	每股价格/美元
477	451 Media Group LLC	Alpha Animation&Culture	12-26-2014	10.00	10.00	—	—	—	—	—
478	Wuhan Jui Li Auto Ind Co Ltd	Dapeng Automobile Parts Co Ltd	12-26-2014	4.19	4.19	—	—	—	—	—
479	Guangxi Wuzhou Softto Health	Guilin Jinhui Invest Co Ltd	12-25-2014	22.00	22.00	—	—	—	—	—
480	Hochiki Fire Prevention Tech	Investor Group	12-25-2014	—	—	—	—	—	—	—
481	B E Info Tech Grp Ltd	Beijing Entrps Grp Info Ltd	12-24-2014	16.23	16.23	—	—	—	—	—
482	Franklyn Blinds Awnings Sec	Kresta Holdings Ltd	12-24-2014	8.11	8.11	—	—	—	—	—
483	Mianyang Guohong Commun	Mianyang Xinzhili Invest Co	12-23-2014	12.34	12.34	—	—	—	—	—
484	Elgama—Elektronika UAB	Jiangsu Linyang Electn Co Ltd	12-23-2014	—	—	—	—	—	—	—
485	Kechuan Computer Tech Hldg Co	Focus Info Tech Co Ltd	12-23-2014	13.18	13.18	—	—	—	—	—
486	The Hoyts Corp	ID Leisure Intl Capital	12-23-2014	—	—	—	—	—	—	—
487	Gimaex SAS	Xuzhou Handler Special Vehicle	12-22-2014	12.23	12.23	—	—	—	—	—
488	Solar Ship Inc	KuangChi Science Ltd	12-22-2014	21.50	21.50	—	—	—	—	—
489	Solar Ship Inc	KuangChi Science Ltd	12-22-2014	14.62	14.62	—	—	—	—	—
490	CuDeco Ltd	China Oceanwide Int Invt Co	12-22-2014	24.37	24.37	0.60	371.40	385.66	−0.02	—
491	B&Q China	Wumei Holdings Inc	12-22-2014	218.19	218.19	—	—	—	—	—
492	Allyes Adnetwork—Assets	Hong Kong Suning Appliance	12-22-2014	—	—	—	—	—	—	—
493	Digital Extremes Ltd	Sumpo Food Holdings Ltd	12-22-2014	—	—	—	—	—	—	—
494	Shanghai Ruizhi Invest Mgmt	Shanghai Yiyu Eq Invest Fund	12-20-2014	4.02	4.02	—	—	—	—	—
495	Doctors Best Holdings Inc	KUC Holding	12-20-2014	37.23	37.23	—	—	—	—	—
496	Swartland Winery (Pty) Ltd	William Wu	12-19-2014	—	—	—	—	—	—	—
497	Shanghai New Bafs Yacht Co Ltd	Shanghai Bestway Marine	12-19-2014	—	—	—	—	—	—	—
498	Centigon France SAS	Investor Group	12-19-2014	—	—	—	—	—	—	—
499	Ports Design Ltd	Bluestone Global Holdings Ltd	12-19-2014	14.50	14.50	348.11	334.20	478.99	0.09	0.39
500	More Cash Ltd	Bright Ample Ltd	12-19-2014	9.42	9.42	—	—	—	—	—
501	BWC Securities Ltd	East Money (HK) Ltd	12-17-2014	1.68	1.68	—	—	—	—	—

序号	目标企业	并购企业	交易日期	交易值/百万美元	净债务目标/百万美元	目标企业净规模/百万美元	目标企业净债务/百万美元	目标企业总债务/百万美元	目标企业每股收益/美元	每股价格/美元
502	Uber Technologies Inc	Baidu Inc	12-17-2014	—	—	—	—	—	—	—
503	Optimix Media Asia Ltd	BlueFocus International Ltd	12-16-2014	60.00	60.00	—	—	—	—	—
504	Permian Basin Oil Block	Zhejiang Benbao Ind Invest Co	12-16-2014	—	—	—	—	—	—	—
505	Sky Way Network Group Co Ltd	MYS (Hong Kong) Intl Hldg Co	12-16-2014	5.27	5.27	14.89	1.29	11.60	—	—
506	Delta Lloyd Bank SA/NV	Anbang Insurance Group Co Ltd	12-16-2014	274.09	274.09	—	—	—	—	—
507	Hong Kong MAS Cables Ltd	Baosheng (Hong Kong)	12-16-2014	0.53	0.53	—	—	—	—	—
508	Shanghai Song Yi Ind Co Ltd	Sunny Science & Tech Corp	12-16-2014	20.47	20.47	—	—	—	—	—
509	Quin GmbH	Ningbo Joyson Electronic Corp	12-16-2014	111.31	111.31	—	—	—	—	—
510	Zamplus (Cayman) Holdings Ltd	BlueFocus International Ltd	12-15-2014	25.00	25.00	—	—	—	—	—
511	EDF Energy—Wind Farms（3）	China General Nuclear Power	12-15-2014	—	—	—	—	—	—	—
512	Accor SA—Upscale brands assets	China Lodging Group Ltd	12-15-2014	—	—	—	—	—	—	—
513	Vision7 International Inc	Bluefocus Commun Grp Co Ltd	12-15-2014	180.09	180.09	—	—	—	—	—
514	The Best One Inc	Tiger Media Inc	12-15-2014	—	—	—	—	—	—	—
515	Shenzhen Lianmao Plastic Co	Zhejiang Firstar Panel Tech Co	12-15-2014	231.56	231.56	—	—	—	—	—
516	Infologic Pte Ltd	Beijing E—Hualu Info Tech Co	12-15-2014	0.97	0.97	—	—	—	—	—
517	Guangzhou Guangchuan	Shanghai Lingxiang Stock	12-15-2014	66.85	66.85	—	—	—	—	—
518	South West Eco Development Ltd	Well Land International Ltd	12-14-2014	94.83	94.83	20.18	95.23	163.68	0.01	0.42
519	South West Eco Development Ltd	Well Land International Ltd	12-14-2014	0.67	0.67	20.18	95.23	163.68	0.01	0.42
520	John Holland Group Pty Ltd	CCCC International Holding Ltd	12-12-2014	947.83	947.83	—	—	—	—	—
521	Masood Textile Mills Ltd	Shanghai Challenge Textile Co	12-12-2014	—	—	239.91	64.62	225.15	0.13	—
522	Soluzioni Industriali	Investor Group	12-11-2014	23.57	23.57	—	—	—	—	—
523	Sunperfect Solar Inc	Shanghai Shengchao Xinye	12-11-2014	—	—	—	—	—	—	—
524	Hefei Baolong Hsin Tech Co Ltd	Shenzhen Bitland Info Tech Co	12-10-2014	1.00	1.00	—	—	—	—	—
525	RedHot Media Intl (China) Co	Liu Ning	12-10-2014	0.15	0.15	—	—	—	—	—

序号	目标企业	并购企业	交易日期	交易值/百万美元	净债务目标/百万美元	目标企业净规模/百万美元	目标企业净债务/百万美元	目标企业总债务/百万美元	目标企业每股收益/美元	每股价格/美元
526	Reliance Inds—Textile Division	Shandong Ruyi Technology Group	12-09-2014	—	—	—	—	—	—	—
527	Phoenix Gold Ltd	Norton Gold Fields Ltd	12-09-2014	2.74	2.74	10.31	42.07	45.38	—0.03	—
528	Urban Aeronautics Ltd	Orbita（Hong Kong）Co Ltd	12-09-2014	2.62	2.62	—	—	—	—	—
529	Shandong Zhengyuan Aviation	China Zhengyuan Geomatics Co	12-09-2014	1.97	1.97	—	—	—	—	—
530	Hanwha Q CELLS Invest Co Ltd	Hanwha SolarOne Co Ltd	12-08-2014	1 201.00	1 201.00	—	—	—	—	—
531	China Sports (Beijing) Media Ltd	Zhou Yi Xiao	12-08-2014	0.65	0.65	—	—	—	—	—
532	Pretium Resources Inc	Zijin Mining Group Co Ltd	12-08-2014	70.45	70.45	—	696.52	725.10	−0.13	5.49
533	Mistral Engines SA	AeroSteyr Rotary Sarl	12-06-2014	306.59	306.59	—	—	—	—	—
534	Mistral Engines SA	AeroSteyr Rotary Sarl	12-06-2014	0.28	0.28	—	—	—	—	—
535	Tong Dai Control (Hong Kong)	Guangdong Kaiping Chunhui Co	12-05-2014	—	—	—	—	—	—	—
536	KBM Corp	Chongyi Zhangyuan Tungsten Co	12-05-2014	1.99	1.99	—	—	—	—	—
537	Align Aerospace LLC	AVIC Intl Hldg Corp	12-05-2014	—	—	—	—	—	—	—
538	SemiLEDs Corp	Han Xiaoqing	12-05-2014	5.02	5.02	13.64	38.85	50.33	−0.78	1.00
539	Aeroport Toulouse—Blagnac SA	Investor Group	12-04-2014	381.28	381.28	—	—	—	—	—
540	ZAT Datagroup	Beijing Xinwei Telecom	12-04-2014	—	—	—	—	—	—	—
541	Manti Oilfield	MD America Energy LLC	12-04-2014	141.00	141.00	—	—	—	—	—
542	Best Buy Co Inc—Asset	Jiayuan Group	12-04-2014	—	—	—	—	—	—	—
543	Suzhou Erye Pharm Co Ltd	Shanghai Fosun Pharm Ind Dvlp	12-04-2014	64.02	64.02	83.25	48.33	85.77	—	—
544	Banco Espirito Santo de	Haitong INTL Hldg Ltd	12-04-2014	466.69	466.69	—	—	—	—	—
545	Roberta di Camerino SpA	United Trademark Group Ltd	12-04-2014	—	—	—	—	—	—	—
546	China New—Wuxi project asts	Wuxi Municipal New Town Dvlp	12-03-2014	184.38	184.38	—	—	—	—	—
547	Zhenjiang Gangrun Chem Ind Co	Suzhou Tianma Specialty Chem	12-02-2014	8.13	8.13	—	—	—	—	—
548	Rizhao Sime Darby Oils & Fats	Shandong Wanbao Agriculture	12-02-2014	13.86	13.86	—	—	—	—	—
549	Lions Gate Entertainment Corp	Dalian Wanda Group Corp Ltd	12-01-2014	—	—	2 769.00	620.66	3 356.00	1.57	—

序号	目标企业	并购企业	交易日期	交易值/百万美元	净债务目标/百万美元	目标企业净规模/百万美元	目标企业净债务/百万美元	目标企业总债务/百万美元	目标企业每股收益/美元	每股价格/美元
550	GCL—Wafer, ingot prodn asts	Investor Group	11-30-2014	1 302.00	1 302.00	—	—	—	—	—
551	Goldsun	Anhui Conch Cement Co Ltd	11-30-2014	68.66	68.66	—	—	—	—	—
552	Bourbon SA—Vessels (8)	Minsheng Finl Leasing Co Ltd	11-29-2014	202.00	202.00	—	—	—	—	—
553	DSI Holdings Pty Ltd	Shuanglin Group Co Ltd	11-29-2014	—	—	—	—	—	—	—
554	Newbridge China Auto Caymans	Investor Group	11-28-2014	696.64	696.64	—	—	—	—	—
555	Golden Haven Ltd	Pengxin Mining Invest Co Ltd	11-28-2014	73.26	73.26	—	—	—	—	—
556	Shanghai Junhe RE Ltd	Zhongrong Intl Trust Co Ltd	11-28-2014	48.84	48.84	—	—	—	—	—
557	OTO Holdings Ltd	Tempus Hldg (Hong Kong) Ltd	11-28-2014	48.28	48.28	43.80	34.88	42.92	0.00	0.27
558	Guangzhou Lvshizi Pharm Co Ltd	Guangdong Shuaiguang Pharm Co	11-27-2014	—	—	—	—	—	—	—
559	REC Solar ASA	Bluestar Elkem Invest Co Ltd	11-24-2014	638.38	560.40	597.23	268.51	458.39	28.53	15.96
560	GOGC Petroleum (China) Ltd	Han Jinfeng	11-24-2014	3.85	3.85	—	—	—	—	—
561	Chongqing Lucky Boom Realty Co	Chongqing Yi Xin RE Dvlp Ltd	11-24-2014	74.74	74.74	—	—	—	—	—
562	Broyland Holdings Pte Ltd	e—Shang Cayman Ltd	11-24-2014	—	—	—	—	—	—	—
563	Ban Leong Technologies Ltd	Wang Wei	11-24-2014	7.86	7.86	102.03	19.16	43.71	0.01	0.33
564	Prime Range Meats Ltd	Lianhua Trading Group ltd	11-22-2014	—	—	—	—	—	—	—
565	Good Health Products Ltd	Shanghai Weiyi Invest & Mgmt	11-20-2014	18.30	18.30	—	—	—	—	—
566	Sheraton On The Park	Sunshine Ins Grp Corp Ltd	11-20-2014	399.15	399.15	—	—	—	—	—
567	Toyo TGPM Automotive Parts	Guangdong TGPM Automotive Ind	11-20-2014	—	—	—	—	—	—	—
568	Optorun Co Ltd	Zhejiang Crystal Optech Co Ltd	11-18-2014	19.25	19.25	—	—	—	—	—
569	Los Angeles Airport Marriott	Sichuan Xinglida Grp Entrp Co	11-17-2014	160.00	160.00	—	—	—	—	—
570	Groupe du Louvre SASU	Shanghai Jin Jiang Intl Hotels	11-15-2014	—	—	—	—	—	—	—
571	FlipChip International LLC	Tianshui Huatian Tech Co Ltd	11-15-2014	40.22	40.22	—	—	—	—	—
572	Hebei Huayuan Clothing Co Ltd	Huasi Agricultural Dvlp Co Ltd	11-15-2014	9.46	9.46	—	—	—	—	—

序号	目标企业	并购企业	交易日期	交易值/百万美元	净债务目标/百万美元	目标企业规模/百万美元	目标企业净债务/百万美元	目标企业总债务/百万美元	目标企业每股收益/美元	每股价格/美元
573	New Media Group Holdings Ltd	Acelin Global Ltd	11-14-2014	122.50	122.50	58.79	58.85	66.09	0.00	0.19
574	Total lubricants (China) Co	Guangzhou Ocean Shipping Co	11-14-2014	39.26	39.26	—	—	—	—	—
575	Total lubricants (China) Co	Guangzhou Ocean Shipping Co	11-14-2014	68.99	68.99	—	—	—	—	—
576	New Media Group Holdings Ltd	Acelin Global Ltd	11-14-2014	40.86	40.86	58.79	58.85	66.09	0.00	0.19
577	JAKKS Pacific Trading Co Ltd	Hong Kong Meisheng Cultural	11-13-2014	—	—	—	—	—	—	—
578	Consumibles E—Magazine	Recycling Times Media Corp	11-13-2014	—	—	—	—	—	—	—
579	Pacific Aerospace &	BAIC International (HK) Ltd	11-12-2014	—	—	—	—	—	—	—
580	Fubon Bank (China)—Credit Asts	Shenzhen Pingan Dahua Huitong	11-12-2014	44.73	44.73	—	—	—	—	—
581	Groupe du Louvre SASU	Luxembourg Sailing Investment	11-12-2014	1 428.00	1 428.00	—	—	—	—	—
582	Dearborn Mid—West Co LLC	Huachangda Cross America Inc	11-10-2014	53.50	53.50	—	—	—	—	—
583	Renesas Elecns Europe—Asts	Europe Tianma Co Ltd	11-07-2014	2.42	2.42	—	—	—	—	—
584	Pioneer Resources—Mt Jewell	Norton Gold Fields Ltd	11-07-2014	1.55	1.55	—	—	—	—	—
585	Aquaporin A/S	Interchina Water Treatment Co	11-07-2014	14.65	14.65	—	—	—	—	—
586	Devon Energy Corp—Assets	MeiDu Energy Corp	11-07-2014	3.79	3.79	—	—	—	—	—
587	Estn Platinum Ltd—PGM Asts	Hebei Zhongbo Platinum Co Ltd	11-07-2014	225.00	225.00	—	—	—	—	—
588	STATS ChipPAC Ltd	JCET—SC (Singapore) Pte Ltd	11-06-2014	754.70	1 776.00	1 520.00	943.15	2 615.00	−0.01	0.35
589	Integra Holdings Ltd	Guangxi Wuzhou Pharmaceutical	11-06-2014	300.00	300.00	—	—	—	—	—
590	Hutchison Harbour Ring Ltd	Oceanwide Holdings Co Ltd	11-06-2014	1.52	1.52	11.41	806.75	845.08	0.00	0.08
591	PME Group Ltd	Sino Life Insurance Co Ltd	11-06-2014	41.68	41.68	10.36	158.00	176.49	0.00	—
592	Blab Inc	Bluefocus Commun Grp Co Ltd	11-04-2014	3.00	3.00	—	—	—	—	—
593	TPG Biotech Partners IV LP	Shenzhen Hepalink Pharm Co Ltd	11-04-2014	17.36	17.36	—	—	—	—	—
594	Goodfar Holdings Ltd	Juntion Development Hong Kong	11-03-2014	424.80	424.80	—	—	—	—	—
595	Time Credit Ltd	Sinoref Holdings Ltd	11-03-2014	18.06	18.06	—	—	—	—	—
596	Vankorneft' AO	CNPC	11-02-2014	—	—	6 703.00	—	—	—	—

续表

序号	目标企业	并购企业	交易日期	交易值/百万美元	净债务目标/百万美元	目标企业净规模/百万美元	目标企业净债务/百万美元	目标企业总债务/百万美元	目标企业每股收益/美元	每股价格/美元
597	Yanbu Co	China Petroleum & Chem Corp	10-31-2014	562.00	562.00	—	—	—	—	—
598	Airborne China Ltd	Heilongjiang Interchina Water	10-31-2014	—	—	—	—	—	—	—
599	Farm Business	Inner Mongolia Jinliyuan Seed	10-31-2014	—	—	—	—	—	—	—
600	Pihsiang Energy Technology Co	Fubang Hldg Grp（Hong Kong）Co	10-31-2014	29.25	29.25	—	—	—	—	—
601	Gemanlin Nanjing Shiye Co Ltd	Nanjing Yuantuo RE Dvlp Co Ltd	10-31-2014	17.18	17.18	—	—	—	—	—
602	Akuvox Inc	Fujian Star—net Software Co	10-30-2014	1.31	1.31	—	—	—	—	—
603	China CITIC Bank Corp Ltd	China National Tobacco Corp	10-30-2014	1 949.00	1 949.00	37 395.00	41 982 .00	65 755.00	0.14	0.79
604	KoZhaN LLP	Baotou Tomorrow Tech Co Ltd	10-30-2014	—	—	—	—	—	—	—
605	Kelong Fengsu Shanghai	Shanghai Momidi Shangmao	10-30-2014	—	—	—	—	—	—	—
606	Toyomi Trading Co Ltd	Zhangzidao Group Co Ltd	10-30-2014	—	—	—	—	—	—	—
607	Guangzhou Kinyang RE Dvlp—Ast	Guangzhou Zhongxinfang Yuetou	10-29-2014	43.53	43.53	—	—	—	—	—
608	Changchun Yamei—Smart Key Bus	Astrata Group Pte Ltd	10-29-2014	—	—	—	—	—	—	—
609	Undisclosed Golf Course	C—BONS Group International	10-29-2014	—	—	—	—	—	—	—
610	Japaninvest Group PLC	Haitong Intl Sec Grp Ltd	10-29-2014	19.76	16.99	12.65	1.61	5.33	3.91	165.37
611	Emperor Great Investments Ltd	Brilliant Circle Hldg Intl Ltd	10-24-2014	10.62	10.62	—	—	—	—	—
612	Keyroute Games Co Ltd	Appnode Tangle Co Ltd	10-24-2014	1.20	1.20	—	—	—	—	—
613	Laukoetter Dessau GmbH	Mersher GmbH	10-23-2014	—	—	30.36	—	—	—	—
614	Dalian Bingshan Metal	Dalian Refrigeration Co Ltd	10-23-2014	1.51	1.51	—	—	—	—	—
615	Dynaudio Holding A/S	Goertek Inc	10-22-2014	41.50	41.50	—	—	—	—	—
616	Anhui Meineng	Wuhu Fuhai Haoyan Venture	10-22-2014	1.19	1.19	—	—	—	—	—
617	Enigma Diagnostics Ltd	Shanghai Debay Capital LLP	10-22-2014	50.00	50.00	—	—	—	—	—
618	Dynaudio A/S	Goertek Inc	10-21-2014	49.70	49.70	—	—	—	—	—
619	Discovery Ent Capital	Alpha Animation&Culture	10-21-2014	20.00	20.00	—	—	—	—	—
620	Burke E Porter Machinery Co	China Everbright Ltd	10-21-2014	90.00	90.00	—	—	—	—	—

序号	目标企业	并购企业	交易日期	交易值/百万美元	净债务目标/百万美元	目标企业净规模/百万美元	目标企业净债务/百万美元	目标企业总债务/百万美元	目标企业每股收益/美元	每股价格/美元
621	Swann Communications Pty Ltd	Infinova Intl Ltd	10-21-2014	76.50	76.50	—	—	—	—	—
622	Oneworld Star Intl Hldg Ltd	Ningxia Dayuan Chemical Co Ltd	10-18-2014	307.00	307.00	—	—	—	—	—
623	DiaSys Diagnostic System	Beijing Leadman Biochemistry	10-17-2014	53.09	53.09	35.04	17.81	25.68	—	—
624	DiaSys Diagnostic Prod	Beijing Leadman Biochemistry	10-17-2014	3.99	3.99	12.40	2.83	4.87	—	—
625	Undisclosed Power Plant，Japan	Suntech Power Japan Corp	10-16-2014	—	—	—	—	—	—	—
626	Pennfield Oil Co Inc	Pharmgate LLC	10-16-2014	—	—	—	—	—	—	—
627	Apex Solutions，Inc.	Energy Prospecting Tech USA	10-16-2014	48.67	48.67	55.37	30.88	49.44	—	—
628	Iquique US LLC	United State Qilin Intl Co Ltd	10-16-2014	7.05	7.05	67.73	69.90	76.42	—	—
629	China LotSynergy Holdings Ltd	Hongze Lake Investment Ltd	10-16-2014	57.42	57.42	95.92	187.80	306.05	0.00	0.10
630	Shenzhen Huizun Auto Sales Co	Hunan Xinghong Auto Co Ltd	10-15-2014	1.22	1.22	—	—	—	—	—
631	Jijile Clothing Intl Commerce	Investor Group	10-15-2014	—	—	—	—	—	—	—
632	Eagleton（Xiamen）Import &	Investor Group	10-15-2014	3.25	3.25	—	—	—	—	—
633	Fidea NV	Anbang Insurance Group Co Ltd	10-13-2014	—	—	—	—	—	—	—
634	Lianzhong（Guangzhou）Stainless	Anshan Iron&Steel Group Corp	10-10-2014	493.59	493.59	—	—	—	—	—
635	Changfeng Axle（China）Co Ltd	Century East Network Ltd	10-10-2014	26.00	26.00	71.00	144.07	261.26	−0.04	0.04
636	Jiangsu Renrenfa Mach Mnfg Co	Nantong Metalforming Equip Co	10-09-2014	1.47	1.47	—	—	—	—	—
637	TCK Co Ltd	Celestial Elite Invests Ltd	10-09-2014	2.10	2.10	—	—	—	—	—
638	Peixe Urbano Web Servicos	Baidu Inc	10-09-2014	—	—	—	—	—	—	—
639	Next Entertainment World Co	Huace Film & TV（Hong Kong）	10-08-2014	49.88	49.88	79.45	42.64	91.21	0.44	—
640	Simsen International Corp Ltd	Huarong（HK）International Hol	10-07-2014	60.36	60.36	24.60	168.97	241.11	0.01	0.04
641	Salov SpA	ShangHai YiMin No1 Foods（Grp）	10-07-2014	—	—	—	—	—	—	—
642	Guocang Group Ltd	Investor Group	10-07-2014	153.01	153.01	56.69	96.44	145.49	0.00	0.00
643	Waldorf Astoria New York，NY	Anbang Insurance Group Co Ltd	10-06-2014	1 950.00	1 950.00	—	—	—	—	—

续表

序号	目标企业	并购企业	交易日期	交易值/百万美元	净债务目标/百万美元	目标企业净规模/百万美元	目标企业净债务/百万美元	目标企业总债务/百万美元	目标企业每股收益/美元	每股价格/美元
644	Xenobiotic Laboratories Inc	WuXi PharmaTech (Cayman) Inc	10-01-2014	—	—	—	—	—	—	—
645	Bluestar Adisseo Nutrition Grp	Blue Star New Chem Material Co	09-30-2014	1 648.00	1 648.00	—	—	—	—	—
646	Undisclosed United Kingdom	China General Nuclear Power	09-30-2014	—	—	—	—	—	—	—
647	RE Uptegraff Manufacturing Co	Shenda Electric Group Co Ltd	09-30-2014	—	—	—	—	—	—	—
648	S.M.A. srl — Trailer rental	TIP Trailer Services	09-30-2014	—	—	—	—	—	—	—
649	Thrive United Holdings Ltd	Synertone Communication Corp	09-29-2014	11.59	11.59	—	—	—	—	—
650	Mirage Ent Tech Dvlp Tianjin	Guangdong Highsun Group Co Ltd	09-29-2014	4.88	4.88	—	—	—	—	—
651	Bodegas Dominio de Cair SL	Victor Lang	09-28-2014	—	—	—	—	—	—	—
652	Fullerton Capital	China Ping An Ins Overseas Ltd	09-25-2014	—	—	—	—	—	—	—
653	Global Logistic Properties Ltd	Investor Group	09-24-2014	875.00	875.00	637.08	11 435.00	16 854.00	0.13	—
654	Espirito Santo Saude SGPS SA	Fidelidade—Cia de Seguros SA	09-22-2014	583.54	809.41	495.83	225.99	622.44	0.26	6.36
655	Neul Ltd	Huawei Technologies Co Ltd	09-22-2014	25.00	25.00	—	—	—	—	—
656	Hawaii Power LLC—Cert Asts	Solar Power Inc	09-22-2014	3.95	3.95	—	—	—	—	—
657	Shanghai Song Yi Ind Co Ltd	Shanghai Chenming RE Dvlp Co	09-19-2014	20.64	20.64	—	—	—	—	—
658	Yashili Intl Invest Ltd	Zhang International Investment	09-19-2014	34.75	34.75	—	—	—	—	—
659	Marc Rozier SA	Wensli Group Co Ltd	09-18-2014	—	—	—	—	—	—	—
660	Shanghai Smart Service Co Ltd	Sand Bankcard—Link Info&Svcs	09-18-2014	34.20	34.20	—	—	—	—	—
661	Snapdeal.Com	Alibaba.com Ltd	09-18-2014	—	—	—	—	—	—	—
662	AEGON—CNOOC Life Insurance Co	Tsinghua Tongfang Co Ltd	09-18-2014	162.87	162.87	—	—	—	—	—
663	GDC Technology Ltd	Huayi Bros Intl Invest Ltd	09-18-2014	102.68	102.68	—	—	—	—	—
664	Super Sino Investment Ltd	Guangdong Water Group (HK) Ltd	09-15-2014	27.74	27.74	—	—	—	—	—
665	DiaSys Diagnostic System	Beijing Leadman Biochemistry	09-15-2014	28.64	28.64	35.04	17.81	25.68	—	—
666	Duferco International Trading	Hebei Iron & Steel Grp Co Ltd	09-15-2014	413.10	413.10	—	—	—	—	—
667	Wentworth Golf Club	Reignwood Group	09-12-2014	219.61	219.61	—	—	—	—	—

续表

序号	目标企业	并购企业	交易日期	交易值/百万美元	净债务目标/百万美元	目标企业净规模/百万美元	目标企业净债务/百万美元	目标企业总债务/百万美元	目标企业每股收益/美元	每股价格/美元
668	Chochuen Garment (Shenzhen)	Shenzhen City Beihongjiang	09-12-2014	22.17	22.17	—	—	—	—	—
669	AutoAgronom Ltd	Yuanda China Holdings Ltd	09-12-2014	20.00	20.00	—	—	—	—	—
670	Blackstone RE Partners Asia LP	Anbang Insurance Group Co Ltd	09-11-2014	100.00	100.00	—	—	—	—	—
671	Shanghai Golden Shield	Shanghai Golden Fire Safety	09-11-2014	—	—	—	—	—	—	—
672	Dolphin&Lion A/S	Shenzhen Jiawei Photovoltaic	09-11-2014	—	—	—	—	—	—	—
673	Huntsman Corp—TR52 Business	Henan Billions Chem Co Ltd	09-10-2014	10.00	10.00	—	—	—	—	—
674	Rumaila Oil Field	CNPC	09-07-2014	—	—	—	—	—	—	—
675	Ningxia Procrystal Tech Co Ltd	Anhui Guofeng Plastic Ind Co	09-05-2014	7.49	7.49	—	—	—	—	—
676	Ningxia Procrystal Tech Co Ltd	Anhui Guofeng Plastic Ind Co	09-05-2014	7.17	7.17	—	—	—	—	—
677	Beijing Kangruide Med Equip	AVCON Info Tech Co Ltd	09-05-2014	3.26	3.26	—	—	—	—	—
678	Balfour Downs Station—Assets	Balfour Downs Pastoral Coy	09-04-2014	—	—	—	—	—	—	—
679	Gamesa Corp—Barchin Wind Farm	China Huadian Corp	09-04-2014	—	—	—	—	—	—	—
680	Kuenkel Wagner Germany GmbH	Qingdao Mach Ind Gen Co	09-04-2014	—	—	—	—	—	—	—
681	Brock Kehrtechnik GmbH	Yangzhou Shengda Special	09-04-2014	—	—	—	0.65	5.78	—	—
682	Wandanya Station—Assets	Balfour Downs Pastoral Coy	09-04-2014	16.82	16.82	—	—	—	—	—
683	China Finl Intl Invest Ltd	Investor Group	09-04-2014	318.45	318.45	0.93	128.24	166.98	0.00	0.03
684	Harbin Songjiang Copper (Grp) Co	Harbin Jinyu Mining Co Ltd	09-03-2014	14.67	14.67	—	—	—	—	—
685	Enhanced Invest—Exchange	CLSA Ltd	09-02-2014	—	—	—	—	—	—	—
686	Royal Caribbean—Celeb Century	Exquisite Marine Ltd	09-02-2014	—	—	—	—	—	—	—
687	Jiangsu Jeshine New Material	Dongxu Optoelectronic Tech	09-02-2014	26.93	26.93	—	—	—	—	—
688	Jinhua Licheng Info Tech Co	Zhangjiagang Chem Mach Co Ltd	09-01-2014	69.12	69.12	0.00	0.00	0.00	—	—
689	Selig & Boettcher OHG	TK Group (Holdings) Ltd	09-01-2014	0.07	0.07	—	—	—	—	—
690	S&B	TK Group (Holdings) Ltd	09-01-2014	0.26	0.26	—	—	—	—	—

序号	目标企业	并购企业	交易日期	交易值/百万美元	净债务目标/百万美元	目标企业净规模/百万美元	目标企业净债务/百万美元	目标企业总债务/百万美元	目标企业每股收益/美元	每股价格/美元
691	Kubao Info Tech (Shanghai) Co	Zhangjiagang Chem Mach Co Ltd	09-01-2014	4.15	4.15	—	—	—	—	—
692	Fullerton Invest & Credit	Ping An Ins Overseas (Hldg)	08-31-2014	—	—	—	—	—	—	—
693	SAG Solarstrom—Operating Bus	Shunfeng Photovoltaic Intl Co	08-30-2014	85.38	85.38	—	—	—	—	—
694	Shanghai Xinyong Elecal Mach	Xin Zhi Motor Co Ltd	08-30-2014	3.60	3.60	5.80	2.65	5.50	—	—
695	Key Safety Systems Inc	FountainVest Partners Asia Ltd	08-29-2014	—	—	—	—	—	—	—
696	Oreno XNG Intl (Hong Kong) Ltd	Xiao Nan Guo Restaurants	08-28-2014	—	—	—	—	—	—	—
697	Great Bloom Holdings Ltd	Yuzhou Properties Co Ltd	08-28-2014	48.23	48.23	—	—	—	—	—
698	Cixi New WT Bearing Co Ltd	Investor Group	08-28-2014	29.89	29.89	—	—	—	—	—
699	Neue I&T GmbH	Xingyu Automotive Lighting Sys	08-26-2014	6.06	6.06	—	—	—	—	—
700	Jingdian Construction Co Ltd	Shenzhen Qianhai Jianshengtai	08-26-2014	49.50	49.50	—	—	—	—	—
701	WACO GmbH	Jiangsu Hengli Highpressure	08-25-2014	0.33	0.33	—	—	—	—	—
702	Hilton Hotels & Resorts，Nassau	CCA	08-25-2014	—	—	—	—	—	—	—
703	Fieldaware (Ireland) Ltd	China Investment Corp	08-24-2014	—	—	—	—	—	—	—
704	Shui On Granpex Ltd	Sino Atrium Global Ltd	08-21-2014	15.56	15.56	—	—	—	—	—
705	Central Point Worldwide Inc	Ocean Sino Holdings Ltd	08-21-2014	270.96	270.96	—	—	—	—	—
706	Famous Scene Holdings Ltd	Sino Luck International Ltd	08-21-2014	13.76	13.76	—	—	—	—	—
707	Pat Davie (China) Ltd	Sino Gate Developments Ltd	08-21-2014	14.52	14.52	—	—	—	—	—
708	4:33 Creative Lab	Investor Group	08-20-2014	—	—	—	—	—	—	—
709	China Chengtong Coal Invest	Mosway Group Ltd	08-20-2014	55.37	55.37	—	—	—	—	—
710	Pan—China Resources Ltd	Hongkong Huihua Global Tech Co	08-20-2014	83.18	83.18	—	—	—	—	—
711	Alterprodia GmbH	NBHX Automotive Sys GmbH	08-19-2014	1.20	1.20	—	0.82	3.18	—	—
712	ZBB Energy Corp	Shenzhen Oriental Fortune	08-19-2014	3.26	3.26	7.85	13.51	20.05	-0.46	—
713	Shanghai—Shanghai Plant	Shanghai Leixin Ppty Co Ltd	08-19-2014	—	—	—	—	—	—	—
714	Burwill China Portfolio Ltd	China Land Assets Ltd	08-19-2014	32.53	32.53	—	—	—	—	—

续表

序号	目标企业	并购企业	交易日期	交易值/百万美元	净债务目标/百万美元	目标企业净规模/百万美元	目标企业净债务/百万美元	目标企业总债务/百万美元	目标企业每股收益/美元	每股价格/美元
715	Beijing Beitun Commerce	Zhang Yifan	08-19-2014	0.04	0.04	—	—	—	—	—
716	Shanghai Hongsheng Net	Guotai Investment Holdings Ltd	08-18-2014	4.56	4.56	—	—	—	—	—
717	Ironshore Inc	Fosun International Ltd	08-17-2014	463.83	463.83	—	1 742.00	5 760.00	—	—
718	Choice Genetics SAS	Ningbo Tech—Bank Co Ltd	08-15-2014	15.00	15.00	—	—	—	—	—
719	Advanced Photonics Inc	China Fiber Optic Network	08-14-2014	2.34	2.34	—	—	—	—	—
720	OmniVision Technologies Inc	OmniVision Tech Inc SPV	08-14-2014	1 772.00	1 283.00	1 486.00	1 043.00	1 413.00	2.06	29.75
721	Dian Dian Interactive Hldg LLP	Zhongji Invest Hldg (HK) Co	08-13-2014	961.13	961.13	0.01	0.00	0.01	—	—
722	Wanan Huajing Electn	Investor Group	08-13-2014	0.18	0.18	—	—	—	—	—
723	Amprius Inc	Wuxi Industry Development Grp	08-13-2014	—	—	—	—	—	—	—
724	Alta Devices Inc	Hanergy Holding Group Ltd	08-13-2014	15.00	15.00	—	—	—	—	—
725	SANYO Elec—Home Appliances Bus	Haier Asia Intl Co Ltd	08-12-2014	—	—	—	—	—	—	—
726	STR Holdings Inc	Zhen Fa New Energy(US)Co Ltd	08-12-2014	21.66	21.66	33.45	79.65	81.14	-1.21	—
727	Wuhan Kaidi Water Svcs Co Ltd	Investor Group	08-12-2014	1.28	1.28	—	—	—	—	—
728	Hutchison Harbour Ring Ltd	Oceanwide Hldg Intl Co Ltd	08-11-2014	493.74	493.74	11.41	806.75	845.08	0.00	0.08
729	Dermot Holdings Ltd	21Vianet Group Inc	08-11-2014	—	—	—	—	—	—	—
730	Raxtar BV	Zoomlion Heavy Ind Sci&Tech	08-08-2014	—	—	—	—	—	—	—
731	Avolon Aerospace Leasing Ltd	Investor Group	08-08-2014	—	—	—	—	—	—	—
732	Hanfeng Slow Release	Heilongjiang Pengcheng	08-08-2014	40.29	40.29	—	—	—	—	—
733	Suzhou Longdeng Electn Tech	Investor Group	08-07-2014	19.62	19.62	—	—	—	—	—
734	Powin Energy Corp	SF Suntech Inc	08-07-2014	37.50	37.50	—	—	—	—	—
735	Powin Energy Corp	SF Suntech Inc	08-07-2014	25.00	25.00	—	—	—	—	—
736	Fineline Global Pte Ltd	Fastprint Hong Kong Ltd	08-07-2014	2.94	2.94	—	—	—	—	—
737	Well Kingdom Investment Ltd	Rise Success Group Ltd	08-06-2014	59.39	59.39	—	—	—	—	—
738	TPG Capital LP	China Life Insurance Co Ltd	08-06-2014	—	—	—	—	—	—	—
739	Keyeast Co Ltd	Fox Video Ltd	08-06-2014	14.51	14.51	75.81	36.70	56.73	0.01	3.00

续表

序号	目标企业	并购企业	交易日期	交易值/百万美元	净债务目标/百万美元	目标企业净规模/百万美元	目标企业净债务/百万美元	目标企业总债务/百万美元	目标企业每股收益/美元	每股价格/美元
740	Golden Will Fashions Ltd	Ng Po Chuen	08-06-2014	3.47	3.47	—	—	—	—	—
741	Unifrax (Suzhou) Co Ltd	Shandong Luyang Share Co Ltd	08-06-2014	—	—	—	—	—	—	—
742	HelioFocus Ltd	Sanhua Holding Group Co Ltd	08-05-2014	19.90	19.90	—	—	—	—	—
743	Supernova Hldg (Singapore) Pte	Suzhou Anjie Technology Co Ltd	08-05-2014	145.00	145.00	739.99	651.68	1 065.00	—	—
744	ROC Oil Co Ltd	Fosun International Ltd	08-04-2014	442.57	374.46	233.73	265.97	395.01	0.06	0.64
745	Endymed Ltd	OHMK Medical Technology Co Ltd	08-03-2014	7.00	7.00	7.46	2.54	6.75	−0.01	—
746	Deutsche Mechatronics GmbH	Tri Star GmbH	08-01-2014	1.34	1.34	65.59	−0.15	48.34	—	—
747	Wind UK Invest Ltd	Gingko Tree Investment Ltd	07-31-2014	—	—	—	—	—	—	—
748	Kabam Inc	Alibaba Group Holding Ltd	07-31-2014	120.00	120.00	360.00	—	—	—	—
749	Medilink (Beijing) TPA Svcs Co	SelfDoctor (Beijing) Tech Co Ltd	07-31-2014	—	—	—	—	—	—	—
750	LINE Corp	Investor Group	07-31-2014	—	—	—	—	—	—	—
751	Fanhe (Hulu Island) Water	Beijing Capital Co Ltd	07-30-2014	16.40	16.40	—	—	—	—	—
752	CDP Reti Srl	State Grid Intl Dvlp Ltd	07-30-2014	2 814.00	2 814.00	—	4 776.00	5 942.00	—	—
753	Snapchat Inc	Alibaba Group Holding Ltd	07-30-2014	—	—	—	—	—	—	—
754	Mondo TV SpA	Yin Wei	07-29-2014	6.38	6.38	12.87	37.78	43.41	−0.34	2.41
755	Albaugh LLC	Nutrichem Co Ltd	07-29-2014	220.00	220.00	—	—	—	—	—
756	Nexchem Pharmaceutical Co Ltd	Zhejiang Jianfeng Pharm Co Ltd	07-29-2014	—	—	—	—	—	—	—
757	Chieh Hui Optical Tech Co Ltd	Jiangxi Holitech Tech Co Ltd	07-26-2014	12.92	12.92	5.22	1.46	3.60	—	—
758	Heidelberger—Packaging Assets	Masterwork Machinery Co Ltd	07-25-2014	21.54	21.54	—	—	—	—	—
759	Brilliant King Global Ltd	Sinoref Holdings Ltd	07-24-2014	—	—	—	—	—	—	—
760	Inekon Group as	China Railway Signal & Commun	07-23-2014	—	—	9.42	—	—	—	—
761	Schweizer Electronic AG	Hushi International Co Ltd	07-23-2014	6.06	6.06	147.41	65.48	117.32	2.01	35.62
762	TC Orient Lighting Hldg Ltd	Chen Jing	07-23-2014	23.04	23.04	88.44	52.30	140.57	−0.09	0.18
763	KS Aluminium—Technologie GmbH	HASCO	07-21-2014	—	—	199.72	18.67	141.01	—	—

续表

序号	目标企业	并购企业	交易日期	交易值/百万美元	净债务目标/百万美元	目标企业净规模/百万美元	目标企业净债务/百万美元	目标企业总债务/百万美元	目标企业每股收益/美元	每股价格/美元
764	Petrox Resources Corp	Shanghai Energy Corp	07-21-2014	15.39	14.88	0.26	4.80	5.15	-0.02	0.28
765	321Lend Inc	Psychic Friends Network Inc	07-21-2014	0.23	0.23	—	—	—	—	—
766	Yuhan（Shanghai）Info Tech	Zhejiang Semir Garment Co Ltd	07-21-2014	16.46	16.46	9.69	12.08	21.30	—	—
767	DSI Holdings Pty Ltd	Proper Glory Holdings Inc	07-21-2014	82.82	82.82	92.07	44.21	91.81	—	—
768	PPG—Float Glass Prodn Asts	Fuyao Glass America Inc	07-19-2014	56.00	56.00	—	—	—	—	—
769	Wartsila Corp—2—Stroke Engine	CSSC Invest and Dvlp Co Ltd	07-18-2014	62.26	62.26	—	—	—	—	—
770	PPG Inds—Glass Mnfg Facility	Fuyao North America Inc	07-18-2014	—	—	—	—	—	—	—
771	KOKI TECHNIK Transmission Sys	AVIC Mechanical & Electrical	07-17-2014	—	—	—	—	—	—	—
772	Innovatus Holding	Jinggong Group Co Ltd	07-17-2014	—	—	—	—	—	—	—
773	Grupo Osborne SA	Fosun International Ltd	07-17-2014	—	—	—	—	—	—	—
774	CJ Games Corp	Han River Investment Pte Ltd	07-17-2014	340.20	340.20	—	—	—	—	—
775	Janus（Dongguan）Precision	Dongguan Chenxing Ind Invest	07-16-2014	32.24	32.24	579.67	232.58	522.77	0.08	—
776	MoboTap Inc	Changyou.com Ltd	07-16-2014	91.00	91.00	—	—	—	—	—
777	PepinNini Minerals—Curnamona	Sinosteel Uranium Sa Pty Ltd	07-15-2014	2.15	2.15	—	—	—	—	—
778	Cronos Ltd	Investor Group	07-15-2014	—	—	—	—	—	—	—
779	All Market Inc	Reignwood Group	07-14-2014	165.00	165.00	—	—	—	—	—
780	Chengdu Tianxing Yamada Auto	Chengdu Tianxing Meter Co Ltd	07-12-2014	3.06	3.06	—	—	—	—	—
781	PizzaExpress Ltd	Hony Capital（Beijing）Co Ltd	07-12-2014	1 540.00	1 540.00	—	—	—	—	—
782	Wisdom Elite Holdings Ltd	Beijing Entrps Grp Info Ltd	07-10-2014	11.59	11.59	—	—	—	—	—
783	Sinotrans Japan Co Ltd	Sinotrans Ltd	07-08-2014	—	—	—	—	—	—	—
784	PO1 LLC	Sichuan Renzhi Oilfield Tech	07-08-2014	87.50	87.50	—	—	—	—	—
785	Undisclosed China Restaurant	Leading Capital	07-07-2014	—	—	—	—	—	—	—
786	Ekol spol sro	Xian Shaangu Power Co Ltd	07-04-2014	66.38	66.38	—	—	—	—	—
787	WEPEC	CNPC	07-04-2014	—	—	—	—	—	—	—

续表

序号	目标企业	并购企业	交易日期	交易值/百万美元	净债务目标/百万美元	目标企业净规模/百万美元	目标企业净债务/百万美元	目标企业总债务/百万美元	目标企业每股收益/美元	每股价格/美元
788	Sequel Media Inc	Investor Group	07-04-2014	—	—	—	—	—	—	—
789	Xuzhou Meritor Axle Co Ltd	XCMG Constr Machinery Co Ltd	07-01-2014	18.11	18.11	—	—	—	—	—
790	Shanghai Hong Bu Rang Food	Lin Long Yuen	07-01-2014	—	—	—	—	—	—	—
791	ACC Compressors SpA	Guangzhou Wanbao Group Co Ltd	07-01-2014	17.91	17.91	—	—	—	—	—
792	Payment Asia Technology Ltd	Spring Capital Asia	07-01-2014	—	—	—	—	—	—	—
793	Covex Farma SL	Pioneer Pharma (Singapore) Pte	07-01-2014	3.97	3.97	1.35	—	—	—	—
794	China WindPower Grp Ltd—Asts	Huadian Fuxin Energy Corp Ltd	06-30-2014	—	—	—	—	—	—	—
795	Southern Avionics & Comm	Continental Motors Group	06-30-2014	—	—	—	—	—	—	—
796	Ying Li International RE Ltd	Everbright Hero Holdings Ltd	06-30-2014	227.90	227.90	156.67	558.30	1 322.00	0.02	0.21
797	Altius Mining Ltd	Jianbing Zhang	06-27-2014	0.43	0.43	0.23	19.51	21.23	0.00	0.01
798	BTI Wireless (Shenzhen) Co Ltd	Boomsense Technology Co Ltd	06-27-2014	3.14	3.14	—	—	—	—	—
799	Bravo Communication Sys Co Ltd	Boomsense Technology Co Ltd	06-27-2014	1.70	1.70	—	—	—	—	—
800	Dezhou Jincheng Electn Co Ltd	Weihai Tiancheng Econ Info	06-27-2014	1.61	1.61	—	—	—	—	—
801	Dreamworld Leisure（Pailin）	Undisclosed Acquiror	06-26-2014	0.50	0.50	—	—	—	—	—
802	Natures Sunshine Products Inc	Shanghai Fosun Pharm（Grp）Co	06-26-2014	46.26	46.26	377.37	114.58	189.72	1.33	16.19
803	SCT Technologies (Kunshan) Ltd	Investor Group	06-25-2014	—	—	—	—	—	—	—
804	Gowest Gold Ltd	Fortune Future Holdings Ltd	06-23-2014	2.70	2.70	—	—	—	—	0.08
805	DMK Oil & Gas LLC—Oil & Gas Bl	Haimo Oil & Gas LLC	06-23-2014	7.14	7.14	—	—	—	—	—
806	Hilong Oil Pipe Co Ltd—Ppty，AB	Hilong Petropipe Co Ltd	06-23-2014	—	—	—	—	—	—	—
807	CJ Games Corp	Han River Investment Pte Ltd	06-20-2014	134.94	134.94	—	—	—	—	—
808	10 Upper Bank Street	Investor Group	06-20-2014	1 352.00	1 352.00	—	—	—	—	—
809	How Weih Holding (CAYMAN) Co Ltd	Investor Group	06-19-2014	5.33	5.33	—	—	—	—	—

序号	目标企业	并购企业	交易日期	交易值/百万美元	净债务目标/百万美元	目标企业净规模/百万美元	目标企业净债务/百万美元	目标企业总债务/百万美元	目标企业每股收益/美元	每股价格/美元
810	Nanya Ppty（Kunshan）Co Ltd	Kunshan Dacheng Re Dvlp Co Ltd	06-19-2014	45.65	45.65	—	—	—	—	—
811	Banyan Tree Hotels	Tianjin Wanrong Entrp Mgmt	06-19-2014	4.55	4.55	—	—	—	—	—
812	Landmark Development Group Co	Beijing Constr Engineering Grp	06-19-2014	60.00	60.00	—	—	—	—	—
813	Noble Energy Inc—Block 12	China National Offshore Oil	06-19-2014	—	—	—	—	—	—	—
814	Tanrich Financial Holdings Ltd	Southwest Securities Invest	06-19-2014	44.80	44.80	7.11	20.86	32.78	0.00	0.04
815	Tanrich Financial Holdings Ltd	Southwest Securities Invest	06-19-2014	41.63	41.63	9.50	21.03	51.58	0.00	0.08
816	BNP Paribas Lease（China）Co Ltd	Shanghai BaShi Car Rental Svc	06-18-2014	52.00	52.00	—	—	—	—	—
817	Beijing Shibo Digital TV Tech	Shanghai Tongda Venture	06-17-2014	—	—	—	—	—	—	—
818	IMA Automation Amberg GmbH	Preh GmbH	06-17-2014	27.09	27.09	—	—	—	—	—
819	Top Glove（Zhangjiagang）Co Ltd	Investor Group	06-16-2014	6.75	6.75	—	—	—	—	—
820	Peel Technologies Inc	Alibaba Group Holding Ltd	06-13-2014	—	—	—	—	—	—	—
821	Union Health International Ltd	Beijing Tong Ren Tang Chinese	06-12-2014	—	—	—	—	—	—	—
822	Rich Circles Enterprise Ltd	Asia Fashion Holdings Ltd	06-12-2014	—	—	—	—	—	—	—
823	Fast Base Holdings Ltd	Rich Water Global Ltd	06-12-2014	4.50	4.50	—	—	—	—	—
824	Fama Srl	Target Lighting Ltd	06-12-2014	—	—	—	—	—	—	—
825	HongKong Zoom Interactive	Cheetah Mobile Inc	06-11-2014	662.12	662.12	—	—	—	—	—
826	Schumag AG	Meibah International GmbH	06-10-2014	0.18	0.18	66.07	8.74	54.02	−0.51	1.83
827	Schumag AG	Meibah International GmbH	06-10-2014	3.82	3.82	66.07	8.74	54.02	−0.51	1.83
828	Kresta Holdings Ltd	Suntarget HK Trading Co Ltd	06-09-2014	27.59	27.59	91.93	19.44	29.56	0.01	0.22
829	True Corp PCL	China Mobile Intl Hldg Ltd	06-09-2014	881.78	881.78	3 008	264.52	6 547	−0.01	0.20
830	Evenflo Co Inc	Goodbaby International Holding	06-06-2014	143.04	143.04	208.02	34.08	—	—	—
831	Undisclosed Money Lending Co	Kingma Overseas Investment	06-05-2014	0.23	0.23	—	—	—	—	—
832	Edificio Espana，Madrid	Renville Invest SL	06-05-2014	362.07	362.07	—	—	—	—	—

续表

序号	目标企业	并购企业	交易日期	交易值/百万美元	净债务目标/百万美元	目标企业净规模/百万美元	目标企业净债务/百万美元	目标企业总债务/百万美元	目标企业每股收益/美元	每股价格/美元
833	Undisclosed Bauxite Mining Co	Investor Group	06-03-2014	121.00	121.00	—	—	—	—	—
834	Cherrypicks International	NetDragon Websoft Inc	06-03-2014	30.73	30.73	—	—	—	—	—
835	Audi AG—Dealership	Shanghai Yongda Auto Grp Co	06-03-2014	—	—	—	—	—	—	—
836	Volvo AB—dealership (2)	Shanghai Yongda Auto Grp Co	06-03-2014	—	—	—	—	—	—	—
837	Brookstone Inc	Sailing Innovation (US) Inc	06-03-2014	135.70	135.70	—	—	—	—	—
838	Unialco SA Alcool e Acucar	COFCO Corp	06-02-2014	—	—	—	—	—	—	—
839	La Spa OU	Foshan Ailihua Sanitary Ware	05-30-2014	—	—	0.22	0.11	0.16	—	—
840	Kokinetics GmbH	AVIC Mechanical & Electrical	05-30-2014	—	—	56.72	7.79	26.25	—	—
841	Hilite International GmbH	AVIC Mechanical & Electrical	05-29-2014	643.36	643.36	—	—	—	—	—
842	Singapore Post Ltd	Alibaba Investment Ltd	05-28-2014	248.85	248.85	653.13	277.61	1 050	0.05	1.13
843	Blessing Tech Electn (Kunshan)	Investor Group	05-28-2014	7.68	7.68	9.13	6.05	13.11	—	—
844	Ever Growing Energy Svc LLC	Shengli Investment Co	05-28-2014	6.73	6.73	—	—	—	—	—
845	Koninklijke Nedschroef Holding	Shanghai Prime Mach Co Ltd	05-28-2014	443.20	443.20	681.85	142.10	—	—	—
846	Hanfeng Slow—Release Fertilize	Tianjin Bohai Dadi Hi—Tech Co	05-27-2014	4.80	4.80	—	—	—	—	—
847	Liuligongfang Co Ltd	Shanghai Tou Ming Si Kao	05-27-2014	1.49	1.49	—	—	—	—	—
848	Hsin Chong Construction Group	Riant Investment Co Ltd	05-26-2014	—	—	1 483.00	547.04	1 435.00	0.02	—
849	Shopnet Homeshopping Co ltd	Dai Chengzhi	05-26-2014	19.95	19.95	—	—	—	—	—
850	Linyi Ganghua Water Co Ltd	Beijing Capital (Hong Kong) Ltd	05-24-2014	4.41	4.41	—	—	—	—	—
851	NH Hoteles SA	Tangla Spain SL	05-23-2014	180.92	180.92	1 735.00	1 591.00	3 421.00	-0.19	6.20
852	Huangchuan Ganghua Down Prod	Henan Huaying Agriculture Dvlp	05-23-2014	0.72	0.72	1.52	1.39	4.80	—	—
853	Henan Hualong Down Co Ltd	Henan Huaying Agriculture Dvlp	05-23-2014	4.09	4.09	0.17	8.59	9.25	—	—
854	Fukuta Elec Mach Co Ltd	Xin Zhi Motor Co Ltd	05-22-2014	55.32	55.32	30.52	18.45	21.80	—	—
855	FION Ltd	CHJ Global Co Ltd	05-22-2014	28.49	28.49	—	—	—	—	—
856	Tnuva Food Industries Ltd	Bright Food (Group) Co Ltd	05-22-2014	1 206.00	1 206					

序号	目标企业	并购企业	交易日期	交易值/百万美元	净债务目标/百万美元	目标企业净规模/百万美元	目标企业净债务/百万美元	目标企业总债务/百万美元	目标企业每股收益/美元	每股价格/美元
857	Global Cloud Xchange Ltd	CITIC Telecom Intl Hldgs Ltd	05-22-2014	—	—	—	—	—	—	—
858	Hilton Queenstown Resort & Spa	Shanghai Pengxin Group Co Ltd	05-20-2014	—	—	—	—	—	—	—
859	Asian Capital Holding LTD	Huarong (HK) International Hol	05-20-2014	38.70	38.70	5.16	16.57	18.35	0.00	—
860	Mistral Engines SA	AeroSteyr Rotary Sarl	05-20-2014	3.51	3.51	0.28	1.42	2.43	—	—
861	Infinity Resources Sprl	MMG Ltd	05-20-2014	6.00	6.00	—	—	—	—	—
862	SkyTRAC & SkyRIDER German—Asts	Elecpro International Invest	05-20-2014	3.45	3.45	—	—	—	—	—
863	Cuesta Coal Ltd	Longluck Invest (Australia)	05-19-2014	7.93	7.93	0.90	34.58	47.39	−0.01	0.10
864	Cuesta Coal Ltd	Longluck Invest (Australia)	05-19-2014	6.06	6.06	0.90	34.58	47.39	−0.01	0.10
865	Johnson Controls—Automotive	Yanfeng Automotive Trim Sys Co	05-18-2014	—	—	—	—	—	—	—
866	Covex SA	Pioneer Pharma (Singapore) Pte	05-16-2014	1.99	1.99	—	—	—	—	—
867	Sino—French Energy	Nam Kwong Development (HK) Ltd	05-15-2014	612.00	612.00	—	—	—	—	—
868	PT.Madani Sejahtera	H & Shun International Pte	05-15-2014	8.00	8.00	—	—	—	—	—
869	CA.Alam Jaya	H & Shun International Pte	05-15-2014	1.50	1.50	—	—	—	—	—
870	Value Vantage (Hangzhou) Co Ltd	Shanghai Jinhui Invest&Mgmt	05-14-2014	136.47	136.47	—	—	—	—	—
871	PIL Australia—Assets	Jiangsu Phoenix Publishing	05-14-2014	—	—	—	—	—	—	—
872	JRS Distribution Co—Assets	Jiangsu Phoenix Publishing	05-14-2014	—	—	—	—	—	—	—
873	PIL—Asts&Subsidiary	Jiangsu Phoenix Publishing	05-14-2014	80.00	80.00	—	—	—	—	—
874	Shanghai Jiarui RE Co Ltd	Investor Group	05-14-2014	2.01	2.01	—	—	—	—	—
875	Idera Capital Management Ltd	Fosun International Ltd	05-14-2014	66.77	66.77	13.89	64.76	67.78	−10.22	—
876	PIL Spain—Asts	Jiangsu Phoenix Publishing	05-14-2014	—	—	—	—	—	—	—
877	China Zenith Chem Grp Ltd	Chen Feng	05-14-2014	—	—	38.35	401.28	525.64	−0.02	—
878	PIL UK Ltd—Asts	Jiangsu Phoenix Publishing	05-14-2014	—	—	—	—	—	—	—

序号	目标企业	并购企业	交易日期	交易值/百万美元	净债务目标/百万美元	目标企业净规模/百万美元	目标企业净债务/百万美元	目标企业总债务/百万美元	目标企业每股收益/美元	每股价格/美元
879	PanAust Ltd	Guangdong Rising Asts Mgmt Co	05-13-2014	1 055.00	1 153.00	675.54	1 023.00	1 433.00	0.06	2.15
880	Societe des Bois de Lastourvil	Investor Group	05-13-2014	24.67	24.67	—	—	—	—	—
881	Fujian Pacific Electric Co Ltd	SDIC Power Holdings Co Ltd	05-13-2014	111.42	111.42	284.81	258.32	651.60	—	—
882	Allyes—Digital Agency Bus	Investor Group	05-12-2014	107.42	107.42	—	—	—	—	—
883	Machining Centers Manufacturin	RIFA PM	05-12-2014	14.87	14.87	60.57	27.11	83.54	—	—
884	CT Smith Holdings Ltd	CLSA Singapore Holdings Pte	05-12-2014	—	—	—	—	—	—	—
885	Nesko Metal Sanayi ve Ticaret	Investor Group	05-09-2014	65.00	65.00	—	—	—	—	—
886	JY Plasteel (Suzhou) Co Ltd	Cai Hui	05-09-2014	7.63	7.63	—	—	—	—	—
887	Polaron Solartech Inc	Yu Sheng Investments Ltd	05-08-2014	0.92	0.92	—	—	—	—	—
888	Ansaldo Energia SpA	Shanghai Electric Group Co Ltd	05-08-2014	553.56	553.56	1 511.00	663.60	3 530.00	—	—
889	Frontage Laboratories Inc	Hongkong Tigermed Co Ltd	05-07-2014	30.25	30.25	38.85	13.30	25.57	—	—
890	Frontage Laboratories Inc	Hongkong Tigermed Co Ltd	05-07-2014	20.00	20.00	38.85	13.30	25.57	—	—
891	Seimi Tongda LE	Jiangsu Cobalt Nickel Metal Co	05-06-2014	8.51	8.51	5.55	17.91	31.76	—	—
892	Aquila Resources Ltd	Investor Group	05-05-2014	1 041.00	583.04	—	735.65	829.73	0.20	3.15
893	Shanghai Meiya Mingxing Dental	Wang Xiuzhen	05-05-2014	0.25	0.25	—	—	—	—	—
894	Suntory (Shanghai) F oods Co Ltd	Beijing Huiyuan Beverage &	05-05-2014	18.18	18.18	—	—	43.25	—	—
895	Suntory (Shanghai) F oods	Beijing Huiyuan Beverage &	05-05-2014	0.66	0.66	—	—	27.34	—	—
896	Ferrowest Ltd	TFA International Pty Ltd	04-30-2014	0.97	0.97	0.00	9.23	9.55	-0.01	—
897	Galaxy Lithium Intl Ltd	Tianqi HK Co Ltd	04-30-2014	173.20	173.20	28.68	69.23	190.48	—	—
898	Lyft Inc	Alibaba Group Holding Ltd	04-30-2014	—	—	—	—	—	—	—
899	Tekstil Bankasi AS	ICBC	04-29-2014	315.57	315.57	156.45	282.29	1 781.00	0.04	—
900	KACO GmbH + Co KG	Zhongding Europe GmbH	04-29-2014	80.00	80.00	161.69	32.53	94.35	—	—
901	Progress Energy—Reserves，BC	China Petrochemical Corp	04-29-2014	—	—	—	—	—	—	—
902	Guizhou Yu Jun Real Estate	Investor Group	04-29-2014	7.99	7.99	—	14.34	—	—	—

序号	目标企业	并购企业	交易日期	交易值/百万美元	净债务目标/百万美元	目标企业净规模/百万美元	目标企业净债务/百万美元	目标企业总债务/百万美元	目标企业每股收益/美元	每股价格/美元
903	Tekstil Bankasi AS	ICBC	04-29-2014	—	—	156.45	282.29	1 781.00	0.04	—
904	NAI Interactive Ltd	Ningbo International Ltd	04-28-2014	0.04	0.04	—	—	—	—	—
905	Toka Ink Guangzhou Ltd	Hangzhou Toka Ink Chemical	04-28-2014	—	—	9.49	0.14	5.70	—	—
906	WestSide Corp Ltd	Landbridge Group Co Ltd	04-24-2014	159.62	144.00	8.33	82.56	105.14	−0.06	0.37
907	Green Villa Investments Ltd	Shenzhen Honghaiwan Asts Mgmt	04-24-2014							
908	Undisclosed Oil Refinery，Utah	Orofino Gold Corp	04-24-2014							
909	Green Harmony Investments Ltd	Shenzhen Honghaiwan Asts Mgmt	04-24-2014	32.01	32.01					
910	Valdunes SAS	MA Steel Intl Trade&Econ Corp	04-23-2014	17.96	17.96	118.23				
911	ABC Group Fuel Systems Inc	Rongshi Intl Hldg Co ltd	04-23-2014	—	—	—	—	—	—	—
912	Cathay Life Insurance	Shanghai Lujiazui Finl Dvlp Co	04-22-2014	—	—	—	—	—	—	—
913	AVANCIS GmbH—Solar Power Bus	Bengbu Design & Research	04-22-2014	39.59	39.59	—	—	—	—	—
914	Agricultural Development Bank	China Construction Bank Corp	04-20-2014							
915	Jiangsu Tengcang Hengtong	Hengtong Optic—Electric Co Ltd	04-19-2014	18.76	18.76	—	—	—	—	—
916	FORTE Rubber Intl Inc	2326678 Ontario Inc	04-19-2014	12.97	12.97	564.67	52.31	163.26	—	—
917	GOMA Intl Corp	2326678 Ontario Inc	04-19-2014	11.57	11.57	564.67	48.24	162.72	—	—
918	Semicon Light Co Ltd	HC SemiTek Corp	04-18-2014	3.69	3.69	20.78	6.57	18.15	0.10	—
919	Bullabulling Gold Ltd	Norton Gold Fields Ltd	04-17-2014	23.48	23.48	0.23	3.40	5.11	−0.01	0.08
920	PMT Italia SpA	China Paper Machinery Corp	04-17-2014	—	—	—	—	—	—	—
921	Siirtec Nigi SpA	Bidco SpA	04-15-2014	—	—	279.11	93.30	415.54	—	—
922	BTIG LLC	CLSA Ltd	04-14-2014	—	—	—	—	—	—	—
923	Highland Group Holdings Ltd	Nanjing Xinjiekou Dept Store	04-12-2014	803.09	803.09	—	—	—	—	—
924	Westinghouse Platform Screen	Guangzhou Guangri Invest Mgmt	04-12-2014	1.52	1.52	25.49	2.19	41.93	—	—
925	Hollick Wines Pty Ltd	Hong Kong Yingda Investment	04-10-2014	—	—	—	—	—	—	—
926	Tabro Meat Pty Ltd	Shineway Group	04-09-2014	—	—	—	—	—	—	—

序号	目标企业	并购企业	交易日期	交易值/百万美元	净债务目标/百万美元	目标企业净规模/百万美元	目标企业净债务/百万美元	目标企业总债务/百万美元	目标企业每股收益/美元	每股价格/美元
927	North Caspian Petroleum LLP	Shanghai Youlong Invest Mgmt	04-09-2014	37.50	37.50	—	—	—	—	—
928	Aquila Resources—Iron Ore Mine	Baosteel Australia Mining Pty	04-09-2014	—	—	—	—	—	—	—
929	IMAX China Holding Inc	Investor Group	04-08-2014	80.00	80.00	—	—	—	—	—
930	Scibois Co Ltd	JES International Holdings Ltd	04-08-2014	65.00	65.00	—	—	—	—	—
931	Natali Seculife Holdg—Intl Op	Sanpower Group Corp	04-06-2014	70.00	70.00	—	—	—	—	—
932	Jilin Province Maxcourt Hotel	Cre8ive Hotels Management Ltd	04-04-2014	37.03	37.03	—	—	—	—	—
933	Sanyo Electric Co Ltd—Color TV	TCL Multimedia Tech Hldgs Ltd	04-04-2014	15.47	15.47	—	—	—	—	—
934	Basic World Resources Pte Ltd	3W Life Investment Pte Ltd	04-04-2014	6.87	6.87	—	—	—	—	—
935	Chematur Technologies AB	Jilin Connell Chemical	04-03-2014	—	—	—	—	—	—	—
936	Traffic Football Center	Shandong Luneng Taishan	03-31-2014	—	—	—	—	—	—	—
937	Industriele Diensten Heino BV	Global Star Tech & Trading Co	03-31-2014	—	—	—	3.45	5.12	—	—
938	Radiant Merit Ltd	Wkinv HK Holdings Ltd	03-31-2014	110.88	110.88	—	—	—	—	—
939	Shanghai Qinhai RE Co Ltd	ICBC Credit Suisse Invest	03-31-2014	—	—	—	—	—	—	—
940	SANYO Mnfg SA de CV—Equip Asts	US Moka Ltd	03-31-2014	1.86	1.86	—	—	—	—	—
941	SANYO Manufacturing SA de CV	US Moka Ltd	03-31-2014	1.95	1.95	—	—	—	—	—
942	Progman Oy	Glodon Technology Co Sarl	03-29-2014	24.76	24.76	9.84	2.90	5.41	—	—
943	Liaoyang Huafeng Polyurethane	Liaoning Huafeng Chem Co Ltd	03-29-2014	3.70	3.70	—	—	—	—	—
944	Mucosis BV	Changchun BCHT Biotechnology	03-28-2014	4.81	4.81	—	−7.09	0.75	—	—
945	Metta Communications Ltd	BlueFocus International Ltd	03-28-2014	27.60	27.60	2.18	0.52	1.48	—	—
946	Sunlink Intl Hldg Ltd	Rich Pro Investments Ltd	03-28-2014	54.02	54.02	29.82	21.82	26.99	—	0.07
947	BAPP (Northwest) Ltd	Cen Deling	03-26-2014	6.44	6.44	—	—	—	—	—
948	DigitalOptics Corp—Equip Asts	Shenzhen O—film Tech Co Ltd	03-26-2014	39.50	39.50	—	—	—	—	—
949	CJ Games Corp	Tencent Holdings Ltd	03-26-2014	500.00	500.00	—	—	—	—	—

序号	目标企业	并购企业	交易日期	交易值/百万美元	净债务目标/百万美元	目标企业净规模/百万美元	目标企业净债务/百万美元	目标企业总债务/百万美元	目标企业每股收益/美元	每股价格/美元
950	Neo—Neon Holdings Ltd	THTF Energy—Saving Hldg Ltd	03-25-2014	116.03	116.03	107.84	206.26	319.70	-0.09	0.12
951	Addvalue Commun Pte Ltd	Tiancheng Hengcheng (Beijing) Te	03-25-2014	260.38	260.38	—	—	—	—	—
952	Richtex Holdings Ltd	Power Rider Enterprises Corp	03-24-2014	32.28	32.28	—	—	—	—	—
953	Taiya Shoes Co Ltd	Investor Group	03-22-2014	62.17	62.17	57.55	110.11	138.55	0.00	1.04
954	Taiya Shoes Co Ltd	Lin Shiyi	03-22-2014	22.94	22.94	57.55	110.11	138.55	0.00	0.68
955	SnapShot GmbH	Focus Info Tech Co Ltd	03-21-2014	1.10	1.10	—	—	—	—	—
956	Jedat Soft (Beijing) Co Ltd	Japan Hyron Co Ltd	03-21-2014	0.80	0.80	1.37	—	—	—	—
957	Bank SinoPac Co Ltd	ICBC	03-21-2014	—	—	—	—	—	—	—
958	KME AG—Connector Business	Golden Dragon Precise Copper	03-20-2014	—	—	—	—	—	—	—
959	Suntory (Shanghai) Foods Co Ltd	China Huiyuan Juice Group Ltd	03-20-2014	18.18	18.18	—	—	—	—	—
960	TangoMe Inc	Investor Group	03-20-2014	280.00	280.00	—	—	—	—	—
961	TPG Consulting LLC	Beyondsoft Consulting Inc	03-20-2014	23.00	23.00	—	—	—	—	—
962	Hong Kong Shantian Intl Invest	Wang Zhiming	03-20-2014	—	—	—	—	—	—	—
963	Suntory (Shanghai) Foods	China Huiyuan Juice Group Ltd	03-20-2014	0.66	0.66	—	—	—	—	—
964	Mariana Lithium Brine Project	GFL International Co Ltd	03-19-2014	—	—	—	—	—	—	—
965	Mariana Lithium Brine Project	GFL International Co Ltd	03-19-2014	0.45	0.45	—	—	—	—	—
966	Sotelgui	Huawei Technologies Co Ltd	03-17-2014	—	—	—	—	—	—	—
967	Brilliant Info Corp	Moso Energy Tech (HK) Intl Co	03-15-2014	1.00	1.00	—	—	—	—	—
968	Integrated Perfection Ltd	Silver Faith Holdings Ltd	03-14-2014	0.48	0.48	—	—	—	—	—
969	Texas Internal Pipe Coating	Hilong Holding Ltd	03-14-2014	—	—	—	—	—	—	—
970	311 South Wacker, Chicago	Investor Group	03-13-2014	—	—	—	—	—	—	—
971	Shenzhen Qunxinda Hardware Co	Investor Group	03-12-2014	0.42	0.42	—	—	—	—	—
972	ChinaVision Media Group Ltd	Alibaba Investment Ltd	03-11-2014	804.41	804.41	96.86	237.28	265.72	0.00	0.06
973	Suzhou Industrial Park Ppty	SIP Genway Group Co Ltd	03-10-2014	79.83	79.83	—	—	—	—	—

续表

序号	目标企业	并购企业	交易日期	交易值/百万美元	净债务目标/百万美元	目标企业净规模/百万美元	目标企业净债务/百万美元	目标企业总债务/百万美元	目标企业每股收益/美元	每股价格/美元
974	WestSide Corp Ltd	Landbridge Group Co Ltd	03-09-2014	4.13	4.13	8.33	82.56	105.14	-0.06	0.29
975	CAH Holdings Group Inc	Talkweb Hongkong	03-08-2014	3.00	3.00	4.33	—	—	—	—
976	Fine Line Golden Glass	Guangdong Golden Glass Tech	03-07-2014	0.01	0.01	—	—	—	—	—
977	Accurate Trade Intl Ltd	Sinoref Holdings Ltd	03-07-2014	9.70	9.70	—	3.35	—	—	—
978	South Asia Investment	Shanghai Pudong Dvlp Bk	03-06-2014	1.10	1.10	—	—	—	—	—
979	Studio 8	Huayi Brothers Media Corp	03-06-2014	150.00	150.00	—	—	—	—	—
980	FION Ltd	CHJ Global Co Ltd	03-05-2014	114.44	114.44	50.49	45.61	59.15	—	—
981	Rentech Inc — Alt Tech PDU	Sunshine Kaidi New Energy Grp	03-05-2014	31.50	31.50	—	—	—	—	—
982	Qiyufan IT Tech (Shanghai) Co	Dongfang Xingkong Venture	03-05-2014	14.87	14.87	—	—	56.73	—	—
983	Transpacific Industries Group	Beijing Capital Group Co Ltd	03-03-2014	795.06	795.06	—	—	—	—	—
984	Wilson Associates	East China Architectural Desig	03-03-2014	—	—	—	—	—	—	—
985	UPEC Electronics Corp—Equip	Anhui Coreach Electronic Tech	03-03-2014	0.91	0.91	—	—	—	—	—
986	Chengde Zunxiao Railway Ltd	Hebei Constr，Transp&Commun Co	03-03-2014	28.70	28.70	—	0.03	—	—	—
987	Magic Feature Inc	Forgame Holdings Ltd	03-03-2014	74.20	74.20	—	—	—	—	—
988	Weingut Diehl—Blees	Jiangsu GPRO Group Co Ltd	03-03-2014	—	—	—	—	—	—	—
989	Chengde Kuanping Railway Ltd	Hebei Constr，Transp&Commun Co	03-03-2014	16.53	16.53	—	0.02	—	—	—
990	Tangshan Tangcheng Railway	Hebei Constr，Transp&Commun Co	03-03-2014	25.27	25.27	—	0.03	—	—	—
991	Harbin China Distillery Co Ltd	Investor Group	03-02-2014	6.51	6.51	7.13	—	—	—	—
992	Wentai Kaijie (Cambodia) Co Ltd	Cixing (Hong Kong) Co Ltd	02-28-2014	150.00	150.00	0.74	1.59	—	—	—
993	Emerald Automotive LLC	Zhejiang Geely Hldg Grp Co Ltd	02-28-2014	—	—	—	—	—	—	—
994	Undisclosed Therapeutics Co	Taxus Pharmaceuticals Inc	02-27-2014	5.00	5.00	—	—	—	—	—
995	Guanfeng Yatai Co Ltd	Powerway Grp (Hong Kong) Co	02-26-2014	83.70	83.70	—	—	—	—	—
996	Eastern Dragon Gold Mine Proje	CDH Investments	02-24-2014	40.00	40.00	—	—	—	—	—
997	Ovation Entertainment Ltd	Vipshop Holdings Ltd	02-22-2014	55.80	55.80	—	—	—	—	—

序号	目标企业	并购企业	交易日期	交易值/百万美元	净债务目标/百万美元	目标企业净规模/百万美元	目标企业净债务/百万美元	目标企业总债务/百万美元	目标企业每股收益/美元	每股价格/美元
998	WILBERT Turmkrane GmbH	Nanyang Guoyu Seal Development	02-21-2014	—	—	—	—	—	—	—
999	Grant Thornton UK—Greenwood	Huakan International Mining	02-21-2014	2.70	2.70	—	—	—	—	—
1000	Huizhou Zhongzhou Ppty Co Ltd	Shenzhen Changcheng Invest	02-20-2014	167.38	167.38	—	—	—	—	—
1001	Huizhou Kangwei Invest Dvlp Co	Shenzhen Changcheng Invest	02-20-2014	8.55	8.55	—	—	—	—	—
1002	Krizia SpA—Fashion Division	Shenzhen Marisfrolg Fashion Co	02-20-2014			—	—	—	—	—
1003	Huizhou Haoheng Real Estate	Shenzhen Changcheng Invest	02-20-2014	9.68	9.68	—	—	—	—	—
1004	Biosensors International Group	CITIC Private Equity Funds	02-19-2014			330.96	1 250.00	1 621.00	0.04	—
1005	Tony(Asia Pacific) Ltd	CHJ Global Co Ltd	02-18-2014			—	—	—	—	—
1006	Undisclosed Investment Co	ICBC International Invest Mgmt	02-18-2014			—	—	—	—	—
1007	Bionime Corp	Sinocare Inc	02-17-2014	43.67	43.67	52.35	35.91	151.51	0.07	3.97
1008	ERG Resources LLC	Goldleaf Jewelry Co Ltd	02-17-2014	665.00	665.00	—	—	—	—	—
1009	Fisker Automotive Inc	Wanxiang Group Corp	02-17-2014	150.00	150.00	—	—	—	—	—
1010	Secret Recipe Cakes & Cafe Sdn	Good Champion Holdings Ltd	02-15-2014	63.66	63.66	—	—	—	—	—
1011	Opcon AB	Hong Kong Snowman Technology L	02-14-2014	2.66	2.66	43.32	70.88	88.04	−0.03	0.09
1012	Brilliant Harvest 003 Ltd	Hareon Solar GmbH	02-13-2014	21.27	21.27	—	—	—	—	—
1013	Athena Group SAS	American Lorain Corp	02-13-2014	2.05	2.05	—	—	—	—	—
1014	Gardit A/S	Titan Wind Energy(Europe) A/S	02-12-2014	5.42	5.42	—	—	—	—	—
1015	Birmingham City PLC	Beijing Liangzhu International	02-12-2014	5.80	5.80	—	—	—	—	—
1016	GetJar Inc	Sungy Mobile Ltd	02-12-2014	43.38	43.38	—	—	—	—	—
1017	Sunley Holdings Ltd	CNQC Development Ltd	02-11-2014	69.62	69.62	77.04	34.90	64.78	0.03	0.31
1018	Sunley Holdings Ltd	CNQC Development Ltd	02-11-2014	12.62	12.62	77.04	34.90	64.78	0.03	0.31
1019	Alien Technology Corp	Ruizhang Technology Co Ltd	02-11-2014	33.63	33.63	—	—	—	—	—
1020	Alcatel Lucent Enterprise SAS	China Huaxing Group Corp	02-06-2014	254.89	254.89	—	—	—	—	—
1021	Atieva Inc	BAIC	02-04-2014	—	—	—	—	—	—	—
1022	5 Star Foods Pty Ltd	William Hui	01-31-2014	—	—	—	—	—	—	—

续表

序号	目标企业	并购企业	交易日期	交易值/百万美元	净债务目标/百万美元	目标企业净规模/百万美元	目标企业净债务/百万美元	目标企业总债务/百万美元	目标企业每股收益/美元	每股价格/美元
1023	ExploraMed NC6 Inc	BVCF III LP	01-31-2014	—	—	—	—	—	—	—
1024	Leshan Scana Machinery Co Ltd	Leshan Zhi Yuan Gao Di Mining	01-31-2014	—	—	—	—	—	—	—
1025	Cooper Chengshan (Shandong) Tire	Chengshan Grp Co Ltd	01-31-2014	—	—	—	—	—	—	—
1026	Nations Oil & Gas LLC	Orofino Gold Corp	01-30-2014	—	—	—	—	—	—	—
1027	Standard Bank PLC	ICBC	01-29-2014	—	—	1 165.00	2 234.00	34 291.00	—	—
1028	Standard Bank PLC	ICBC	01-29-2014	770.00	770.00	1 165.00	2 234.00	34 291.00	—	—
1029	Shanghai Fengqi Ppty Co Ltd	Shanghai City Land (Grp) Co	01-28-2014	24.94	24.94	—	—	—	—	—
1030	Columbus Holding GmbH	Goodbaby International Holding	01-28-2014	96.55	96.55	—	0.25	0.55	—	—
1031	Metropol ApS	Shangtex Holding (Group) Corp	01-28-2014	3.30	3.30	—	7.88	21.28	—	—
1032	Shanghai Fengqi Ppty Co Ltd	Shanghai City Land (Grp) Co	01-28-2014	24.94	24.94	—	—	—	—	—
1033	PEINE GmbH	Shandong Ruyi Technology Group	01-28-2014	—	—	31.25	4.51	15.61	—	—
1034	Yinqiao Dairy (Tianjin) Co Ltd	Investor Group	01-27-2014	1.11	1.11	—	—	—	—	—
1035	Ziolar Pte Ltd—Assets	Auhua Clean Energy plc	01-27-2014	—	—	—	—	—	—	—
1036	Taiwan Ziolar Tech Co Ltd	Auhua Clean Energy plc	01-27-2014	1.48	1.48	—	—	—	—	—
1037	Actavis (Foshan) Pharmaceutical	Zhejiang Chiral Medicine Chem	01-25-2014	—	—	—	—	—	—	—
1038	Innoveo Solutions AG	Pactera Tech Intl Ltd	01-24-2014	—	—	—	—	—	—	—
1039	Zhumadian China Water Co Ltd	BJ Enfei Environmental	01-24-2014	14.88	14.88	—	—	—	—	—
1040	Steve Leung Designers Ltd	Eagle Vision Development Ltd	01-24-2014	45.09	45.09	—	—	—	—	—
1041	Poly DntPrivateLtd	Centre Testing Holding (Hong	01-23-2014	2.75	2.75	2.11	0.67	0.74	—	—
1042	CITIC 21CN Co Ltd	Investor Group	01-23-2014	171.00	171.00	63.11	37.02	58.93	0.00	—
1043	Park Hyatt Melbourne	Fu Wah International Group	01-23-2014	113.91	113.91	—	—	—	—	—
1044	Double Power Technology Co Ltd	Zowee Marketing Co Ltd	01-22-2014	3.00	3.00	—	—	—	—	—
1045	Cambodia Se San River II Hydro	Hydrolancang International Ene	01-22-2014	—	—	—	—	—	—	—
1046	SVG Financial Holding Ltd	China Huayang Econ&Trades Grp	01-22-2014	—	—	—	—	—	—	—
1047	Manitowoc Dongyue Heavy Ind	Taian Taishan Heavy Ind Invest	01-21-2014	—	—	—	—	—	—	—

续表

序号	目标企业	并购企业	交易日期	交易值/百万美元	净债务目标/百万美元	目标企业净规模/百万美元	目标企业净债务/百万美元	目标企业总债务/百万美元	目标企业每股收益/美元	每股价格/美元
1048	Qingdao Yingzhi Display Design	Investor Group	01-21-2014	0.36	0.36	—	—	—	—	—
1049	Tuhui Petrochem Dvlp（Taicang）	Shenzhen Oriental Fortune	01-21-2014	—	—	—	—	—	—	—
1050	Eco Trust Japan Co Ltd	Hong Kong Goertek	01-20-2014	0.96	0.96	—	—	—	—	—
1051	China South City Holdings Ltd	THL H Ltd	01-16-2014	193.01	193.01	976.39	2 066.00	5 379.00	0.06	0.28
1052	Kings Road Tyres Group Ltd	Heping International Co Ltd	01-14-2014	—	—	116.17	—	38.46	—	—
1053	Mucosis BV	Changchun BCHT Biotechnology	01-14-2014	4.79	4.79	0.91	-4.67	1.39	—	—
1054	Nidera Handelscompagnie BV	COFCO Corp	01-13-2014	—	—	—	1 071.00	1 249.00	—	—
1055	Oorja Protonics Inc	Mingxin China Growth Fund	01-13-2014	—	—	—	—	—	—	—
1056	Mundella Foods	Bright Food（Group）Co Ltd	01-10-2014	—	—	—	—	—	—	—
1057	Hafary China Pte Ltd	Zhang Haobin	01-10-2014	0.83	0.83	—	—	—	—	—
1058	Wuhan Honglin Tech Co Ltd	Investor Group	01-10-2014	8.59	8.59	—	—	3.09	—	—
1059	Undiclosed Coffee Co	Goubuli Group Co Ltd	01-10-2014	—	—	—	—	—	—	—
1060	AdSociety Daye Advertising Co	Daye Transmedia Group Co Ltd	01-10-2014	4.96	4.96	—	—	—	—	—
1061	Caixa—Insurance Businesses	Fosun International Ltd	01-09-2014	1 412.00	1 412.00	—	—	—	—	—
1062	Shanghai Fengqi Ppty Co Ltd	Shanghai City Land（Grp）Co	01-08-2014	116.36	116.36	—	—	—	—	—
1063	WWW.VBILL.CN	Investor Group	01-06-2014	7.93	7.93	—	—	—	—	—
1064	Ador Inc	LightInTheBox Holding Co Ltd	01-06-2014	—	—	—	—	—	—	—
1065	Xiexin Power New Material	Shenzhen Kstar Science&Tech	01-02-2014	9.92	9.92	—	—	—	—	—
1066	Flash Fountain Intl Ltd	Chen Feng	01-02-2014	5.18	5.18	—	—	—	—	—
1067	MediFast（Hong Kong）Ltd	China iKang Healthcare Inc	01-01-2014	—	—	—	—	—	—	—
1068	Nanjing Fucheng RE Dvlp Co Ltd	Sanpower Group Corp	01-01-2014	495.56	495.56	—	—	—	—	—